仅以此书献给：

　　木里藏族自治县成立六十周年

　　为木里人民翻身解放而流血牺牲的先烈们！

木里末代土司项培初扎巴的传奇人生

喇嘛王

—— 木里末代土司项培初扎巴的传奇人生

周国顺 / 编著

四川大学出版社

责任编辑：袁　捷
责任校对：宋　颖
封面设计：阿　林
责任印制：王　炜

图书在版编目(CIP)数据

喇嘛山风云：木里末代土司项培初扎巴的传奇人生／周国顺编著．—成都：四川大学出版社，2018.6
ISBN 978-7-5690-1878-3

Ⅰ.①喇…　Ⅱ.①周…　Ⅲ.①项培初扎巴-生平事迹　Ⅳ.①K827=7

中国版本图书馆CIP数据核字（2018）第111969号

书名	喇嘛山风云
	——木里末代土司项培初扎巴的传奇人生
	LAMASHAN FENGYUN
	——MULI MODAI TUSI XIANGPEICHUZHABA DE CHUANQI RENSHENG

编　著	周国顺
出　版	四川大学出版社
地　址	成都市一环路南一段24号（610065）
发　行	四川大学出版社
书　号	ISBN 978-7-5690-1878-3
印　刷	四川盛图彩色印刷有限公司
成品尺寸	210 mm×285 mm
插　页	1
印　张	20.75
字　数	420千字
版　次	2018年9月第1版
印　次	2018年9月第1次印刷
定　价	168.00元

◆读者邮购本书，请与本社发行科联系。
　电话：(028)85408408/(028)85401670/
　(028)85408023　邮政编码：610065
◆本社图书如有印装质量问题，请
　寄回出版社调换。
◆网址：http://www.scupress.net

版权所有◆侵权必究

2013年10月13日重阳节（老人节）这天，木里县委书记张振国（左一），县长伍松（右一）专程到80高龄的项培初扎巴家，亲切看望他

晨曦中的贡嘎山　　周朝东　摄

序 言
罗永忠

在祖国西南边陲青藏高原和云贵高原结合部的崇山峻岭之间，镶嵌着一片神奇美丽的土地。这里雪山冰峰雄奇壮美，高原湖泊星罗棋布，苍茫的林海簇拥着千花万树，珍禽异兽、虫草松茸静卧在蓝天白云下，流金淌银的河流或穿梭，或萦绕在群山纵深中。这里是美籍奥地利植物学家、探险家、民族学家约瑟夫·洛克在20世纪20年代曾留下三次探访足迹的木里，也是英国作家詹姆斯·希尔顿被洛克游记激发创作灵感写成《消失的地平线》一书中描述的地方。书中写道："这片享誉世界的香格里拉腹心地，在金字塔形的壮丽雪山下，人们笃信宗教，平静安详地生活……这里是无人知晓的世外桃源！是神仙居住的地方！"

神奇美丽的藏乡木里，不仅有迷人的自然风光，更有独特的人文风情：神秘厚重的藏传佛教文化，世界远古婚姻文化的活化石——水洛旭米一夫多妻或一妻多夫婚俗文化，古老的纳西东巴文化，世界仅存的以"阿注"婚姻为基础的屋脚母系文化，等等，强烈地吸引着国内外的探险家和旅游者。

中华人民共和国成立前的木里，处在政教合一的封建农奴制下，广大农牧民精神上被压迫、奴役，生活上食不果腹，衣不蔽体。1953年，木里藏族自治县成立，从此木里各族人民翻身做了主人，在党的民族政策光辉照耀下，走上了平等、文明、幸福的社会主义康庄大道。建县60多年来，在中央、省、州的关怀支持下，勤劳、淳朴的木里各族人民在历届县委、县政府的坚强领导下，立足优势资源，艰苦拼搏，一手抓稳定，一手抓发展，从"木头经济"向"水电经济"成功转型，木里1.3万平方公里的土地上发生了翻天覆地的变化，13.8万各族人民正沐浴着党的阳光，享受着越来越甜蜜的日子。

项培初扎巴——木里政教合一的封建农奴制时期最后一位土司（大喇嘛），十五岁当上统治木里的土司（大喇嘛），木里藏族自治县诞生时，他又成为第一任县长。这位如今已八十高龄的老人，见证了木里从封建农奴制步入社会主义社会，从贫穷落后到今天翻天覆地的发展变化。基于此，木里文化部门，拟以项培初扎巴为主角人物原型，用纪实小说的创作手法，委托相关人员写出这部《喇嘛山风云》，将木里解放前夕那段鲜为人知的历史风云，解放后木里日新月异的发展变化，以及木里优美的自然风光、神秘独特的人文风情展现给世人。

年逾古稀的周国顺愉快地接受了县文广新局委托编撰该书的任务，经过两年多的酝酿、实地采风和创作，四易其稿，圆满完成了任务。

《喇嘛山风云》的作者——周国顺，18岁参加工作并扎根木里43年，长期从事文化工作，曾任木里县文化馆馆长达15年之久，在木里40多年里，走遍了藏乡山山水水、村村寨寨，他以对木里的深情熟知作为坚实基础，曾创作出了许多摄影、书法、文学作品。

该书文笔朴实无华，图文并茂，历史事实清晰，介绍木里真实可信，这是作者40多年扎根木里，了解木里，并长期积累的结果，大大提升了该书的可读性。《喇嘛山风云》无疑是关注木里、关心木里的县外各界人士、中外朋友了解木里、走进木里的佳品力作。凉山彝族自治州作协副主席徐文龙看了该书草稿后感慨道："这是了解木里的一部百科全书。"

目录 / Contents

第一章　喇嘛山风生水起　小扎巴荣登大位 ……………………… 001

　　第一节　神秘藏女现身木里　松典取品决然退位 / 002

　　第二节　白碉宝地八尔家　世袭土司三百年 / 014

　　第三节　八尔家族喜得贵子　小扎巴候袭大喇嘛 / 020

　　第四节　学经七年初有成　欢喜回家过藏年 / 022

　　第五节　康坞寺佛光普照　小扎巴荣登大位 / 030

第二章　政教合一世袭土司统天下　四巨头同掌木里喇嘛王国 ………… 037

　　第一节　养尊处优八尔老爷　威风八面八尔衙门 / 038

　　第二节　项次称奔丧就任木里土司大位　骆约瑟三访木里黄教喇嘛王国 / 041

　　第三节　米吉活佛康坞遭枪杀　项扎巴松典危难上任 / 045

　　第四节　佛陀化身香根活佛　精神领袖甲央旨古 / 054

　　第五节　藏传佛教历史悠久　活佛转世仪轨严密 / 056

第三章　喇嘛山打开山门　木里地和平解放 ……………………… 061

　　第一节　大喇嘛上任伊始　田中田兵祸木里 / 062

　　第二节　穆文富一进木里　三桷桠一战获胜 / 064

　　第三节　喇嘛山闭关自守　大喇嘛五心不定 / 066

　　第四节　喇嘛佛威龙游绕青山　活佛土司转寺移木里 / 069

　　第五节　穆文富二进木里大义规劝土司　木里家废除苛捐杂税回报上级 / 074

　　第六节　穆文富三进喇嘛山　喝血酒盟誓捉土匪 / 088

　　第七节　王门公押匪送交盐源县政府　项培初扎巴当选盐源副县长 / 090

　　第八节　参观团外出受礼遇　王门公西昌感隆情 / 092

第四章　喇嘛山红旗飘扬　新政权胜利诞生……………………………………095

　　第一节　西昌代表团初进喇嘛山　木里自治区成立筹委会 / 096

　　第二节　筹委会移址康坞寺　王门公碧血溅佛门 / 101

　　第三节　大喇嘛外出参观开眼界　五一节天安门上观盛典 / 105

　　第四节　西昌木里工作队进驻木里　各族各界积极筹建代表会 / 110

　　第五节　活佛心郁不愿参会任领导　专员耐心亲赴康坞拜香根 / 115

　　第六节　各族群众庆祝政协会成立　八尔老爷荣任政协会主席 / 124

　　第七节　木里大寺成立人民政府　末代土司当选首任县长 / 126

　　第八节　政协主席当选全国代表　八尔老爷延请家庭教师 / 127

　　第九节　旨古活佛出山参观八大城市　扎巴松典再走西昌感慨尤深 / 134

第五章　贫苦农奴企盼改革求新生　反革命武装叛乱屠杀人民…………137

　　第一节　董布嘎民改牺牲第一人　陈世杰康荣贵血染东朗 / 139

　　第二节　叛匪肆虐三区政府遭血洗　血染青山李兆绪报国献身 / 143

　　第三节　甲央区长叛乱投敌当匪首　英雄不死卢维筱机智脱身 / 145

　　第四节　阿纳区长暗中勾结土匪攻区府　自卫武装开展木里大寺保卫战 / 147

　　第五节　土匪疯狂三区七个乡府尽遭殃　烧杀抢掠木里交通联络全断绝 / 148

　　第六节　土匪险恶设计晒场鸿门宴　姑娘报信工作队安全脱险 / 149

　　第七节　喇嘛山血雨腥风难民流离　县工委严密部署武装自卫 / 153

　　第八节　武装押送33驮枪弹运抵木里　老鹰岩下土匪妄想设伏抢武器 / 155

　　第九节　愚昧土匪月黑风高猛攻区公所　工委书记果断防守击溃乌合匪 / 157

　　第十节　杜局长语重心长讲政策　军邮排夜入康坞被匪困 / 158

　　第十一节　众匪徒麋集匪窟康坞寺　三个连围歼叛匪拔毒瘤 / 160

　　第十二节　进军东朗二十八烈士血洒碧水　上层人士大义劝土匪缴械投降 / 161

　　第十三节　为大局动员活佛脱离匪窟　张文奎勋劳为民血染青山 / 164

　　第十四节　三个月龚依匪患终肃清　两面攻水洛叛匪皆投诚 / 166

　　第十五节　运筹帷幄打好平叛最后一战　政策攻心活捉匪首米阿达子 / 169

　　第十六节　浴血三年武装平叛彪炳史册　上层人士平叛有功受奖获勋 / 172

　　第十七节　开展"四反"斗争打击寺庙宗教特权　发动寺僧检举揭发砸烂封建枷锁 / 174

第六章　项培初扎巴喜结良缘　参加大生产经风沐雨…… 179

第一节　项培初扎巴喜结良缘　参加大生产经风沐雨 / 180
第二节　绿色木里木材储量全国第一　开发森林资源支援国家建设 / 187
第三节　洪灾泥石流特大灾害肆虐全境　项培初扎巴参加抗灾心系黎民 / 190

第七章　佛风民情神秘奇特　仙景胜地无限风光…… 195

第一节　山城乔瓦展新姿　万绿丛中明珠城 / 196
第二节　木里藏族历史悠久　风俗奇特原始浓郁 / 200
第三节　走进纳西古寨　领略东巴风情 / 228
第四节　菩萨山下神奇少年　十世活佛隆重坐床 / 238
第五节　佛教古寺瓦尔寨　佛家盛会燃灯节 / 243
第六节　原始古朴跳神舞　别开生面辩经会 / 247
第七节　项培初扎巴盛赞木里风光得天独厚　木里县紧锣密鼓大力发展旅游工作 / 252
第八节　探幽神仙洞　观瀑云南堡 / 256
第九节　仙境西宁山　腊嘴神仙洞 / 259
第十节　情寄白水河　梦系贡嘎山 / 261
第十一节　古碉铸巍峨　风雨历沧桑 / 266
第十二节　美丽的水洛风光　奇特的旭米风情 / 268
第十三节　千古贡巴拉　奇特男始祖 / 274
第十四节　胜景寸冬海　浓情康坞寺 / 284
第十五节　巍峨丁冬山　美丽丁冬海 / 290
第十六节　两山握手成坦途　桥梁奇观伸臂桥 / 292
第十七节　神秘女儿国，浪漫摩梭人 / 294
第十八节　一江三河电力开发如火如荼　世界罕见水电之都又添新景观 / 306

后　记…… 313

参考资料…… 315

央岗梁子万亩红松秋色诱人

第一章

喇嘛山风生水起
小扎巴荣登大位

浩瀚的原始森林

第一节
神秘藏女现身木里　松典取品决然退位

在川、滇、藏交界的康南地方，有一块神秘而美丽的土地，全境群山横亘，奇峰耸立，远山如黛，近水含烟，林海茫茫，碧绿遍野，飞泉流瀑，葱茏翠竹，马行山间，人游画中，被人们称为上帝的后花园，神仙居住的地方，那就是香巴拉藏乡木里。

此时是1949年秋冬时节，中国大地正在发生风起云涌的革命巨变，而木里这块"喇嘛王国"却显得有些风平浪静。

深秋初冬，木里正是叶黄枫红的灿烂时节，五彩斑斓，美不胜收。

一队马帮从康定出发，十多匹马，驮着七八驮货物。马帮翻山越岭，行走在青山绿水之间，"叮当，叮当"地撒下一路清脆的铃声，不时惊起几只野雉白鹇，嘎嘎地叫着飞上树梢，时而惊起几只野兔或獐麂急蹿林中。

一个二十多岁身着藏族便装高贵典雅的女人，骑在一匹鞍鞯华丽的高头白马上，身体有韵律地随着白马的步伐左右摇晃，上下起伏着，右手悠闲地甩着马缰绳，显得骑技娴熟，一看就知道是一个常在藏地山区骑马行走的人。她后面跟着四个背枪的卫士，两个戴着黑色礼帽，两个戴着狐皮帽，都是身着藏装，显得十分的魁梧强悍。一个六十多岁的藏族马脚子（赶马人）走在最后，背着女人的摄影包。这个女人就是吴香兰。

过了九龙县，踏进木里麦地龙麦地贡嘎雪山这一仙景胜地，只见神峰巍峨，圣湖如镜，简直就像进入了童话世界。

走到央冈山半山腰，一座金瓦白墙、历史悠久的丁央寺映入眼帘。从海拔2000米的雅砻江河谷蜿蜒曲折翻上近5000米的央岗梁子，令人视线骤然开阔。只见万亩红松橘黄一片，布满了远近山头，十分壮观。吴香兰急忙跳下马背，"咔嚓，咔嚓"地拍摄着。

夕阳西下，马帮穿过使人昏昏欲睡的原始森林，登上海拔四千多米的交谷山，极目眺望，大小群峰，尽收眼底。只见前方宁朗山脉，山脊千层，逶迤延绵，峰峦叠嶂，直至天际；近处但见千顷林海，莽莽苍苍，在晚霞的映照下更是气象万千。吴香兰手握相机不停地拍照，连声称赞：太美了，太美了！

一个吉祥塔直指苍穹，巍然耸立。吴香兰心一动，目的地快到了。

下了山垭口，绕过挂着风马旗的吉祥塔，眼前豁然一亮，一个横断山脉地区难得一见的高原盆地跃然映入众人眼帘，这就是有名的木里第十八代大喇嘛（土司）项松典取品的交谷庄园。盆地方圆好几平方公里，周围群山环抱，山巅树木苍翠，山下土地肥沃，一条小溪弯弯曲曲穿过盆地向山下流去。在靠西边山坡上，一幢颇具规模的三层白色碉楼鹤立鸡群地耸立在几百间低矮破旧的木板房中央。盆地中央的土地上尚未播种，

麦地贡嘎的神峰圣湖　　刘仁勇　摄

高原羊群

鸭嘴山吉祥塔

第十八代大喇嘛项松典取品在交谷的别墅遗址

逶迤喇嘛山　周朝东　摄

白花花的土堡上成群的乌鸦和十余只白鹇在跳跃觅食。山坡和溪旁的湿地上放牧着星星点点的牦牛、猪、马、绵羊。青山绿水，空气清新，土地肥沃，牛羊肥壮，这真是一个修身养性的世外桃源。

几十个破衣烂衫的男女奴隶，正在把一背背牛羊粪送到准备播种青稞、燕麦的土地里，土地上已经布满了许多圆圆的粪堆。两个只有一只脚掌的瘸子杵着粪杈一跳一跳地跳到粪堆前用粪杈把肥料推撒在空白处。奴隶们看着马帮里有衣着华贵的女人和背枪的卫兵，知道这是大喇嘛家尊贵的客人来了，背着沉重背篓的奴隶赶忙让路，在路边低着头佝偻着腰伸出双手恭敬地让贵人先过。

木里第十八代大喇嘛项松典取品之父章达吉原系理塘人，在理塘时，曾担任项次称扎巴（米吉活佛）的贴身侍卫，深得活佛的信任。项次称扎巴回木里任第十六代大喇嘛时，章达吉跟随来到木里，被项次称扎巴委任为土司衙门的姑擦，由于大喇嘛的关系，又娶木里贵族八尔斯丕之女，也是项次称扎巴的胞妹——朗基布尺为妻，并于1927年生得一子，取名项松典取品。

项松典取品既是第十六代大喇嘛项次称扎巴的亲外甥，又是第十七代大喇嘛项扎巴松典的姑表弟，同八尔老爷有至亲的血缘关系。

1944年项扎巴松典辞去第十七代大喇嘛职务，时值八尔斯丕家男子年幼，无人袭职主政，时年十七岁的项松典取品由项扎巴松典和八尔老爷选定为接班人，并于是年冬出任第十八代大喇嘛，已任职五年。

正是吴香兰的到来，促使项松典取品提前退位。

人来犬报信，马到铃先来。马队刚到村庄，引起一阵激烈的犬吠声。听到铃声和犬吠声，大喇嘛家知道有客人来了，木里"喇嘛王国"的国王大喇嘛（土司）项松典取品在几个阿楚（贴身侍卫）的簇拥下来到门前的晒坝里。

"表弟——"

"表姐——"

女人轻盈地跃下马背。由于骑马的时间太久，她腿有些麻木，站立不稳，一个趔趄，差点摔倒在地，松典土司大步上前，抓住女人手臂笑着说："阳雀叫，贵人到。可

第十八代大喇嘛项松典取品　项培初扎巴　提供

爱的表姐来了就好，还要给行大礼，麻曲，麻曲（不必，不必）。""哈哈——真是大土司啊，表姐为了你跑断了腿，来给你通风报信，你还来取笑我，看我一会怎么向舅舅告你的状。"女人优雅地拉着项松典取品表弟的手来到晒坝上。

"哟，什么风把我当国大代表的好侄女给吹来了？"虎背熊腰的章达吉哈哈笑着走下楼来。"舅舅，你身体还是这样好，侄女就放心了。""还带这么多好东西啊！"章达吉满面笑容地说。

"这一驮是红糖、白糖，还有水果糖；这一驮是海带、粉丝、盐巴；这一驮是火腿腊肉；这一驮是布料绸缎；这一驮是挂面、豆瓣；那一驮是给你们做鼻烟的上等川烟，这……""好啦，好啦！这么多好东西又够我们吃好久了，快上楼吧。"藏女十分亲昵地拉着章达吉的手来到土司家二楼活动室。

土司别墅是一幢气势雄伟，规模巨大，呈井字形的二楼一底的木石结构碉房，一楼是马厩、地牢，下人、卫兵的食堂和住房。二楼是主人家的活动房，房屋十分宽大，每层房子由几十根气派的大木柱撑着，两根木柱间隔成一间小房子，是家人的宿舍和客房。火塘（主人家的厨房）宽敞明亮，靠右墙的一边是一溜长长的木沙发，上面铺着质地上乘的栽绒卡垫，沙发面前是一排雕刻着花鸟虫鱼图案和绘有藏画的高级枫木茶几。火塘是客人饮茶吃饭的地方，也是全家人的主要活动场所。三楼是经堂、保管室和部分客房。每间房屋的窗户上都安装着从云南丽江人背马驮过来的价格昂贵

当木里国大代表时的吴香兰

青年吴香兰

的玻璃，各间房屋均显得宽敞明亮。三楼顶的土掌上砌着半人高的女儿墙，是晒坝也是乘凉观山望景的休闲场所。在三楼靠北边的土掌上建有一个高丈余的白色的专门煨桑烧柏的海螺形香炉。

能和木里大喇嘛如此亲近，得到大喇嘛家如此善待，她究竟是何许人也？待我从头说来。

吴香兰，藏名益西娜珍，理塘县高城乡新街人。此女从小胆大胜男，性格热情奔放、倔强任性，且能歌善舞，还弹得一手好钢琴，家庭十分富有，自己又有几分姿色，

在康定、理塘一带是一个大名鼎鼎的活跃人物。后来她舅舅章达吉的儿子项松典取品当了木里的大喇嘛，她曾几次到木里玩耍，和表弟很是投缘，十分亲密。1946年，西昌警备司令贺国光写信给木里第十八任大喇嘛项松典取品和卸任大喇嘛项扎巴松典，要他们二人中一人出任国大代表。二人心存戒备，都不愿出任。吴香兰听说此事，突发奇想，要当木里的国大代表，便带了好多礼物到木里项松典取品表弟家，缠着表弟，要当木里的国大代表。又和表弟项松典取品去卸任大喇嘛项扎巴松典家说合。请他们向西康省政府秘书长兼民政厅长张为炯推荐她。

什么是国大代表，国大代表是干什么的，能起什么作用，有什么好处，这些对闭塞边远的木里喇嘛王国来说，从活佛、土司到老百姓，谁都不知道。更重要的是，1934年木里的活佛兼大喇嘛项次称扎巴（米吉活佛）被国民党二十四军骗至康坞大寺枪杀，候袭大喇嘛项扎巴松典被劫持到西昌，关进大牢一年，吃尽了各种苦头，他们勒索了木里无数黄金白银、药材土特产，木里各族人民为了交付大喇嘛家摊派的赎金深受其害，好多人家被弄得家破人亡，妻离子散。项扎巴松典被关押了一年，幸遇红军长征来到西昌，国民党忙着逃命，才将候袭大喇嘛项扎巴松典放回。切肤之痛，宛如昨日。说到国民党汉官，木里人从上到下无不胆战心惊，避之犹恐不及，谁还会去当你的什么代表？因此，项松典取品和项扎巴松典向西康省民政厅推荐了吴香兰，西康省民政厅分给木里一个国大代表名额。项松典取品在木里大寺衙门召开了有门公、堪布、姑擦、仲依、苏班、连朗天巴等六十多人参加的政教两界八司人扩大联席会议，说要选一个国大代表，这个人就是吴香兰，她代表木里到南京参加国民代表大会。请同意的举手。到会人员哼哼哈哈地举起手："帐改，帐改。"（同意，同意）就算全票通过。吴香兰从此当上了木里的国大代

西康省政府发给项松典取品的候袭宣慰司委任状
张治状　提供

表。令八司人会议人员高兴的是，会后他们吃到了吴香兰散发给大家的香烟和水果糖，一个个眉开眼笑，啧啧称赞。1948年，吴香兰到南京参加了国民代表大会，给木里带回好多国大代表会议照片和宣传材料。吴香兰的丈夫格桑曲批曾获国民党空军少将军衔，是美国援华抗战飞行大队的"飞虎队"成员，曾多次驾机同日机作战，立下战功。他也是中华人民共和国成立前仅有的一位藏族飞行员。

正是吴代表的再次到来，给木里政界掀起一层动荡风波。她对项松典取品说："外面共产党和国民党仗打得凶得很，解放军快打到长江边了，解放了的汉人地方，杀头人，斗地主，有钱人遭殃了，我这次在南京开会时，听人说好多国民党大官、有钱人都

在变卖财产，准备逃往香港、台湾。现在国民党在大陆的统治看来即将土崩瓦解，要不了多长时间，全国就将属于共产党的了。解放军很快就会开进西昌，大势所趋，退为上策。我看你这个大喇嘛再当下去不是好事，赶快退了得了。我这次来可能是和你们最后在木里见面了，说不定我也会到台湾或是香港避避风。"

大喇嘛项松典取品听了表姐的一番肺腑之言，顿时心乱如麻，情绪坏透了，甚至毛焦火辣地打骂奴隶娃子来发泄心中的愤懑和不安。吴香兰安慰他道："表弟，你现在不用这么急躁，共产党打到这边还有些时日，我是想让你心里有数，早作打算才是。你现在对奴隶下人不要像以前那样一打二骂了，要对他们好一点。"

右二为吴香兰，右三为项培初扎巴，右一为项之母朗降拉初，
右四为项之妻泽仁卓玛

这里虽是封闭的藏区，也还是有好多高档的消费品和时兴玩意。如自行车、手摇留声机，以及京剧名家梅兰芳的《贵妃醉酒》《霸王别姬》、程砚秋的《锁麟囊》《玉堂春》、盖叫天的《窦尔敦》、李多奎的《打金枝》《行路哭灵》、马连良的《鸿门宴》和上海解放前红极一时的周璇、白光、吴莺音、李香兰等四大歌后的密纹唱片，德国产的203照相机，刊有胡蝶、阮玲玉等电影女明星的画报，印度产的地毯和法国香水、口红，等等。

一天，表弟出去了，吴香兰感到有些无聊，打开了留声机，她很喜欢旧上海周璇等四大歌后的歌曲。留声机里响起了周璇《不了情》的悠悠歌声：

忘不了/忘不了/忘不了你的错/忘不了你的好/忘不了雨中的散步/也忘不了那风里的拥抱/忘不了你的泪/忘不了你的笑/忘不了叶落的惆怅/也忘不了花开的烦恼/寂寞的长巷/而今斜月清照/冷落的秋千/而今迎风飘摇/它重复你的叮咛/一声声/忘了/忘了/它低诉我的衷曲/一声声/难了/难了/忘不了/忘不了/忘不了春已尽/忘不了花已老/忘不了离别的滋味/也忘不了那相思的苦恼。

她似乎心情有一丝莫名忧伤，是为动荡的时局、为思念家乡的父母，还是想念远方驾机征战的丈夫？她跟着《初恋女》歌词轻轻哼唱，翩翩起舞：

我走遍漫漫的天涯路/我望断遥远的云和树/多少的往事堪重数/你呀/你在何处？我难忘你哀怨的眼睛/我知道你那沉默的情意/你牵引我到一个梦中/我却在别个梦中忘记你。啊/我的梦和遗忘的人/啊/受我最初祝福的人/终日我灌溉着蔷薇/却让幽兰枯萎。

"好！好！好！表姐，你的歌声太好听了！舞跳得太好了！"原来项松典取品早已回来，已经在房里欣赏她的歌喉舞姿有好一会了。曲终了，他才拍着巴掌走了出来。项松典取品看见吴香兰面颊上挂着两滴清泪，于是惊慌地问：

"啊啵，'天要打雷才下雨，人要伤心才会哭'，表姐，你哭了，谁得罪你啦？你说，我去收拾他！"

吴香兰不想说出她此时的心情，用手揩去眼泪，笑着说："我这是触景生情，想阿妈了。"

吴香兰脚踩着长裙有些站立不稳，项松典取品上前一把抱住她。项松典取品很崇拜美丽而又有学识的表姐，吴香兰也很昵爱小表弟。两人常说出一些出格的话语，做出一些大胆的举动。

有一天，在翻阅一本画报时，项松典取品看见有男人抱着女人跳舞的照片，他问吴香兰："表姐，这是在干什么？"吴香兰对他说："这叫国际舞，也称交谊舞，是世界上那些达官贵人们喜欢娱乐的舞蹈。"他也心血来潮，想在家里搞个家庭舞会，要吴香兰教他跳交谊舞。按照吴香兰的讲解和安排，他把老婆和几个亲戚家的女人叫来，由吴香兰给她们梳妆打扮，喷上香水，抹上口红，穿上新衣，参加家庭舞会。男人太少，项松典取品又叫随行的衙门官员姑擦（管行政的，相当于现在的办公室主任）、大仲依（秘书长）、苏班（秘书），一起参加他的家庭舞会。

项松典取品分配了男女舞伴，他和吴香兰配对，随着吴香兰"一、二、三四、前进，后退，嘣嚓嚓"的口令声，七八个人机械生硬地跳起了交谊舞，几个女人不好意思，被几个生硬笨拙的男人拉来扯去，一会儿这个踏着那个的脚，一会儿那个又碰到了这个的

参观凉山州奴隶博物馆时合影　右一为凉山彝族自治州人大常委会副主任穆文富，右三为吴香兰，右二为吴子格桑旺堆，右四为木里原县长、州人大常委会副主任宋德成　　穆文富　提供

头。看着项松典取品和吴香兰跳舞时那认真专注而又机械的舞姿，女人们嬉笑不止，有的笑得捧着肚皮蹲在地上。

留声机里响起了吴蓉音嗲声嗲气的《我有一段情》：

> 我有一段情呀/说给谁来听/知心人儿呀出了门/他一去呀没音讯。我的有情人呀/莫非变了心/为什么呀断了信/我等待呀到如今/夜又深呀月又明/只能怀抱七弦琴/弹一曲呀唱一声/唱出我的心头恨/我有一段情呀/唱给春风听/春风替我问一问/为什么他要断音讯。

项松典取品他们听不懂歌词，不知道唱的是些什么，但觉得音乐十分悦耳动听，唱歌女人的声音也无比的曼妙诱人。音乐无国界，音乐无族界，那七个音符，被作曲家精心组合搭配，便成了一首首或高昂雄浑，或轻快活泼，或凄婉抒情的，有生命、有情节的歌曲。只要是首好歌，无论哪个国家、哪个民族的人听了，都会叩开他的心扉，融入他的心灵，引起他酸甜苦辣的各种感受。

木里不愧为歌舞之乡，藏民族不愧为"人学会走路就会跳舞，人学会说话就会唱歌"的民族。经过吴香兰"抬头挺胸，眼视前方，腹部内收，腰部放松，脚掌擦地"跳舞秘诀的讲解示范，几曲下来，大家的步法基本上都跟上了节奏。渴了喝酒，累了休息一会，饿了吃一开酥油茶又接着跳，项松典取品年轻力壮，舞兴特别浓，一直跳到鸡叫三遍，方才歇息。

项松典取品生性好玩，这正对吴香兰的脾气，跳舞唱歌，上山打猎，骑马兜风，在场坝上骑自行车，打篮球（可不是平常说的篮球比赛，而是叫身边的下人和奴隶站在中间，项松典取品和吴香兰站在两边，用篮球砸他们的头，在篮球打来时，奴隶们不能用手阻挡和接球，脚也不准动，只允许头左右躲闪，否则就要挨鞭子）。被篮球打着的人，即使不痛，也故意大声"唉哟，唉哟"地叫，以博得项松典取品的高兴。

吴香兰在木里畅游了三大寺，拜会了活佛甲央旨古，逗留了数月之久。从收音机里听到的也尽是一些不好的消息，国民党的什么孙司令起义了；什么黄百韬的十多万国民党军队精锐被解放军包了饺子，黄司令被迫自杀；什么黄维的十二万国民党军队在双堆集被解放军中原野战军围歼，兵团司令黄维也当了俘虏。还传说，蒋介石的七十四师在山东被歼灭了，张灵甫自杀了，蒋介石心痛得放声大哭。傅作义在北京也被林彪围得水泄不通，动弹不得，等等。吴香兰想不到国民党会垮得这样快，她担心理塘的家，不知父亲作何打算，担心时任国民党军队中校飞行员的丈夫的前途。她无心再耍下去了，决计尽快返回康定家中。这几天她和表弟项松典取品玩耍时，虽然嘻嘻哈哈十分尽兴，但内心深处隐藏着深深的忧虑。在回康定前，她和木里衙门卸任姑擦的舅舅章达吉和表弟项松典取品做了一次长谈。她建议项松典取品辞去大喇嘛的职位，形势不好时逃到西藏再从西藏逃到印度。她回去和父亲商量，要去看丈夫。1991年1月，离别故土42年的原木里国大代表吴香兰女士携子格桑旺堆从台湾回大陆探亲，到木里寻亲访友，县委书记八一仁青、县长余文学、人大常委会副主任项培初扎巴等和她亲切交谈，陪同她畅游木里大寺、长海、康坞大寺等地，她对木里的发展赞不绝口。（据凉山彝族自治州人大常委会原副主任穆文富讲，当时吴对他说，自己当初不是逃去台湾，而是刘文辉主席叫她去把台湾的丈夫接回大陆来，谁知一去，大陆就解放了，因此就滞居台湾数十年）。

临别时，表弟一家送了好多东西给她，她只拿了十两黄金、两斤虫草、两个麝香、两个熊胆，其余的东西退给了表弟。项松典取品派他的门公王佩初取典和四个贴身阿楚（警卫员）及八匹马把吴香兰送回家去。走到九龙县，吴香兰便把项松典取品的护送人员和马匹打发回去了，由她在九龙的亲戚送她到康定。

项松典取品在吴香兰走后的第二天，就到白碉八尔地向八尔老爷林甲央（也是他的表哥）汇报了他不当大喇嘛的原因和打算。林甲央看他心意已决，也不好说什么，只说再与活佛商量商量。

林甲央和他一起来到木里大寺。在活佛的会客室里，八尔老爷林甲央、大喇嘛项松典取品分别向活佛敬献了黄色哈达，活佛按招待高贵客人的礼节，回敬酥油茶和甜点食品。项松典取品语气沉重地对活佛说："我和我父亲商量好了，我身体不好，不想当大喇嘛了。"

活佛听到项松典取品不当大喇嘛的话，百思不得其解。看着才二十多岁，正当壮年的大喇嘛，他表面不动声色，内心不免暗暗吃惊：大喇嘛可是木里顶天立地的人物，是木里喇嘛王国的国王，是好多人梦寐以求而不可得的宝座，是什么原因让他任期未满就迫不及待地主动退位呢？甲央旨古活佛素来以学问高深，不问俗事，慈悲为怀而著称，今天他真想不明白项松典取品要提前退位的原因了。他静静地听着项松典取品的诉说，目不转睛地盯着项松典取品有两三分钟时间，项松典取品不敢正视活佛的眼光，惴惴地低下了头。

"松典呀，不是雄鹰不敢在蓝天翱翔，不是猛虎不敢咆哮山冈，不是八尔家高贵的身世，坐不上木里大喇嘛的位置。你可要好好想一想，机会不能错过呀！藏谚说：'吃饱喝足了，不稀罕满桌的酒肉，而在饥饿的时候就会看上别人口袋里的一点糌粑。'"

"老师，你就别劝我了。磨盘上睡觉转了三千三百转，我是想通了，大喇嘛的位置不能永远当下去，早退迟退总有那么一天的。"项松典取品下定了决心，显得有些平静。

活佛甲央旨古对林甲央和项松典取品说："我是佛教之人，世事就由你们决定吧。"

项松典取品大喇嘛和八尔老爷林甲央一起到了苦巴店御任大喇嘛、中将司令官、仍掌握木里实权的项扎巴松典别墅，汇报商量项松典取品辞职之事。项扎巴松典知道吴香兰带来了一些外面不好的消息，也知道了项松典取品退位的原因。

"今天东边的天空出现了乌云，就知道会有不好的消息传来。原来是木里大喇嘛要退位了。"听完林甲央、项松典取品两人的话后，项扎巴松典不冷不热地说。他心想，这么重大的事，你们先不来和我商量就决定了，把我放到什么位置了！他虽表面不露声色，但心里有一丝不快。项松典取品生性桀骜不驯，心狠手辣，又是一个自以为是的人，在衙署官员、佛教界和木里老百姓心目中的名声并不好。因此他要退位，项扎巴松典又感到快慰。于是项扎巴松典顺水推舟地说："这么重大的事，要好好和木里衙门八司人会议官员商量商量。"

活佛选了一个吉日，木里衙门召开了有三大寺门公、姑擦、大仲依、大苏班、连朗天巴、堪布、拉擦等数十人参加的八司人会议。不同的是，这次是活佛甲央旨古、八尔老爷林甲央、上一届卸任大喇嘛项扎巴松典、现任大喇嘛项松典取品、大喇嘛的父亲（卸任姑擦章达吉）、门公王佩初取典都参加的会议。各位官员议论纷纷，有人真心实意地挽留项松典取品继续当下去，因为任期没有满；有的人虚情假意地挽留，说："大喇嘛这几年做了好多事，现在又年轻力壮，应该继续干到任期届满，才叫名正言顺。"大多数人说一些冠冕堂皇的话或鸡毛蒜皮的话。有的说要大喇嘛自己做主，有的说要请活佛、八尔老爷、项扎巴松典大喇嘛几个好好商量，怎样办才对木里有好处。

最后还是项松典取品"一锤定音"："开弓没有回头箭，放回山里的麂子吆不回来，我说出的话收不回来。说话算话，我决定辞职退位了。我推荐候袭大喇嘛项培初扎巴担任第十九任木里大喇嘛。"

经八尔老爷林甲央，活佛甲央旨古和上一任大喇嘛项扎巴松典这几位木里决策人郑重地商议，认为事已至此，只有同意项松典取品辞职。八尔老爷林甲央回到主席台，高声宣布："现在举手表决，同意项松典取品大喇嘛提前退职的请举手！"到会人员齐刷刷地举起了手臂。大家"仗改，仗改"（同意，同意）地大声叫喊着。

项松典取品安排大仲依和汉文师爷匆匆忙忙地撰写了藏汉两种文字的给西康省政府关于木里大喇嘛项松典取品请求辞去大喇嘛职位的申请报告和木里土司衙门推荐项培初扎巴为木里第十九任大喇嘛的报告，并填写了相应的履历表。项松典取品迫不及待地带着门公王佩初取典、大仲依格弟甲初等亲自跑到康定西康省政府找到刘文辉主席，送了辞呈和礼物。

刘文辉和木里有很深的渊源，他派兵枪杀了木里第十六任大喇嘛兼活佛项次称扎巴（又称米吉活佛），房掠候袭大喇嘛项扎巴松典和师爷李锦修，囚禁于西昌一年之久，勒索巨额钱财，给木里人民造成灾难。刘文辉在当时是一个令木里各界都会不寒而栗的人物。

刘文辉经营西康藏区很有政治手腕，他研究藏区历史、风情礼仪，尊重佛教，笼络藏人，治理西康二十多年，使西康藏区粗安，相对稳定，对藏区做出了一定贡献。据《甘孜州志》记载，他入主西康后，还聘请了驻锡炉霍寿灵寺的四世格聪呼图克图巴登·格勒朗加为经师，接受了四世格聪活佛的灌顶传经；刘文辉在康定的住所设有经堂，睡前要默诵佛经，可谓对藏传佛教维护备至，他个人虔诚信佛，开会办公，手不离念珠，还延请藏族画匠为其绘制唐卡等。从1928年起，作为川军二十四军军长的刘文辉势力渐强。1928年9月，就任川康边防军总指挥；10月，就任四川省政府主席，登上了他一生的顶峰。1932年8月，刘文辉与四川另一军事实力派刘湘爆发了"二刘之战"，战败的刘文辉溃逃至西康，苟安于雅安一隅。1935年，刘文辉就任西康建省委员会委员长；1939年1月1日，就任新成立的西康省政府主席。刘文辉治理西康地区共21年3个月。

1931年，刘文辉接触了多杰觉拔格西，使他对佛教产生了浓厚的兴趣。多杰觉拔格西在北京、杭州、汉口等地传法后，进入四川，在成都弘法。时任四川省主席的刘文辉亲自率领数百人入坛受灌，从学者达900余人。

刘文辉常住雅安，但他每到康定时，总爱带足布施，乘坐大轿去木雅藏区各大喇嘛寺巡游安抚。每到一寺，大小喇嘛和头人都要对他夹道欢迎，表示崇敬。他对喇嘛寺则赏给许多茶包、绸缎绢帛，对头人和大喇嘛更慷慨赏给银洋或金条，对小喇嘛每人赏赐大洋1~2圆，颇受藏人喜欢。①这为他以后治理康区打下了基础。

1945年，木里卸任大喇嘛项扎巴松典携其表弟十八代大喇嘛项松典取品前往省城康定拜见了刘文辉，得到了刘文辉的褒奖，项扎巴松典还被封为木里宣慰司，双方因1933年开发木里龙达金矿所积怨嫌有所消释。

刘文辉认为，木里谁当土司大喇嘛都是一个样，又收了黄金、虫草等礼物，立即批准了项松典取品的辞职报告和木里推荐项培初扎巴任木里第十九任大喇嘛的报告，并马上颁发了委任状。

在康定期间，项松典取品和王门公会见了好多老朋友，包括甘孜藏族富商邦达多吉等。叙旧时，他们谈论的都是国共两党之间的话题，共产党哪儿又打胜仗了，国民党哪几个司令又当俘虏了，等等。这次康定之行，他知道国民党目前政局飘摇，看到好些有钱人都是人心惶惶的。于是，项松典取品又庆幸自己选择退位的英明决定。但是当真正把省政府的通知拿到手的时候，他又感到一股莫名的酸涩和懊恼。正是神秘藏女吴香兰的到来引发了喇嘛山木里上层人事变动，正是项松典取品的退位，让十五岁的项培初扎巴临危受命，当上了被洛克称为中国黄教喇嘛木里王国的最高统治者——第十九任大喇嘛。

---

① 高谦：《康定县藏传佛教概况及其在历史上产生的影响》，《康定文史资料选辑》（第三辑），1989年。

第二节
白碉宝地八尔家　世袭土司三百年

木里是全民笃信藏传佛教的地方，至今保留着许多原始而神秘的宗教文化。木里和西藏有着十分密切的联系，政教合一的统治制度、佛教寺庙的建设和制度等许多方面都依仿西藏而行，但走进木里黄教喇嘛王国，会发现木里土司制度与西藏也有所不同。中华人民共和国成立前，寺庙活佛和土司（又称大喇嘛）在木里享有共同的特殊地位。与康巴藏区土司主宰政权，寺庙与活佛依附土司政权和西藏藏区"政教合一"，神权统率政权，宗教领袖统帅藏区不同，木里则是寺庙活佛与土司政权有机结合。土司必须是从小出家的僧人，土司衙门建在寺庙里，寺庙是木里的政治、军事和经济中心。土司大喇

风水宝地八尔地　温珠 摄

嘛终身不准结婚，无子嗣继承人，实行一套在八尔斯丕家族兄弟子嗣中择优选任的世袭制。《木里县志》记载：土司统治木里300余年，"其组织之繁简、立法之原则、权利之树立、土司之产生亦有其特点，以喇嘛而兼土司，合政权、教权、军权而为一，形成了'三位一体'僧侣政治，与普通政治迥然各别"。

八尔衙门遗址　苗杰　摄

据《木里政教大事记》记载，明万历十三年（1585）出生于白碉（今木里白碉乡，传说此地有白色碉堡而名）达克村八尔家的降央桑布（被认定其生年属相与黄教始祖宗喀巴相合，系木里一世活佛却吉·桑杰嘉措的转世灵童，自幼迎入寺中学习佛教经典，曾三次到西藏哲蚌、色拉、甘丹、扎什伦布寺学习深造）接任为木里二世活佛，他凭其广博的佛教经典知识和能言善辩的巧舌，游说四方，钦服百姓。在驱除木天王兴白教灭黄教的斗争中立下大功，结束了木天王统治木里长达43年的历史，为黄教在木里的兴旺发展做出巨大贡献。因此，瓦尔寨大寺的堪布召集各地头人、族老在瓦尔寨大寺开会，拥戴降央桑布总揽政教大权，到会百姓协议，除拥戴他任第一代大喇嘛外，还规定，今后木里的大喇嘛世世代代必须由八尔家的后代担任。自此木里历代大喇嘛都是八尔家的后裔。

《木里政教大事记·降央桑布传略》又记：却吉·桑杰嘉措圆寂之后，即于木猴年（1584），此方一位种姓高贵、容貌端庄的女人受孕，胎儿于火鸡年（1585）足月降生，其生年属相与宗喀巴相合，即为却吉·桑杰嘉措转世投胎。灵童的父亲住于克达村八尔家。此家种姓高贵，势力显赫，荣华富贵，享有皇帝封赐金印，系世袭土司，众人称之为本玛仓（官世家）。又传说，八尔家受皇封后，为了长久统治木里，召集当地百姓在康坞山的鸭嘴对天盟誓，立下誓言，在发誓地点埋下两个像羊一样大的一黑一白的石头，并把誓言刻于地面的石碑上，双方共同遵守。誓言大意是：从此当地百姓不再反抗八尔家，如反抗，八尔家有权用武力镇压，并将白石头从地下挖出过秤，石有多重，土著人就赔给八尔家像这块石一样重的金子；相反，如八尔家无故镇压当地百姓，当地百姓有权起来反抗，并将地下的黑石挖出过秤，石有多重，八尔家就赔给当地百姓像这块石一样重的金子。从此，八尔家和当地百姓之间和睦相处。

木里政教合一的统治制度，是在漫长的封建农奴社会中逐渐形成和完善的，与其他藏区有不同之处。一是木里土司衙门无固定驻地，而是在木里大寺、瓦尔寨大寺、康坞大寺三大寺分设三个衙门，土司带领其所属官员每年轮住一个衙门，行使权力；二是除大喇嘛之外，还有活佛和八尔老爷两个显赫人物，与土司一样拥有相当的权力，境内一切重大事件的决策都必须取得这三个人一致意见方能实施，活佛也伴随大喇嘛轮住三大寺；三是木里土司必须出家当喇嘛才能承袭职位，故土司又称大喇嘛，由于土司必须出家为僧，且不准婚娶，因而承袭又不是父子之袭；四是土司衙门的大小官员中，除把总、师爷二职不是僧人外，其余大小官员职务非喇嘛不能担任。

清雍正七年（1729），第六代大喇嘛六藏涂都，被清廷封为木里安抚司，颁给印信号纸，驻牧木里。同治七年（1868），第十三代大喇嘛项松朗扎什因滇战有功，加封宣慰司衔。

木里土司既为喇嘛，不婚娶，其继承人依习惯遴选弟兄或胞侄充任（胞侄包括兄弟姐妹之子）。如兄弟二人，兄为土司，兄死，则以弟继承，或者弟娶妻生子，以备承袭。胞弟之子谓之"人种"，养尊处优，备受保护。项氏家族在白碉境内建有庄园，专有土地与奴隶，以为供应。此住所谓之"八尔衙门""人种衙门"或"老爷衙门"，庄子谓之"八尔庄子"，其佃户称为"八尔百姓"。土司之产生，多以打卦而定，但仍按传长传嫡之例，传之胞弟、胞侄。其俗，因姑母之子亦为胞弟，姐妹之子亦为胞侄，也可传承。准备承袭土司者，必须自幼入寺为僧，学习藏文化和佛教经典，始能继承土司之位，故名"候袭"。木里的土司世袭是家族世袭，不实行父传子、子传孙的世袭传承。

自公元1648年降央桑布任第一代大喇嘛（兼第二世活佛）起，至1950年项培初扎巴任第十九代大喇嘛至1953年止，历时306年。

木里历代大喇嘛（土司）世系表

第一代	降央桑布	1648—1656	执政8年	
第二代	松典绒布	1656—1679	执政23年	
第三代	尼西甲村	1679—1702	执政23年	
第四代	次称绒布	1702—1714	执政12年	
第五代	鲁绒亨扎	1716—1726	执政10年	
第六代	六藏涂都	1726—1759	执政33年	1729年授安抚司职
第七代	格藏朗章里	1759—1774	执政15年	
第八代	格桑林钦	1774—1781	执政7年	
第九代	项拈查	1781—1800	执政19年	
第十代	项克珠	1800—1819	执政19年	
第十一代	项琼玖	1819—1849	执政30年	
第十二代	项扎什	1849—1867	执政18年	

第十三代	项松朗扎什	1868—1890	执政22年（1873年授宣慰司衔）
第十四代	项滴立	1890—1902	执政12年
第十五代	项隆普	1902—1924	执政22年
第十六代	项次称	1924—1934	执政10年
第十七代	项扎巴松典	1935—1944	执政10年（1936年被国民政府授陆军中将衔）
第十八代	项松典取品	1944—1949	执政5年
第十九代	项培初扎巴	1950—1953	执政3年（1953年任首任县长）

木里衙门与大寺经堂同建一处，房屋各别，康坞寺与瓦尔寨寺衙门与寺庙分建，经堂仅供念经之用，念毕即闭门，众喇嘛各归僧舍。衙门设在大堂二楼上，两侧柱上贴有"上任大吉禄位高升"红绿纸条。衙门底层为监狱。土司、活佛及主要政务官员均住在衙门内。

在三大寺的三大衙门，实际是土司行署，每个衙门又是一个单独的辖区，各有其管辖的村落和人民。

土司 土司（百姓称大喇嘛）是土司衙门的最高行政长官，总揽境内军政大权。

门公 门公（藏语称甲萨）是土司衙门的第二号人物，地位仅次于大喇嘛。门公由三大寺"八司人会议"推荐，土司任命。掌管军政实权，承土司之命办理一切内外事务。

大苏班 大苏班是仅次于门公的重要人物，是土司衙门的财政官员。

大仲依 大仲依与大苏班地位相当，是土司衙门的藏文秘书。

国民政府发给木里的银质奖章　　木里文化馆　提供

师爷 师爷即汉文秘书，地位与大苏班、大仲依相当。虽无具体官衔，但地位甚高，年节聚会，大喇嘛居中而坐，门公、师爷坐于两侧，在姑擦之上。

小苏班 小苏班是土司的贴身侍卫官，管理土司日常生活、安全和私有财产。

在三大寺衙门内的官员还有：姑擦、连朗天巴、玱载、久拐、连巴等。

姑擦 在土司轮住本寺一年内，充当土司助手；在土司移驻其他两寺的两年中，充任土司代理人，管理寺内和辖区一切行政事务。

连朗天巴 其职位次于姑擦，管理本寺财政收支，负责收租收粮。

玱载 管理粮食和实物的官员。

连巴 管理库房的小官，听从玱载指挥。

在衙门内还有两个更小一级的官员：负责衙门中骡马草料的严龚，负责洒扫、传达勤务和看守监狱的古拉巴。

把总 把总是木里的联络员（世袭制），中华人民共和国成立前，木里有四大把总：热地董把总，白乌脚舒把总，次嘎落纪把总，土谷杨把总。

八司人会议（藏语称额松），是寺庙和衙门的最高权力机构，有一定资历的人才能参加。行政方面的姑擦、连朗天巴、玱载及把总，宗教方面的额西、翁载、格古等。土司、活佛、八尔老爷均不参加。

会议设一名"西根"，为会议主持。

八司人会议的职责是管理辖区内一切重大行政、宗教事务，守护疆土，处理边界纠纷。特别重大的事务，报告大喇嘛处理。

绒班 绒班又称官人，是各大寺衙门派往各地，代表土司行使权力的官员，相当于汉区乡长。

佃班 佃班为世袭，相当于汉区保长。

木官 在纳西聚居的俄亚特设此官，与佃班相同。

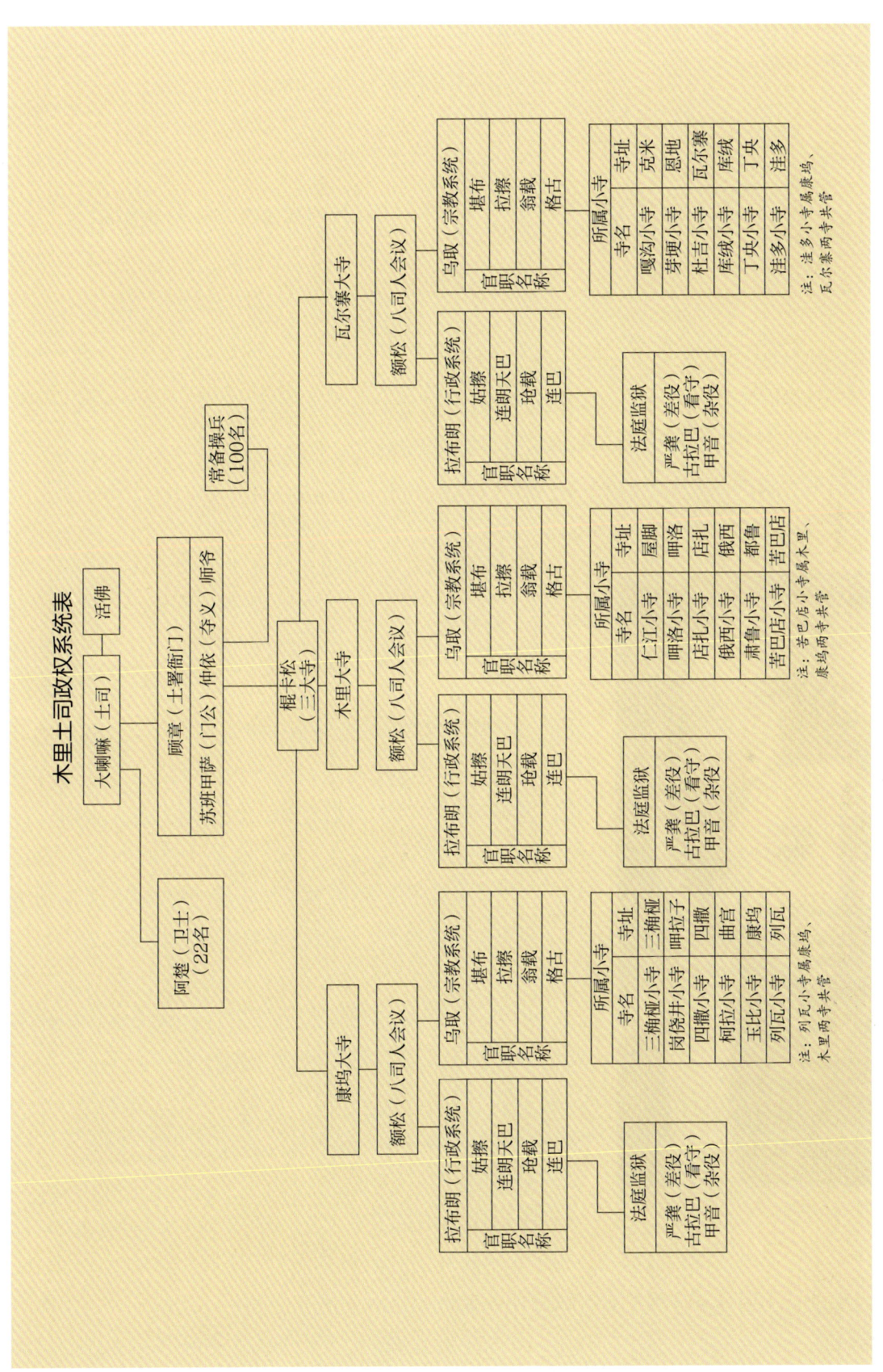

第一章 喇嘛山风生水起 小扎巴荣登大位

第三节

八尔家族喜得贵子　小扎巴候袭大喇嘛

即将上任的木里末代大喇嘛项培初扎巴，是木里白碉八尔地人，"八尔家族即是历代大喇嘛（土司）的发源地，又是木里境内的望族"。"八尔"是蒙语"老虎"之意，也是第一代木里大喇嘛的父名，母名阿促，俗称"阿促八尔"。其父八尔是当地的土酋，传说是公元1253年元世祖忽必烈率蒙古大军南征大理时留驻木里的官员。

公元1934年，项培初扎巴降生在木里世袭贵族八尔斯丕家族嫡生女朗降拉初家里，朗降拉初是十七代大喇嘛项扎巴松典和八尔斯丕老爷林甲央的亲妹妹，故他是姑系家出身的土司。项培初扎巴的父亲名叫次称巴登。项培初扎巴一出生，就引起八尔家族、木里衙门和三大寺庙的关注，一致认为项培初扎巴五官端正，天庭饱满，两耳垂大，鼻梁高直，两眼炯炯有神，是一副大富大贵的王侯相，都把他当成掌上明珠，呵护有加，精心抚养。1942年，八尔家带着年仅7岁的项培初扎巴，在木里大寺为他举行了隆重的入寺典礼，从此，项培初扎巴被剃度为僧，入了佛门。

进寺后，藏文老师教他字母拼音和文法，再学祈祷文，继而再钻研五部佛教著作。先后学习了《别解脱戒经》《律义根本》《三十颂》《正字写》《戒原理》《米傍仁波切入智论》《入菩萨行论》《因明学宝藏》《修辞学》等初级课程。

1944年，木里第十七代大喇嘛项扎巴松典卸任后，在木里苦巴店新修私邸蛰居。作为项培初扎巴的亲舅舅，为了精心培养外甥成材，他将项培初扎巴从寺庙接到自己的家中，聘请木里藏文高手大仲依鲁绒格丁（土司衙门和项扎巴松典的私人秘书）为师，在家中对外甥进行专门辅导，并亲自对外甥进行礼

年轻时的项培初扎巴

项培初扎巴（后排左二）1953年当选首任县长后与家人合影　　项培初扎巴　提供

项培初扎巴的藏文老师鲁绒格丁　　张治壮　摄

仪、交际等方面的培训。1947年，八尔斯丕家又把项培初扎巴送进瓦尔寨大寺，拜精通佛学的木里第九世活佛甲央旨右为师，在其座下继续深造，专心攻读藏传佛教经典两年多。用项培初扎巴自己的话说，他的藏文水平可达到初中毕业水平。

第四节

学经七年初有成　欢喜回家过藏年

　　1950年过了藏历新年，项培初扎巴就要走马上任当大喇嘛了，全家人高兴异常，整个八尔地也呈现出一派节日的气氛。她的母亲朗降拉初，专门派人到瓦尔寨大寺把十五岁的项培初扎巴接回八尔地，让项培初扎巴与家人团聚，在上任木里大喇嘛前与乡朋亲友欢度隆重而风光的藏历年。

　　木里人家过新年，是按地位尊卑贵贱规定了先后顺序的。第一家过年的，必须是八尔老爷家，他家辞岁团年时间是农历腊月初七，好比汉区的腊月三十，待他家过完年，其余人家才能陆续过年。

　　项培初扎巴回到家里，看着虽显稚嫩却不失英俊的儿子，母亲朗降拉初心里有一股说不出的欣慰。她把早就准备好的，从印度进口来的高级绛红氆氇做成的楚巴（长外套）拿出来，换下他猩红色的僧服，又叫他穿上用马鹿皮染色做成的高级藏靴——"支康宝"，戴上狐狸皮帽，"佛要金装，人要衣装"，项培初扎巴更显得一表人才，英气逼人。她的妹妹拍着手说："哥哥，你真是喇嘛山上的矫健雄鹰，菩萨山中的威风老虎。"他弟弟打珍拉着他转了两圈，笑着说："人才像杉树一样挺直，面貌像格桑花一样光鲜，你要注意那些美丽卓玛割人的眼光啊！"她母亲朗降拉初爱怜地瞪了一眼不懂事的小打珍："大过年的，你不要像叫山鸡那样乱说。"项培初扎巴虽才十五岁，但已是青春萌动初懂人事的翩翩少年，他表面笑着推了一把调皮的小打珍："我是出家的喇嘛，要守清规戒律，哪像你人小鬼大调皮捣蛋。"但他内心却有一丝淡淡的苦涩。

　　朗降拉初的儿子虽还没有正式上任大喇嘛，但她家是凌驾木里土司衙门之上的八尔家的直系亲属，儿子又即将登上尊贵的木里最高行政统治者——大喇嘛的位置。因此今年的新年礼仪特别注重排场。

　　过年的前五天，在大管家的指挥下，佣人们准备好了节日期间做饭、煮茶、取暖、照明等所用的柴火和松明，以免在节日中动用刀斧而犯了忌讳。过年前几天就请喇嘛算好时日，把房屋内外打扫得干干净净，把锅盆碗盏家什用具擦拭得清洁明亮，一尘不染。在过年的头一天，全家人用芳草熬汤洗澡，除去一年的污垢，以干净的身体走向新的一年。

藏家在过年前，将屋顶上的卡仲（避邪铁戟）更换上新印制的五彩吉祥幡，清理了烧香塔，挂上隆达（经旗），同时还用白色土浆在墙壁、门窗和柱头上涂画雍仲图、八宝图等。神台上、地面上铺满从山上扯来的柏树、松树叶。

吃团年饭前，在一间大伙房里，摆上长桌和座位（上铺栽绒、氆氇卡垫），项培初扎巴的母亲居上座尊位（因他父亲已去世），其余兄弟、姐妹、管家，依次排座。坐好后，才从豪华的经堂里请出二尺高的一尊财神菩萨放置在装有五谷杂粮的大盘神位上，神位前摆着雕花刻凤、描银绘金的大铜盘、木漆盘，里面放着阿娘家收藏的贵重物品，如黄金、白银、象牙、珊瑚、绸缎、氆氇、药材及各种食物等供品。

请来财神，摆好供品，就举行"夺都"（驱魔）仪式，请喇嘛高诵经文，祈祷祝福，驱邪送晦。喇嘛用糌粑面揉成砣（称朵尔玛），代表妖魔放在门口，全家每人从旧衣服上撕下一丝布条，与自己的剩饭一起扔给它，然后口念：

"妖魔你快走，旧的一年即将过去，这里已不是你的留居之地，我把吃剩的给你，穿剩的给你，你快快走，并把旧年的灾难、瘟疫、不快和污秽统统带走。"

这时由仆役们把打扫家中清洁时故意留下的一些垃圾、破坛烂罐送出家门，和朵尔玛一起放到十字路口烧掉，名曰送鬼，也就是送旧迎新之意，表示旧的一年的邪污和不吉利都随旧岁送走了，迎来的是吉祥如意的新的一年。在请财神和送鬼除旧的过程中，还要放枪鸣炮，吹唢呐、海螺、长号，敲起铜锣皮鼓等热闹一番。

吃团年饭前，要吹海螺，类似汉族家放鞭炮，整个山谷、整个村庄被阵阵海螺声所覆盖。

按藏族就餐的习俗实行分餐制，各人面前放置一份肉菜饭食（饭食中有藏族人家喜欢的油炸面饼、米饭、熏肉、火腿腊肉、猪膘肉、牦牛肉做的虾达汤、血肠）和黄酒、白酒，外加一份水果。在整个就餐过程中只能讲吉利喜庆之事，不能说晦气的话。就连照明用的松明都要长根燃烧，不能折断使用，以忌讳来年牛马牲口跛腿断脚。

人们食完后，也要给猫狗喂上好饭食，以示它们和主人一样，也要过年吃年饭。而且，主人还在猫面前放上一小盘饭和肉，视猫先吃什么来卜算明年的收成。如猫先吃肉，则表示来年风调雨顺，粮食丰收；如猫先吃饭，则预示来岁是灾荒饥饿之年。

次日鸡叫头一声，全家人立即起床，并由家中主妇到平时取水处背回一桶水，倒入缸中，第一瓢水代表财宝之水，预示把财富背回家里，寓意新的一年财源滚滚；第二瓢水代表五谷之水，寓意新的一年五谷丰登；第三瓢水代表六畜之水，寓意新的一年六畜兴旺。取水后，再到水井旁献上酥油、奶渣、牛奶、肉食果品以敬水神。

项培初扎巴也被母亲拉着到水井取回一壶水，同时烧香敬菩萨。家里点起酥油灯，供上净水和供品，在自家的香塔里煨桑祈福，祈祷在新的一年里风调雨顺，五谷丰登，六畜兴旺，家人身体健康，万事如意。

新年第一顿早餐，全家依次排列就座，食谱中有酥油茶、拌有酥油和糖的米饭、油炸面饼等具有藏族特色的饭食。

年初一（农历腊月初八）早餐后，项培初扎巴跟着家人一起到他的舅舅、八尔老爷林甲央家拜年，八尔老爷林甲央时年36岁，已有了二男三女。八尔老爷看到外甥项培初扎巴举止稳重，长相英俊，十分疼爱。八尔老爷接受了项培初扎巴献给他的哈达后，把他拉到身边，问长问短，仔细地询问了他在甲央旨古活佛处的学习和生活情况。八尔老爷问他："你就要当大喇嘛了，你是怎么想的？"项培初扎巴说："我也不知道，心中无数，好在有您和项扎巴松典舅舅两位给我撑腰掌舵，我的心里要安稳一些。以后全凭两位舅舅做主。"林甲央听了项培初扎巴这样得体的话语，十分高兴。这时，几个表妹和表弟进来了，都是十多岁的少年，又是项培初扎巴儿时的伙伴，好久没见过面了，十分亲切。项培初扎巴对舅舅说："我和表弟表妹们说说话，一会再来陪您。"林甲央高兴地说："好，好，卓玛，你表哥如今是大喇嘛了，你们玩耍可要注意分寸啊。""知道——"话没说完，她就拉着项培初扎巴的手嘻嘻哈哈地跑出门去了。

在池塘边的柳树下，十三岁的卓玛对项培初扎巴说："我真想不出你当大喇嘛是什么样子。"

十二岁的小表弟打珍一本正经地说：

"表哥大喇嘛，我以后犯了错，你可不能打我的板子啊！"

"去你的。说实在的，我真不想当这个大喇嘛，你们不知道在寺庙里有多苦，天不亮就起来读经书，写藏文，虽说我是候袭大喇嘛，背不出经书，活佛不会打我的脑壳，但看见老师不高兴，我自己也有愧啊。你们没看见那些家里穷的小喇嘛，整天地干活，经常挨师傅的打骂，哭都不敢出声，好惨啊！"

"但是，我们好羡慕你啊，你会写藏文，会读经书，整天围着活佛转，好有福气啊！"

"别说了，其实我想当一个平常人，和你们一样，有父母的疼爱，有玩耍的伙伴，有自由的生活。"说完，他心里竟泛起一丝酸楚。

"可是，可是，你长大了，要当木里最大的官啊，谁有你这样好的命啊！"十岁的公秋表妹天真地说。

"是呀，当大官，万人向往的大喇嘛宝座，可我总觉得这座位下面埋藏着一盆烈火，心里总是不踏实。"项培初扎巴说。

卓玛说："算了，算了。你当木里大喇嘛，总是我们八尔家族的大好事，你就不要东想西想的了，不是说马到山前自有路吗，我知道你是一个心地善良又正直的好人，必定会当好木里大喇嘛的。扎巴表哥，你说是吗？"

"没办法的事，走一步看一步吧。"项培初扎巴的心里有一丝忐忑，一丝亢奋。

在八尔老爷林甲央家吃过午饭，回到家时，项培初扎巴看见八尔地周围的好多百姓和他家的佃户来给他家拜年，拜完年后一直在场坝里等着要看望这位年轻的候袭大喇嘛。

不知什么原因，所有的人看见年轻英俊的项培初扎巴时，都向他俯首致敬，有两个老年人竟然给他匍匐磕起头来，口里不停地念着："贵人啊，贵人啊，嗡嘛呢叭咪哞，嗡嘛呢叭咪哞。"年轻的项培初扎巴感觉十分不自在，不知说什么好，赶忙上前拉起老人。几位老人围着他，似乎能拉拉他的手，能和他说说话，都是十分幸运的事。

这里有一个规矩，来给八尔家或是阿娘家拜完年的人，主人家都要留这些身为佃户、百姓的客人吃饭，就餐时，主人赐客人饮三次牦牛角酒杯盛的黄酒，一次白酒，饮者必须当场饮尽。酒量差者，实在无法饮下，不免要受到戏耍。散席时，主人又在客人面前摆一小块牦牛肉，客人可自行带走。对前来拜年的庄客、佃户，主人家回赠一点粗茶作为回礼。由于席上饮酒多而急，拜年者回家时多醉醺醺地走路不稳而东倒西歪地卧于道旁路边。人们常以路旁醉卧之人的多少来评论今年拜年的热闹程度以及主家款待的吝啬与丰盛。

年初二，项培初扎巴一家和八尔老爷一家一起参加隆重的朝山敬神活动。在长长的朝山敬神队伍的前面，由奴仆牵着一匹打扮得十分漂亮、鞍鞯齐备的空马，这是给山神准备的坐骑。其次是由两人抬着绘有十二生肖、色彩浓艳、高约二丈的唐卡画。后面，八尔老爷骑在白色的高头大马上，项培初扎巴也骑着一匹黄棕色骏马跟随其后。最后是执彩旗、吹号鸣鼓的仪仗队和家庙的喇嘛们。在朝拜的菩萨山上，有几个高大的麻尼石堆，石片上印刻有经文和"六字真言"，以麻尼石堆为中心，向四方延伸的绳索上悬挂着印有经文和各种宗教图案的风马旗。摆上山神享用的贴有酥油花的五颜六色的糌粑砣，燃起袅袅的桑烟，便开始由喇嘛念经敬神。风马旗的舞动声、海螺声、喇嘛的诵经声、松涛声、人们的祈祷声给这片荒山野岭平添了一种隆重、庄严的节日气氛和宗教色彩。

在大年期间，凡家中年满十三岁的少年、姑娘，都要举行穿裤子、穿裙子的成丁典礼。恰巧项培初扎巴的表妹卓玛也到了十三岁，项培初扎巴和母亲一起参加了卓玛的成丁礼。卓玛站在一条猪膘肉上，由一个生肖相合的长辈给她穿上新裙子，穿裙子时是从头上往下穿（如是男孩穿裤子，就从下往上穿），穿上裙子后，由喇嘛念经。卓玛向父母和在场的长辈献上哈达，长辈们回赠事先准备好的新衣和银钱，赠送礼物的同时，长辈们纷纷加以祝福。男女少年一旦穿上裤子或裙子，即表示告别童年，长大成人了，今后就分别是彪悍强壮的翩翩少年和亭亭玉立的妙龄少女了。卓玛穿上裙子，项培初扎巴觉得表妹真是长高了，比以前漂亮了。成丁礼结束后，他把前不久一个康定商人送给他的一块翡翠玉石观音送给了她。卓玛十分高兴。想不到即将当大喇嘛的表哥会送她这么珍贵的东西，她激动得不知说什么好。

康坞山上风马旗

新年期间，令项培初扎巴最高兴的是参加全村的锅庄舞会，时到傍晚，全村男女老幼齐集在一个晒坝里，相互问候祝福。青年男女精心打扮，穿红着绿，佩戴上琳琅满目的金银首饰，在同伴中相互炫耀。笛声吹起来了，芦笙吹起来了，大家手拉手围着几堆熊熊篝火跳起欢乐的锅庄舞、钢珠舞。几位年长妇女把年前各户自动捐献的粮食收集起来酿成了几大坛黄酒，此时将黄酒打开，让聚会的人们尽情畅饮。东边火堆的人群抑扬顿挫地对起藏歌：

    金嘴鸟歇在柏香树上，
    柏香树一声不响，
    金嘴鸟得意地高声歌唱。
    一阵山风哗啦啦吹过，
    金嘴鸟不知藏到哪里去了，
    柏香树依然挺立在山冈。

    肥沃的田野里植物多，
    能收割的只有一种，
    那就是香甜的青稞；
    树林里声音很多，
    悦耳的只有一种，
    那就是布谷鸟的鸣唱；
    百户村里的说法很多，
    可听的只有一种，
    那就是父母的教诲。

    河水吼得再凶，
    只能从桥下流过；
    最漂亮最值钱的靴子，
    还是被踩在脚下。

    金子和泥沙混在一起，
    由水来区别；
    银子和铅巴混在一起，
    由银匠来区别；

真理和谎言混在一起，
　　由事实来区别。
　　…………

西边火堆的人群随着悠扬的芦笙唱起了动听的情歌：

　　郎要走来妹要留，
　　麦子馍馍包酥油，
　　走一步来咬一口，
　　妹的心意在里头。

　　大河涨水淹石坪，
　　石坪上面栽竹林，
　　竹子长高望人砍，
　　小妹长大盼嫁人。

　　一把扇子九匹槽，
　　轻轻打开慢慢摇，
　　只要郎心和妹意，
　　情丝更比钢丝牢。

　　隔河望见青稞黄，
　　割了青稞把酒酿，
　　好吃不过青稞酒，
　　好耍不过少年郎。

　　对门山上一朵花，
　　无情小郎枉看她，
　　山脚底下点豇豆，
　　慢慢牵藤来缠它
　　…………

唱了一曲又一曲，舞了一圈又一圈，渴了喝一碗黄酒，累了休息片刻，篝火映红了村寨的夜晚，歌声拨动了人们的心弦。老年人深沉的舞姿，青年人疯狂的舞步，激烈飞扬的歌声、笛声，抒发出藏家对大自然的依赖情感，对美好生活的向往和对爱情的追求。这"歌的世界，舞的海洋"，把节日的村庄推向一个不眠之夜。项培初扎巴觉得好像从来没有这样痛快过，这样疯狂过，没有了寺庙学习时的温文尔雅和中规中矩，把十五岁青春少年的热情淋漓尽致地发泄了出来。

项培初扎巴觉得最后一天隆重的朝山会也是他今年回家过年期间最愉快的一天。

举行朝山会，全村的男女老幼都参加。每个人都穿上节日盛装，打扮得整齐漂亮。小伙子头戴博士帽或是狐皮帽，上穿领、袖、边都镶了水獭皮的氆氇或毛布做成的楚巴（长衫），腰系彩色毛线腰带，别上一二尺长的银壳腰刀，骑着打扮一新的骏马，尽显藏族男人的威风和魁梧。家庭贫穷一点的也要穿上新麻布服装。年轻姑娘是一个村庄的精灵，是人们注目的焦点。有人说：不要问谁家最有钱，一看藏家女儿的打扮就知道。藏族人家把金银珠宝都穿戴在身上。最打眼的是"嘎乌"（内装小佛像或高僧加持物的护身盒）。嘎乌最初是为借助佛力消灾避邪而随身携带的物件，久而久之，便不断美化为形态美观、工艺精巧的金银饰品盒，盒壳表面冷锻出各种精致的宗教图案或动物图案。嘎乌小者直径三四寸，大者直径八九寸，大多用纯黄金制成，轻者一个一两斤，重者一个五六斤，有的佩戴一个，有的佩戴两三个，而有的人竟佩戴六七个之多，形成一长串葵花饼，从胸前直垂到膝下。多者一人身上光黄金就重达二三十斤，真是金光耀眼，富丽堂皇。有的女性头上、耳上还挂满蜜蜡珠、珊瑚珠、绿松石等珠串，有的还有价值昂贵的天珠（在各种奇石中，最为传奇者莫过于天珠，在藏族群众中的观念中，天珠是上天所赐，是天神的吉祥物，藏人将其视为同生命一样重要，一旦拥有，即是无限福慧的开始），大大的银圈，精致的金戒、钻戒，应有尽有，藏家女儿，首饰昂贵者近百万元。藏家打扮儿女真是不惜代价，谁家有一套漂亮衣服或首饰会受到同村人的羡慕和称赞。

兄弟姐妹来到神山上，烧了一百堆松柏火，摆上一百个糌粑砣和酒肉、茶食、干鲜果品等祭拜山神。人们排成长队，在一位长者的率领下围着玛尼堆、松柏火堆转行，喇嘛和朝山群众高声诵经不止。神山上香烟如云雾缥缈，海螺声"呜——呜——"奏响，风马旗在树枝间摇曳作响。人们笑语喧天，游玩戏耍，跳舞唱歌。敬山节也为青年男女提供了一个寻觅意中人、谈情说爱的时间和地点。祭山毕，按人头分得一小点儿供品，人们视为圣物，无不珍惜地带回家中。玩够了，跳累了，大家在山上煮茶，喝黄酒，野餐一顿，逛山游玩至日落方归。

项培初扎巴觉得今年藏历年过得十分有趣，他更觉得他的家乡是这样的美丽，他家乡的姐妹是这样的可爱而美丽多姿！

第五节
康坞寺佛光普照　小扎巴荣登大位

　　康坞大寺是木里三大寺之一，距县城约40公里，位于风景秀丽、海拔3400米的康坞山顶的莲花山。莲花山两面有小溪，中部隆起呈带状山丘，山体纵看酷似一只吉祥的海螺。寺庙四周群山环绕，森林茂密，草地青翠。

　　康坞大寺于公元1604年，由乃登·崔称桑布主持修建，历经数十年不断扩建、维修和装饰，形成相当大的规模。正南的颇章（衙署）自成院落，为四楼一底的高大藏式建筑，雄居木里旧时三大衙署之冠。

　　大寺建筑仿照西藏色拉寺的格局依山势而建，僧员定制为色拉寺5500人的十分之一，即550人。大经堂、讲经堂、小经堂等都为三楼一底的大型建筑，均坐西向东一字排

中华人民共和国成立前的康坞大寺　　洛克　摄

开，间杂僧舍300余间，宛如一条街市。

在大经堂与讲经堂之间，有一幢红墙大殿，屋顶为铜制鎏金歇山式，飞檐下悬挂铜铃，微风吹动，清脆悦耳；朝辉落日中，尤显金碧辉煌。远远望去，大殿巍峨，宝相庄严，殿堂层叠，错落有致，佛塔林立，僧舍栉比，白墙金顶，经轮宝幢，绘成一幅庄严神圣的深山佛刹景观。

殿内供奉有印度覆钵式铜制鎏金灵塔一座，内储藏历铁虎年圆寂的木里第十一代大喇嘛项苏郎扎什的法骨舍利。在大经堂的楠木龛内供奉七世活佛杰·昂翁鲁绒·巴丁嘉措的法体——"木乃伊"。大经堂二楼灵塔内安放有第十五代大喇嘛项隆普的遗骨。

康坞大寺遗址全景

康坞大寺衙署遗址

由活佛甲央旨古占卜打卦，选定藏历铁虎年（1950）1月1日为黄道吉日，为第十九任大喇嘛项培初扎巴举行了隆重的就职大典。

任职前三天，活佛召集木里全境喇嘛于康坞大寺大诵经文，攥鬼驱邪，请求上天保佑木里风调雨顺，人民安康，无灾无难。在举行任职典礼的头一天，在诵经声中，相关人员把经木里衙门特赦的三大衙门地牢内的五十多名各类犯人押解到康坞大寺门前当场释放，以显示大喇嘛家的宽厚仁宅，体恤民意。犯人们衣衫褴褛，蓬头垢面，枯瘦如柴，头发胡子老长，面目乌黑，肮脏晦暗，似人似鬼。他们匍匐跪倒在地，感谢大喇嘛家的法外施仁。家人们把带来的干净的衣服披在亲人的身上，父抱子，妻抱夫，儿倚父，一家家号啕痛哭，惨不忍睹。

项培初扎巴的就职典礼会场设在康坞衙门前的广场上，主席台搭建了一个由柏树枝遮盖的阳篷，墙面蒙着黄色布幔。红色会标上用金色的字写着"项培初扎巴大喇嘛就职典礼"藏汉两种文字。木里的首脑人物第九世活佛甲央旨古，八尔老爷林甲央，第十七代大喇嘛、中将司令官项扎巴松典，第十八代大喇嘛项松典取品，三大寺庙、衙门的门公、姑擦、拉擦、大仲依、大苏班等有品官员列坐左右，主席台前一尊铜制香炉燃着桑烟，馥郁清香冉冉飘绕。精选出来的数十名念经喇嘛席地趺坐，在经官的指挥下抑扬顿挫地念颂着吉祥经文。广场四周挤满了前来一睹盛况的数千名各族群众。

在三十名穿着黄军服的军乐队的伴奏下，举行了隆重的入场式，全县十八个寺庙管辖地方的最高长官——佃班，带着各自的代表队依次入场，队伍人数最多（30~40人）、最气派的是俄亚代表队和东郎代表队，俄亚木官和东郎佃班身穿清朝四品青色绣花官服，各手擎一面黄色大旗，后面的人穿着新衣敲锣打鼓走进场中；其他经济条件较好的地方，佃班身穿新衣，也举大旗，但队伍人数大为减少，只有二十余人或十余人。最寒酸的是经济最穷的麦地龙佃班和卡拉佃班，除佃班自己举旗外，后面只有一个敲锣的人。他们的入场往往引来一阵戏谑的哄笑。

入场完毕，典礼正式开始。

司仪由木里衙门的门公（藏语称甲萨，相当于总务长）王佩初取典担任。他也穿着清朝四品绣花官服。他登上主席台以洪亮的声音恭请大喇嘛项培初扎巴就位。

随着洪亮的海螺声、悠扬的长号声、铿锵的锣钹声和众喇嘛的祈祷声，年仅十五岁的第十九代大喇嘛项培初扎巴头戴清朝颁发的红顶帽，身着衮龙绣凤的黄缎官袍，脚登厚底官靴，缓缓走上主席台。

马要鞍装，人要衣装。项培初扎巴本就仪表不凡，着上这富丽堂皇的官袍更显得威仪无比。四周群众发出"啊——啊——"的感叹声和"嗡嘛呢叭咪哞，嗡嘛呢叭咪哞"六字真言的吉祥祝福声。

"现在恭请大德大慧的甲央旨古活佛发宏愿祝词。"王佩初取典用高昂圆润的声音唱道。

四十岁的活佛甲央旨古体态丰满，慈眉善目，头戴黄色鸡冠帽，身着绛红色僧袍，步履沉稳地走上主席台。他首先为项培初扎巴摩了顶，然后右手抱胸向大众施了佛礼。

"生肖十二年，今年最好；一年十二月，这个月最吉祥。一月三十天。今天最喜庆。知识渊博、聪明睿智、年轻威仪的项培初扎巴登上了木里大喇嘛的法位，是我们木里家的一件盛事、好事、大喜事，是木里百姓、僧众的福事，菩萨会保佑我们木里风调雨顺，五谷丰登，六畜兴旺，百姓安康！"

"啪！啪！啪！"会场上响起热烈的掌声。

"现在有请八尔老爷林甲央讲话。"王佩初取典向林甲央颔首做了一个邀请的手势。

林甲央头戴一顶棕色博士帽，身着深红色氆氇楚巴，脚登高级藏靴——支康宝，一副高级博士伦窄边眼镜架在不高的鼻梁上，显得十分儒雅。他微笑着拍着巴掌高声说道：

"首先我热烈祝贺我们八尔家族的项培初扎巴登上了第十九任大喇嘛的法座！"

他和项培初扎巴做了一个热烈的拥抱。

"今天艳阳高照，蓝天洁净，白云悠悠，山林含笑，草原温馨。在这吉祥时刻，我有幸和大德大慧的活佛，为民操劳过的项扎巴松典大喇嘛、项松典取品大喇嘛，政界、佛界的各位官员和僧俗百姓见证了这一庄严时刻，参加了项培初扎巴隆重吉祥的就职典礼，木里又走向了一个新的历史时期。我相信木里山川会更美好，人民更安康，各位更吉祥！"

虽然卸任但仍掌握木里实权的第十七代大喇嘛、领国民党陆军中将衔的项扎巴松典也上台讲了话。他特意穿上中将衔的黄呢制服，头戴金丝高高垂挂的锦板硬沿帽，两肩和胸前佩有绶带和勋章，腰束皮带，脚登半高筒黑色皮靴，手握象征权势的长尺余的中正剑。他身材高大，健硕魁梧，迈着沉稳的步伐，威风凛凛地走上台来，和项培初扎巴进行了亲切的拥抱。

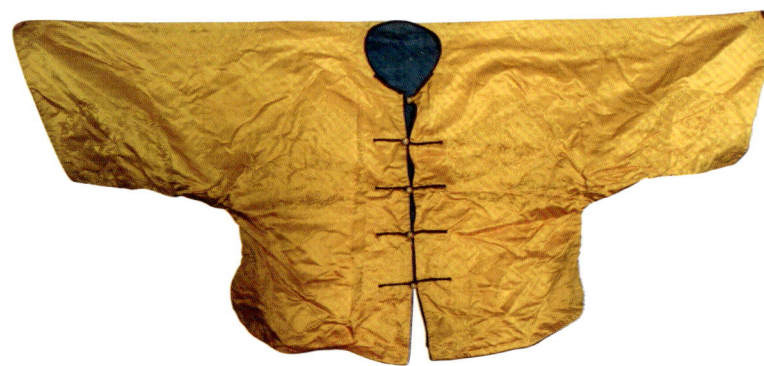

清朝政府赐给木里土司的官服（一）

清朝政府赐给木里土司的官服（二）

清朝政府赐给木里土司的官靴

"项培初扎巴是八尔老爷林甲央和我的好侄儿，也是藏家的一个好儿子，是我们木里衙门和三大寺早就遴选好的候袭大喇嘛。他拜大德大智的活佛甲央旨古为师学习藏文经典；又在我的身边学习、生活了三年，跟随我学习为人处事，待人接物，官场礼仪。他学习刻苦，尊敬老师和长辈，举止稳重踏实，办事精明干练，是翱翔蓝天的一只矫健雄鹰，是奔驰草原的一匹善跑骏马。我相信他，大喇嘛今后会比我干得更好，我们喇嘛山会更加强大繁荣！"

"啪！啪！啪！"会场上响起了一阵激烈的掌声。

"现在，我们以热烈的掌声恭请第十九任大喇嘛项培初扎巴讲话。"王佩初取典向大喇嘛深深地鞠了一躬。

"尊敬的大德大智的甲央旨古活佛，尊敬的舅舅甲央八尔老爷，尊敬的松典舅舅大喇嘛，尊敬的取品大喇嘛，尊敬的各位官员，各位亲临会场的僧俗大众：

"在众位的关心护佑下，我荣幸地登上了大喇嘛之位，我心情十分激动而又有些不安，大喇嘛之职，位高权重而又责任重大，我担心我稚嫩的肩膀能否担得起这大山一样的重任。但我有信心，有决心好好干下去，藏谚说得好：'路不走不到，事不为不成。''河水响声大，是因为河床太狭窄；人自高自大，是因为学识太浅薄。'我一定虚心学习：向藏文经典学习，向木里家的规矩制度学习，向在座的前辈学习，不断提高、丰富自己的学识，尽我的职责，管好老祖宗和前辈们留给木里家的青山绿水，管好木里家地面上的人和事，使木里全境平安，百姓安乐。最后祝大家身体健康，万事如意。扎西得勒！"

年轻大喇嘛的就职演说博得了在座官员和僧俗大众长时间的掌声。大家纷纷点头称赞议论，想不到年仅十五岁的项培初扎巴能说出这么合情得理的话。项培初扎巴大喇嘛以后一定会成为有成就、不俗的大喇嘛。

就职典礼结束后，在广场上举行了隆重热烈的跳神舞。

跳神，藏语称"羌姆"。"羌姆"是在苯教的"摇鼓作声"的巫舞的基础上吸收了民间舞蹈后发展起来的，传说是在公元8世纪时为佛教密宗大师莲花生首创，内容主要是表现降魔伏妖，弘扬佛法。

仙景神阁康坞寺　　木里县委宣传部提供

跳神舞（一）

跳神舞（二）

八尔老爷家的粮仓所在地——项脚坝子

第二章

政教合一世袭土司统天下
四巨头同掌木里喇嘛王国

木里执政的大喇嘛（土司）虽是木里最高统治者，但现实的木里却是八尔老爷林甲央、卸任大喇嘛项扎巴松典、活佛甲央旨古和现任大喇嘛项培初扎巴四巨头同时执政的局面。这也是木里有别于其他藏区的一个特殊情况。这四人在中华人民共和国成立初期，对木里的政治有着举足轻重的作用。

第一节　养尊处优八尔老爷　威风八面八尔衙门

林甲央（1914—1960）原名降央旦珠，木里县白碉乡八尔地人。林甲央前一代八尔老爷甲嘎降村因只有一子——项扎巴松典，已定为大喇嘛继承人，故选中甲嘎降村胞妹之子林甲央承袭八尔老爷。1923年，林甲央与姑表弟项扎巴松典（大喇嘛候袭）被送到活佛甲央旨古处学习藏文及佛学经典7年，1936年正式出任八尔斯丕（八尔老爷）。

林甲央虽不是八尔家族中舅家的嫡系，而是出于姑系，但自他担任"八尔老爷"之后，同木里的第十七代、十八代和十九代大喇嘛关系都很密切。林甲央曾拜木里九世活佛甲央旨古为师，两人关系融洽。

林甲央在木里三大寺、三大衙门、各级政教官员、僧众中享有很高威望和号召力。木里衙门中各种官员的任命须征得他的同意，并由他支配。中华人民共和国成立前夕，林拥有土司赐给的百姓、佃户211户，牦牛场4个，牦牛500余头，骡马48匹，羊80余只，土地2000余亩，每年收地租粮2580余克（每克50市斤左右），金粮10两，银粮118两，猪粮60头，酥油粮360斤，拥有长短快枪63支。

木里在三大寺建有三大衙门，大喇嘛（土司）每寺

八尔老爷林甲央　项培初扎巴　提供

如今龙绕青山的白碉通乡公路直达八尔

轮住一年办理公务,而八尔衙门则长期固定。八尔衙门设在康坞大寺至白碉的途中,即约普和白碉两沟交界的高山平原上。这里四周是原始森林,远离村民住所,是一块有两平方公里的山清水秀的好地方。这里只居住着两户贵族,一户叫八尔家,另一户叫阿尼家。只有这两户的人才能通婚,延续后代。这块地原来叫克达村,因八尔贵族家住到这里,以后就改称八尔地了。从此,八尔衙门威风八面,成了统治木里全境的太上王府。

八尔衙门由正房和管家、卫队住房等部分组成。正房为两楼一底,底层设"纳康"(下层人员伙食团),二楼设经堂、八尔住房、喇嘛和师爷住房及"苏家康"(上中层人士和八尔家属食堂),三楼为重要物资保管室和贵宾客房。正房建筑面积约两千平方米,其他附属建筑约有一千五百平方米,都是用石块砌成的坚固的石碉房,房顶直接用劈开的木板覆盖(当地人称房板)。八尔衙门设大姑擦(大管家)、小姑擦(内管家)、拉擦、喇嘛、卫队和奴隶,共有47人,八尔衙门从官员的配备情况看,相当于大寺一级,但实权高于大寺。因为历代大喇嘛都是八尔家的儿子或侄儿,实际上八尔老爷就是木里的太上皇,左右着木里大喇嘛的决策,其权是至高无上的,在木里政教合一的政权中是独一无二的,占有支配地位。

林甲央就任八尔老爷后,和其他上层人士相较,他性情较温和,对群众不甚苛刻,群众交不起租粮,送些礼物还可以减免。在剥削的程度与方式上,较其他剥削者也要缓和些。因此,西昌木里工作队到木里以后,群众对八尔老爷的反映比其他上层人物好。林的个性温和、胆小,办事公正,讲信用,爱面子,考虑问题比较全面细致,但有些保守多疑。

八尔老爷与活佛甲央旨古、门公、仲依、姑擦等大小官员关系密切；是项扎巴松典的表兄弟，与项松典取品是表弟关系，还是最后一代大喇嘛项培初扎巴的亲舅舅；1940年，第十七代大喇嘛项扎巴松典与活佛到西藏朝觐，林甲央代理大喇嘛一年多，由此可见，八尔老爷林甲央在木里政界举足轻重的地位。

　　在中华人民共和国成立前夕，八尔家曾和盐源县的胡四黑彝家发生了一场较大规模的冤家械斗，双方死伤数十人，给木、盐毗邻地区人民带来巨大损失和灾难。

　　八尔衙门有多处粮仓，项脚粮仓是其中一处。盐源白乌脚原是木里地盘，胡四黑彝请求把该处土地交给他的百姓耕种管理，每年每户给林甲央五两干租白银，结果林三年没收到一两银子，该地百姓交的租粮全被胡四黑彝独吞了。为此八尔老爷心怀愤恨，便派兵把胡四黑彝赶到了盐源的木邦营，收回了白乌脚地盘。从此，两家结下了梁子。

　　1949年秋收季节，胡四黑彝带了一帮人到项脚八尔家仓库抢粮食。八尔家古擦扎西旦珠闻信带着卫队及时赶到了项脚，双方展开了枪战。战斗中打死一个彝人，被活捉的胡四黑彝，后来也被脾气暴躁的扎西旦珠杀害了。林甲央得知扎西旦珠惹了大祸，把他痛骂了一顿。

　　胡四黑彝家组织200多人的武装攻打木里八尔家。八尔家积极迎战，调兵遣将，把胡家兵马赶到小金河边。随后八尔家又组织几百人的强大武装到白碉保卫八尔地。经过多次战斗，最后八尔家打败了胡家武装。八尔家的姑擦扎西旦珠感到事态严重，自己惹了大祸，无法承担这重大责任，最后开枪自杀身亡。

　　盐源解放后，胡家向人民政府状告八尔家，要求八尔家赔偿命金。1951年，西昌专区派出以郭代儒为团长的木里工作团来到木里，在成立了木里藏族自治区筹备委员会后，和盐源县领导一起经过多方协商，于1951年7月5日召集双方当事人在博瓦举行联席会议，进行调解。协商结果，由八尔家赔偿沙租家（胡家）命金2400两，双方言和，立了合约，各执一份，并呈报西昌专署备案。调解成功后，政府召开了有200多人参加的团结会议，按民族习惯，盐源县领导、木里工作队成员和双方人员喝了血酒，钻了牛皮。当时决定由第十九代大喇嘛项培初扎巴代表林甲央与沙租家代表胡成章一起钻牛皮喝血酒，78岁的项培初扎巴如今还清楚地记得当时的情景，他说："牛头放在木架上血淋淋的，好害怕，我没有钻牛皮，而是喊王门公替我钻了。"

　　1953年2月19日，林甲央当选木里第一届政协主席，1954年当选全国人大代表，两次见到毛主席。林甲央不幸于1960年5月因病医治无效在瓦厂逝世，享年46岁。他对木里的改革和建设做出了很大贡献。

第二节
项次称奔丧就任木里土司大位
骆约瑟三访木里黄教喇嘛王国

项次称扎巴（1877—1934）自幼聪慧过人，藏文、佛学均有较高造诣，几次到西藏朝拜学习，常到康南各地讲经弘法，与康区社会名流，商贾巨富多有交往，在康南藏区很有威望。1924年，木里宣慰司、曾授陆军中将的第十五代大喇嘛项隆普圆寂，按制应由其胞侄项扎巴松典袭承土司职位，但项扎巴松典年仅七岁，无法接任大喇嘛之职。时为理塘米居寺和衮萨寺活佛的项次称扎巴回木里为兄奔丧，八尔老爷和木里大寺衙门遂决定推举项次称扎巴（又称米吉活佛）担任木里第十六代大喇嘛，项扎巴松典仍被正式定为木里第十六代大喇嘛的候袭。

项次称扎巴主政木里后，勤于政务，更是雄心勃勃，大展身手。他一方面拓展外部联系，广交康区、滇地军政官员和社会名流，专派大寺经官经云南、南京到我国内蒙古向八世班禅贡送木里特产、质地上乘的衙门专用书写纸，受到八世班禅的赏识和赐赠；又选彝地善走良马贡送拉萨十三世达赖喇嘛土登嘉措。另一方面，整饬内部，扩充武装，提高木里防卫实力。他委任其妹夫章达吉为二品姑擦，管领军务，日夜操兵。项次称扎巴上任不久，时任川边镇守使的陈遐龄命项次称扎巴派兵到理塘参加戡乱，木里兵士气高昂，作战勇敢，一战获胜，缴获小炮一门、步枪250支，项次称扎巴亲自护送至康定交陈，受陈赞赏。

项次称扎巴大喇嘛上任不久，接待了第一个入访木里的外国人——美籍奥地利探险家约瑟夫·洛克。洛克的美国护照和介绍信写的是骆约瑟，很多书籍又叫约瑟夫·爱弗·洛克，木里老百姓惯称其为洛克。他称木里是"世界上鲜为人知的地点之一……或叫米里"。

早在1922年，洛克致函木里土司项隆普，告知他将到木里访问，但被项隆普回信谢绝。1924年春，洛克事先未与木里土司交涉，便决定去木里。这时项隆普已去世，新

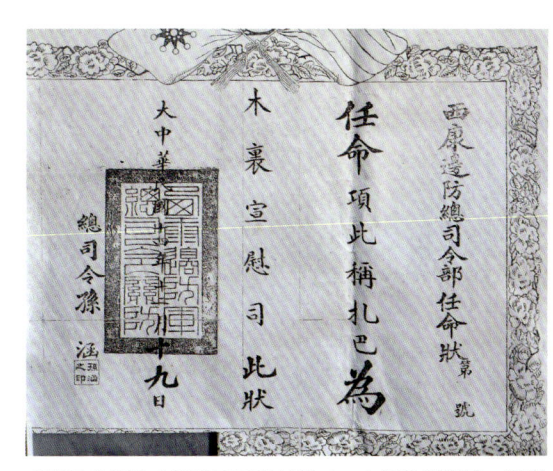

项次称扎巴的木里宣慰司委任状　　木里县档案馆　提供

第十六代大喇嘛、活佛项次称扎巴　洛克 摄　　项次称扎巴与洛克合影（1924年）　洛克 摄

任土司项次称扎巴（米居活佛），刚就职四个月。

洛克从丽江启程，当地官员派了十名纳西士兵护送，他自己还带有卫士和运输队。洛克从丽江渡金沙江经永宁，沿泸沽湖到凹拉坪，经利家嘴、屋脚，越西宁山到达木里大寺。洛克在木里大寺停留了三天，拜访了土司项次称扎巴并赠送步枪一支、子弹250发和其他礼品。木里土司回赠一个金碗、两个如来佛像和一张豹子皮，还有一些别的东西。洛克为土司和九世活佛甲央旨古（当时18岁）拍照，还拍了大寺和佛像。洛克这次到木里是以美国地理学会考察队的名义来的。1925年，洛克撰写了《中国黄教喇嘛木里王国》一文，发表于美国《国家地理杂志》1925年4月号第4期。

项次称扎巴大喇嘛是第一个接受外国人采访的木里土司。

木里大喇嘛兼活佛项次称扎巴于1928年，第二次接待了洛克。洛克来到这与世隔绝的人间胜地、世外桃源，惊叹不已，用诗一样的语言和精湛的摄影艺术把木里黄教喇嘛王国风土人情和"上帝游览的花园"呈现在世人

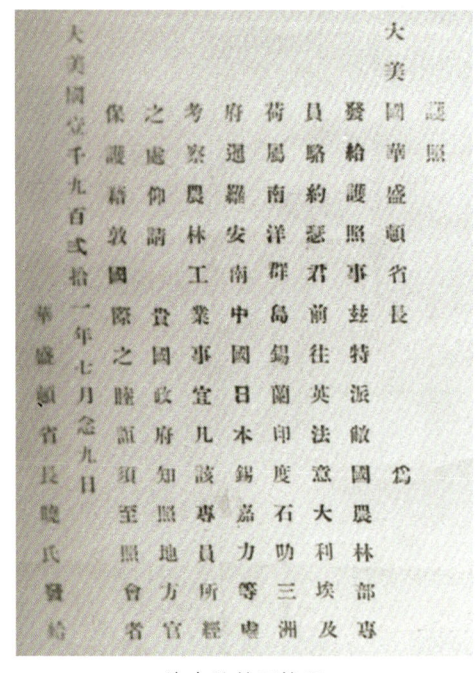

洛克的美国护照
木里县档案馆　提供

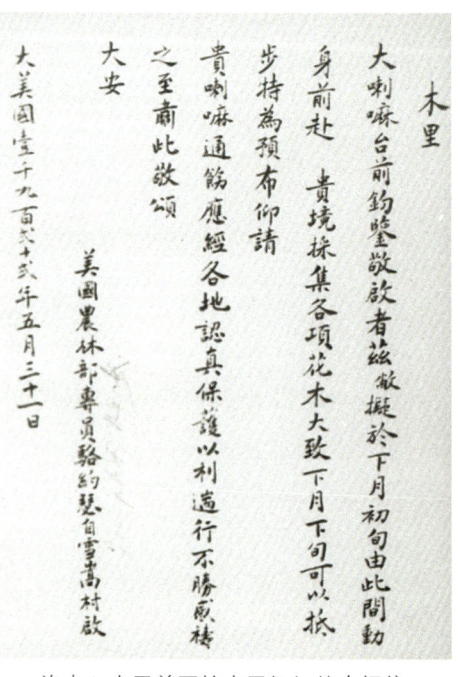

洛克入木里前写给木里衙门的介绍信
木里县档案馆　提供

面前。他生动形象地描绘了项次称扎巴大喇嘛的音容笑貌：

> 木里土司6英尺2英寸，穿着一双精致的鹿皮西藏统靴，年龄36岁，强健的身躯。他的头很大，大腮骨、低额头，肌肉松弛无力，因为他缺乏锻炼，又未劳动过。他的态度端正、和蔼，笑谈温和，举止雅观。身穿一件红色宽松的长袍，一只胳臂露在外面，在束腰紧衣下面是金银丝浮花锦缎汗衣，左手腕戴着一串念珠。土司有一个弟弟，是法定的接位大喇嘛（土司），他看起来像一个苦力，不像一个王子，他身穿丝质镶毛皮边的长袍，手指上戴着没有雕琢过的宝石……

项次称扎巴又派藏文秘书董明祥（又名鲁绒苏郎，依吉人）陪同洛克，经水洛去贡嘎山，历时月余。洛克这次是以美国农林部专员的名义前来"考察"的。

洛克第三次造访木里是在20世纪40年代初期第十七代大喇嘛项扎巴松典当政时。洛克赠送项扎巴松典和活佛甲央旨古可尔提手枪各一支。大喇嘛派甲央姑擦陪同洛克，再次前往贡嘎山"考察"。此后，洛克与项扎巴松典成了朋友，交往甚密。后二人曾在昆明两次会晤，并常有书信往来。洛克曾面托项给他寄木里项氏藏文家谱等资料。

洛克为木里留下了很多珍贵的历史资料和照片；为世界留下了"洛克450公里香格里拉木里黄金旅游探险资源"。

盛产黄金的龙达河

木里产的砂金

经营多年，木里大喇嘛项次称扎巴（米居活佛）声势日渐显赫，不服盐源管辖，对其命令置若罔闻，妄自尊大，黄冠黄服，黄旗黄伞，俨如王者，甚至扬言木里已脱川康，愿入云南。由此，西康当局对项次称扎巴妒恨有加。1928年，西康省建设委员会在《木里土司调查书》中，列了项的九大罪状，并扬言若派兵到木里废除土司制度，"民必倒械欢迎，兵必不战自败"。这为后来米吉活佛被害埋下了祸根。

民国二十年，米吉活佛派仲依（藏文秘书）董明祥和汉文师爷（秘书）田大勋等，带上各种土特产品到南京庆贺南北统一。同时向南京政府提出发给木里枪支，以利保卫乡土。蒋介石收到礼品和书信后，亲自接见了董、田二人，并于三日后批复："发枪百支，弹各百发。"

1930年春，云南唐继尧属僚胡若愚军长与龙云争夺地盘，军阀混战数月，胡兵惨败。军长胡若愚带残部千余人经永宁、盐源，假道木里。木里素与龙云友善，又接龙云传书阻挡胡兵。当政大喇嘛项次称扎巴便派属下沿途据险设防，阻击偷袭，更不供给粮秣，在龙云兵和木里兵的围追堵截之下，胡若愚带着残部400余人惶惶渡过雅砻江到康定投奔二十四军军长兼西康省主席刘文辉。由此米吉活佛与军界又结一仇。

木里以盛产黄金闻名，尤以木里水洛河和俄亚的龙达河、东尼河流域所产黄金闻名。龙达河、东尼河金矿泛称龙达金矿。早在明末清初，云南丽江纳西族首领木天王进占木里后即开采大量黄金。

清道光年间，滇人赵某，办理中甸边境矿务，后越境进入龙达河挖沙淘金，是为龙达金矿之起源。时时传出旺金消息，龙达之名大涨。民国五年春，张午岚司令派闵次元复办龙达金矿，开放多处采金点，产金更旺，五个月中竟达万两，远来采金者日众，遂为木里土司所妒，并发生过多次撵厂事件。一次，本地民众撵厂，导致惨案发生，会办王某殉命，工商矿工罹难近千人。1932年，国民革命军第二十四军派驻西昌的川康边防军一部，在木里俄亚开办龙达金矿，时任大喇嘛的项次称扎巴对此事甚为不满并竭力发难，并放纵地方强人偷袭护矿兵丁，哄抢金矿物资，造成金矿收金甚微，入不敷出，亏损数万。后来，木里方面呈文中央政府，要求撤军停厂，二十四军要求木里赔偿金矿损失作为停厂条件。木里有龙云可恃，不加理睬。因此，二十四军妒恨木里亲云南而疏川军，敢置顶头上司政令于不顾，从而更对木里土司忌恨无比，以图伺机报复。

第三节
米吉活佛康坞遭枪杀　项扎巴松典危难上任

木里土司在20世纪30年代受时代背景的影响，米吉活佛之前的上一任土司曾被委任为国民政府中将。米吉活佛也企盼国民政府或刘文辉主席委他一个现代官衔而不仅仅是木里宣慰司的旧头衔。

1934年11月，二十四军乘项次称扎巴即将卸任，项扎巴松典即将上任之机，以中央政府要封项次称扎巴重要官衔为诱饵，要项到康坞大寺外面迎接封赐。项次称扎巴不知是计，满心欢喜，率领寺庙官员和项扎巴松典，身披袈裟，黄旗黄伞，十分隆重地到距康坞寺数百米远的小河边摆案焚香迎接二十四军总监李先春。李总监率精锐骑兵一个连进兵木里，到小金河畔，把贵重物品、重武器置放列瓦，安排一个排的兵把守小金河渡口以作后应，其余两个排轻装快马直奔康坞大寺。

双方见面十分亲热，项次称扎巴还向李总监敬献了哈达，吩咐随行人员赶快回寺安排茶饭招待李总监一行。李总监一看时机已到，遂向部下大吼一声："动手！"

第十七代大喇嘛、中将司令官项扎巴松典　鲁珠　提供

如狼似虎的川兵蜂拥上前，放翻项次称扎巴、项扎巴松典、师爷李锦修等人，一起捆绑强行扶上马背，欲将其劫持到西昌做人质。谁知项次称扎巴身肥体重，七八个士兵都无法把他抬上马去，李总监见时间紧迫，担心时间一长，喇嘛追来，为免生后患，便令部下一连长开枪杀死了木里第十六代大喇嘛项次称扎巴，把候袭大喇嘛项扎巴松典和师爷李锦修捆绑上马，扬长而去。

木里遭此巨变，无以为计，遂一路派能言善辩的官员到盐源李总监处请求保全项扎巴松典的性命，宽限时日，容凑赎金；一路人员跑到西康省政府刘文辉主席处喊冤叫屈，请求刘为木里主持公道；同时又派第三路人马到云南龙云处，请求他看在过去木里

和云南交好的分上派兵营救项扎巴松典。

李先春先把项、李二人因于盐源，木里营救项扎巴松典的呼声很高，木里请求云南龙云出兵营救的消息也传到了二十四军的耳中，一个月后，李总监又把项、李二人拘押到西昌，向木里提出苛刻条件，索要赎金60万元、步枪500支，才能放回项、李二人。

项扎巴松典（1917—1964）又名杜基扎什，木里县白碉乡八尔地人。1923年，年方六岁的项扎巴松典被送到木里大寺出家为僧，拜木里九世活佛甲央旨古为师学习藏文和佛教经典，并被选定为第十五代大喇嘛项隆普的候袭。后又任第十六代大喇嘛项次称扎巴的候袭大喇嘛。

项扎巴松典在关押期间，虽没有受到酷刑折磨，却尝到人间冷暖和世态炎凉，以及失去自由的痛楚。时年十七岁的他生性胆大，活泼贪玩，他知道自己是二十四军的宝贝，看管虽严格，却有宽待的地方，不准出监狱大门，却可在院内四处闲逛。一年的时间，他学会了汉话，学会了下中国象棋，后来回木里时，还买了一副高级黄梨木象棋带回木里，随时与人切磋，听人说棋艺不浅。

木里也随时派人给他送去酥油、茶叶、糌粑等生活用品和他保持联系。从当时他给木里当政写的一封信可知一些端倪：

木里甲央古汝、八尔斯丕、古擦大吉、董门公暨三大寺头目均（钧）览：

沙达于阴历五月初五日由建昌随侍邓旅长到泸沽，初六日清吉抵靖远营公馆，传来大示，一切敬悉。本拟立刻速专沙达转回，惟拟候旅长一谕，无如军事倥偬，旅长由泸沽过越西，现又转过大桥，微闻回后又须速赴西昌会理部署一切，良因中央升任旅长为司令官，西昌、会理、越嶲各属皆隶旅长节制也，刻向邓太太请示先专沙达回木里，鄙意速派得力头人一二前来，随时到旅长后，承商种切实觉方便，俾求速速解决，久此搅扰，邓府殊不过意也，至如此地，平靖如恒幸勿为虑，我等之酥油茶已缺并菖蒲务希，饬来人多带一二为盼，余属沙达面陈，幸乞照办。匆此即顿
钧安

项扎巴松典　舒兴茂　李锦修　同上
阴五月十八日自靖远营邓公馆

1935年夏，中国工农红军长征到达西昌，二十四军屯垦司令部自身难保，无暇他顾，遂将项扎巴松典及李锦修移交给了国民党冕宁清乡司令邓秀廷转押甘相营。

项扎巴松典被劫持之后，木里土司衙门由其父八尔老爷（嘎绒降村）摄政，为赎回项扎巴松典，木里土司衙门向全境百姓横征暴敛，强派捐税。当时木里凡冒烟火之地，

每户要摊派大洋10元，众百姓只好上山打猎挖药（打猎之风自此开始），获取熊胆、麝香、贝母、虫草等抵交捐税。各大寺又强迫喇嘛僧人按人头凑资钢洋一枚，并竭尽府库，搜集寺庙金银古玩，始集得钢洋40万（折银20万元）和三十多背名贵药材和土特产品交给邓秀廷。邓秀廷收了木里财物仍不放人，还想继续勒索。幸遇红军到达西昌，邓秀廷无暇他顾，在匆忙之中才放了项扎巴松典。为拉拢木里土司，在项离开时，邓又委以项扎巴松典彝务指挥官之职。

项扎巴松典被劫之后，其父八尔老爷嘎绒降村摄领木里政事，由于政务操劳，思子心切，年事又高，眼看全境财力枯竭，忧伤过度，仅年余就病逝了。

查阅历史档案，有刘文辉当时呈报中央政府之报告。

其电文如下：

南京军事委员会委员长蒋钧鉴，南京行政院长汪钧鉴，南京蒙藏委员会石委员长勋鉴：

查吾川康戍区内，盐源属之木里地方，夷汉杂处，道路崎岖。其全境十分之四与康南滇边衔接；与藏卫则截然两途，毫无关系。向设有土司一职，藉资慰宣夷众。前木里宣慰司项次称扎巴，凶狡顽固，恃险妄为，历年抗官邀法，罪恶多端，久已情同化外。该夷苛敛民财，私设监牢，怀挟野心。自民国六年边地失陷，辄率衅勾结康南匪情，杀逐官吏。并蚕食理塘县属之木拉石，雅江县属之马岩村，康雅交界之钟中堂等处，据为自有，霸收差粮。复利用滇省奸民李锦修为之策划，妨害要政，鬼蜮百端。年来因川局多故，整理未遑。文辉经边有责，自不敢视同隔膜，终念断腕决瘫，处置宜慎，但可潜消隐患，仍不欲显露锋镝。自康南乡、稻、得荣等县，经辉从事绥辑，设官治理，已遏绝该酋西进之路，计约束较易为功。适值承袭宣慰司项扎巴松典，以停办金厂为谋，经派员前往考察，并饬面晤该酋，婉切开导，晓以利害，冀可发生悔悟，徐就范围。不料其阳示欢迎，险怀叵测，一面坚请派往之员深入夷境接洽，一面陈盛兵卫，示威劫盟。是以该员已被重围，随从又只数人，环境险恶，危殆万分，直岌岌无以自保。卒因天夺其魄，于夷兵开枪示威，委员情急自卫时，项次称扎巴竟于纷乱之间，身中流弹殒命。汉夷同声称快，佥谓其孽由自作，现承袭宣慰司项扎巴松典，及各经堂头目，均表示悔过输诚。文辉仰体枢府德意，已准许不咎既往，咸以维新。惟其因恶习暴政，必应革除。复经遴委安抚专员拟即驻境督饬该宣抚（慰）司次第切实整理。并辅以相当兵力，用资维持治安。总期民困解除，边情亦固，仰副关怀，惟刻值事机初转，难保无少数奸党，妄思混乱黑白，取便私图，合请确情具极，祈赐钧察云云。

木里项扎巴松典呈云南省府原文（节选）：

呈为痛极呼天，呈请救护事。窃木里僻处西康，逼近边藏，当蛮夷之首冲，为川滇之防要，土职世笃忠贞，恭顺党国，倾心政府，热烈服从。反正以还，川边不治，蛮匪猖獗，九所黯弱，番夷蠢动。木里系居川滇门户，实有稍纵即逝之虞。故于防守边要，不能微思，自行筹粮调团，备价请枪，严守要隘二十余处，抵抗匪挠，不计次数。于二十余年，尽心竭力，得获边防无警，川滇边防安谧，屡蒙政府嘉许，奖枪简职各在案。木里有之龙达金厂，确然有匪无金，前车可鉴。叠经申诉，已属舌敝唇焦，请从缓办，未蒙许可。去岁川康边防军司令部委派团长兼总监高凤玺、总办陈贡禹、会办蔡复带领护厂军队，前来开办龙达。土职倾心仰体，遂将龙达交出。讵料开办数月，竟不出金。而定乡蛮匪，自扰劫中甸城大受惩创之后，又复与稻城、贡嘎岭各处匪徒聚议，欲图报复，并挠木里。只因木里与该匪抗敌，结成仇怨，适值龙达开厂，该匪更欲起意先扑，藉可陷害，移祸木里！所幸蛮匪不及动作者，知因龙达尚未出金，到厂商人，多有亏折，抢扑无利，暂行沉闷而已。在未交龙达之先，陈总办到木里交涉：龙达乃出旺金之地，甚于美国之新旧金山。草鞋里头，只要走过龙达，就有金子，而曰，新草鞋掉旧草鞋，尚要补头。言如此摄取之易，专以狂言为实。古人云，淘金只能渡（度）日，况且土中取宝，何可期必？竟不审查利害，更不以土职前后呈明之实情为意，及至疑窦丛生，要开就开，非交龙达不可！有金无金，与木无涉。土职劝阻不听，无可如何，只好照交，任从开办。（利）欲熏心之徒，误听鼓吹，甚至急求发财，荡产倾家，凑积资本，到厂贴完贴尽！半年以来，空手逃回者不知凡几。似此，厂虽无金，匪则窥视，万一触机而发，一旦冲突，木里受害不知伊于胡底！正拟邀请停办之间，忽奉盐源县长沈洪曾来函。文曰，松典土司青监：查龙达开办，为时数月，公私耗财，其数甚巨。昨赴建城，面谒总司令刘公，颇为震怒，意在增派军队，尽力前进探采。不佞顾念地方凋敝，汉夷民众异常艰苦，大兵过境，殃及池鱼。且执事代受国恩，服从政府，正不必多派军队，益滋惊扰。再次邀恳，应责饬木里方面，赔偿军费，及公家损失二十万两。并另行指出产金旺地，及虚耗军粮数千石等因。不佞因职司守土，职责綦重，深信执事察观大局，默念将来，知必有以此处者。兹特专派戴局长自朴、苟局长小潘，杨连长文发等，驰赴木里，面将上命，更为缕悉一切。刻下春风拂面，士饱马肥，碧鸡牦牛，初无所谓险阻也。惟执事共图之！手此布达

即颂政安

沈洪曾再拜
四月一日

从电文可以看到，川政军阀当局将木里歧视为化外夷蛮之地，木里土司是"凶狡顽固，悖险妄为，抗官邈法，鬼蜮百端"，而项次称扎巴"竟于纷乱之间，身中流弹殒命，汉夷拍手称快"，"确实"是该杀之酋了。

木里人申诉无门，上告无济于事，所幸项扎巴松典平安回到木里。

项扎巴松典饱受一年囹圄之苦，于1935年10月终得返回木里，刚满十八岁的他接任第十七代大喇嘛。

他上任后，吸取上一代大喇嘛被杀的教训，一方面，他对省政府表现得更加恭顺，不仅经常派代表赴康定与省府官员联络感情，掌握动向；而且还与军事委员会"川康甘青边政委员会"保持密切关系，要求支持木里藏区；对设在西昌的十八区行政督察公署，更是频频接触，以示交好。另一方面，他又不时派人赴龙云处活动，取得龙云支持。龙云向中央政府保荐并委任项扎巴松典为两盐（盐源、盐边）九龙江防司令，任命龙云属下团长蒋克明为副司令，颁发了印章，配发子弹万发，令其阻击红军。司令部驻盐源白盐井，收编前所、左所、右所、中所、后所土司的人枪，共编为8个大队，委任木里活佛甲央旨古为司令部顾问，委任木里土司衙门韩甲央（门公）任司令部副长官，三大寺的主要头人分别任中队长、分队长，常备兵力480人，同时积极购买武器扩充实力。

1935年末，国民革命军第二路军司令薛岳奉南京军事委员会之命，委项扎巴松典为游击司令，并令其在雅砻江沿岸设防阻挡红军。项以木里宣慰司、夷务指挥和江防司令的名义发布反对共产党、堵截中国工农红军、监视控制百姓的告示，并下令张贴木里全境。

1936年，项扎巴松典从康坞大寺移驻木里大寺后，派大仲依（藏文秘书）李降别、把总甲嘎扎西、姑擦夺取荣品前往昆明拜见龙云，受到龙云接见，并售给木里步枪100支。1937年5月，项扎巴松典再派李降别到昆明，购回步枪100支、子弹10000发。是年冬，他由李降别、纪把总陪同赴昆明面会龙云，龙云委任他为滇西守备司令、禁烟委员，并由龙云代表国民政府军事委员会宣布，授予项扎巴松典中将军衔，发给委任状和印鉴。龙云又送给项电台、唱机、收音机各一部，二十响手枪四支，黄呢军服一套。此行，项又购回步枪150支、子弹15000发、军号及军乐器具一套。项回木里后组建了30人的军乐队，由龙云派教官执教。项回木里后，将国民政府发给的"四川盐源土千户"的印鉴改为"木里土千户"，宣称直属国民政府中央管辖，公文往来，常越四川盐源上报，故有"木里王国"之称。

为巩固所辖地盘，增强武装实力，项扎巴松典在担任彝

着中将司令军服的项扎巴松典　鲁珠　提供

务指挥官和两盐九龙江防司令后，遂在境内挑选精壮，组建三个大队（三大寺各编一个）、九个中队（两个小经堂合编一个），进而将木里武装扩充为三个团，由姑擦章达加、八尔斯丕、董门公充任团长，另派大小僧俗官员分任小队长及副官等职，请云南龙云处派教官严格训练，并于险关隘口修建碉堡，构筑工事。1936年底，稻城扎西尼马率领1800余众进犯木里，烧杀抢掠。项扎巴松典派担任团长的董门公带领经过训练的"操兵"及喇嘛兵众御敌于水洛，击毙稻方头目数人，打退了盗匪的进犯，保住了木里地盘和人民生命财产。于是，木里声威大振。

1937年，项扎巴松典重赴昆明，拜谒当道，考察吏治，虚心学习。回木里后，又派田大勋、次嘎洛纪二人两次到南京晋见蒋介石，得汉阳造步枪200支。由此，木里装备大增，快枪超过千支，常备武装人员扩充到480人，加上喇嘛武装人员，木里武装力量达"万人万枪"，超过盐源九所任何一个土司。木里土司项扎巴松典在康南川边宁属一带成了有名望、有影响的实力人物。

1939年，宁属划归西康省管辖，项扎巴松典认为正是与省长刘文辉释怨修好，建立新的直属关系的良好契机，于是备办礼品，亲赴康定，晋见刘文辉，陈述木里意愿，表示臣服归顺之诚意。刘文辉也好言安抚，送给礼品。经过多年的努力，项扎巴松典上下修好，安抚百姓，医治创伤，为木里营造了较为良好的休养生息和发展的空间。项扎巴松典成为有头脑、有谋略和有威望的木里大喇嘛。

项扎巴松典上任之后，征调大量人夫劳役，在苦巴店修建砖木结构四合院别墅一座，别墅工程浩大，雕梁画栋，富丽堂皇。

曾任台北故宫博物院副院长的李霖灿教授1941年深入木里考察，有文记录其豪华程度：

> 进门转两个弯，便来到一所大庭院中，这时候天色大亮，我看到四周房顶上全是黄色琉璃瓦，在万山丛中不知道他家用的什么法力竟能弄来这些罕见珍贵的建筑材料。四面看去，很像一座庙宇，怪不得人家说庙堂之上。四周都是走廊，门窗上及走廊上全部彩绘，因为地近西藏，石青石绿容易得到，真画得金碧辉煌！画材倒全是汉人风格，一面大墙上画了一些寿星蟠桃之类，分明是请汉人来绘制的。

西藏拉萨是藏人的天堂圣地，活佛到了西藏更显学问高深，官员人等到过西藏才显身价高贵。因此，朝觐西藏也是项扎巴松典多年的夙愿。

1940年，项扎巴松典派门公赴康定，申请领取了西康省政府开具的去西藏的通行证。在活佛甲央旨古、十七代候袭大喇嘛项松典取品、门公及三大寺喇嘛50余人的陪同下，项扎巴松典率护卫（操兵）及役夫百余人、骡马200余匹的浩大队伍前往拉萨朝圣。

途经理塘时，项扎巴松典等拜会了国民政府军驻军首领，送了重金礼物；作为回报，也为了项扎巴松典一行的安全和礼节，驻军派一个连的兵力护送项一行到青海地界。

历经三个月的长途跋涉，项扎巴松典一行于是年8月抵达拉萨，受到了西藏嘎厦政府负责接待高规格客人的"知客"官员帕拉仁先生的接待，并下榻他家。项扎巴松典拜见了十四世达赖，送黄金100两。项在拉萨期间，同西藏的政教首脑、上层名流多有接触，认识并拜见了林活佛、赤江活佛等对木里今后有影响的宗教上层人物。项扎巴松典在西藏朝觐时观瞻了甘丹寺、色拉寺、哲蚌寺等著名寺院，并向全体僧人烧茶布施，在政界、佛界留下良好声誉。项扎巴松典在拉萨朝觐，旅游，学习，考察，逗留了15个月后，才于1941年底返回木里。

1944年3月，项扎巴松典赴云南，拜会中缅边界抗击日军的国民革命军青年远征军司令宋希濂，赠送锦旗一面，并深受远征军英雄事迹感动。同年8月，项扎巴松典再赴云南大理，拜会宋希濂，献大洋30万元，慰劳宋部。他诚恳地对宋希濂说："前方抗战方殷，吾蛰安后方，丝毫无补于国家，甚觉歉然，尤感愧赧！惟时嘱僧众诵经，为前方将士祈祷，驱寇出境，完成抗战建国大业。"事毕，项与宋合影留念，宋赠给项美式冲锋枪2支，可尔提手枪两支。可见，项扎巴松典是个有头脑有大局观念的人。

在西藏朝觐期间，项扎巴松典曾请大喇嘛为其占卜并询问："从政吉祥否？"结果卜云："短命。"此签语时时萦绕其心，挥之不去，从云南回到木里后，考虑再三，他终于下定决心，于1944年底辞去曾担任了十年的木里大喇嘛职位，选定其姑表弟项松典取品为第十八代大喇嘛，但实权仍操其手。

项扎巴松典当政十年，曾获木里宣慰司、国民政府陆军中将、彝务指挥官、两盐九龙江防司令、游击司令、滇西守备司令和禁烟委员等职，在木里十九代大喇嘛中，论地位之显赫，无出其右者。

项扎巴松典在习藏文的同时，还跟汉文师爷李锦修学习汉文。据传，除会下中国象棋外，他还喜好摄影，常到山间林泉拍照。他能自己配药冲洗胶卷和照片。只可惜，没看见他的存世作品。在西昌关押的一年中，他向汉文师爷李锦修学会了象棋。据另一位汉文师爷李耀金说，项扎巴松典下象棋还颇有灵气，如不用心，还不能轻易赢他。他还印制有"项扎巴松典"的汉文名片，1941年李霖灿到苦巴店拜访他，他曾送上一张。项扎巴松典精通藏文，初通汉文，学习摄影下棋，对汉文化有较浓厚的兴趣，阅历广，知识全面，因此，受到各方重视是理所当然的。

1945年夏，项扎巴松典携表弟项松典取品同行，到成都治病，途经康定，再次拜会了西康省主席刘文辉，并奉送了礼物。

退任后，项扎巴松典于1947年到昆明游览，拜会了云南省主席卢汉，还同曾数次到木里的、与他有书信往来的美国农林部专员约瑟夫·爱弗·洛克相见，又会见了美国驻昆明领事馆的官员和牧师。

1949年底到1950年初，盘踞在西昌的国民党反动派，采用封官许愿等手段拉拢西昌、凉山地区头人、土司和彝族领袖，纠集各种反动势力，妄图在西昌、凉山地区组织十万武装，凭借地理优势，阻挡解放军的前进步伐，以做垂死挣扎。胡宗南、贺国光在邛海新村召开会议，宣读台湾"国防部"批准的委任状，"加冕诸侯"，成立了"反共救国军"七路纵队和一个新编军。封羊仁安为新编二军司令、邓德亮为纵队司令、木里大喇嘛项扎巴松典为木里分区保安司令，并当场发给每个司令黄金100两，机枪5挺。由于木里山高地远，交通不便，项扎巴松典未接到接受委任领赏的请帖，1950年2月，国民党西南长官公署副长官胡宗南、西康省主席贺国光派政务处处长沈焕章（藏族，青海人）、上校参谋主任侯若农率领多人，带有电台及胡、贺的亲笔信，到木里拜会项扎巴松典，呈送"木里分区保安司令"的委任状，企图在木里策划武装组织，建立反共基地，以作最后退路。项受国民党特务的蛊惑，极为恐慌，一度准备武装抵御解放军，实在不行就逃往西藏。

国民党当局为什么不封现任大喇嘛项培初扎巴为保安司令而封卸任大喇嘛项扎巴松典为保安司令呢？因为胡、贺之流深知，现任大喇嘛项培初扎巴年仅十六岁，又才上任几个月，控制不了木里的局势，而项扎巴松典正当盛年，又当政十年之久，木里军政大权仍在其掌控之下，这个保安司令的头衔只能送给他了。

幸好，沈、侯到木里才几天，正在策划反共军事计划的时候，解放军如狂飙急至，两路夹击西昌，一举歼灭了胡宗南匪帮。西昌战役是国民党与共产党在大陆军事上的最后一次较量。贺龙司令员、邓小平政委向北京报喜：

毛泽东主席，朱德总司令：
　　西昌战役于今日结束。共歼灭敌军五、七两个兵团，第二、三、三十七、六十九、一二四军五个军部，官兵共计10290名及大批反动武装。解放了西昌地区及其毗邻县城21座。蒋介石以此为"大陆反共复兴基地"的计划被彻底粉碎。大小凉山的各族人民从此获得了解放！

　　　　　　　　　　　　　　　　　　　　　司　令　员　贺　龙
　　　　　　　　　　　　西南军区　　政治委员　邓小平
　　　　　　　　　　　　　　　　　　　　　1950年4月8日

正在木里执行反共计划的沈焕章、侯若农等从电台上得知西昌解放，胡宗南已仓皇逃往台湾后，惶惶如丧家之犬，逃出木里，窜至中甸，被解放军活捉归案。项扎巴松典没有当上保安司令，避免了他与人民为敌的一桩罪恶。

1953年2月19日，木里藏族自治区（县）成立，项扎巴松典被选为副县长。1954年，他又被选为西康省人民代表大会代表。西康、四川合并后，他又被选为四川省政协常委，1964年，被选为全国人大代表。项扎巴松典因病于1965年5月12日在瓦厂逝世，享年四十八岁。中共木里县委、县政府、县政协为其举行了隆重的追悼大会。5月16日，《人民日报》《四川日报》载文发布了他逝世的消息。

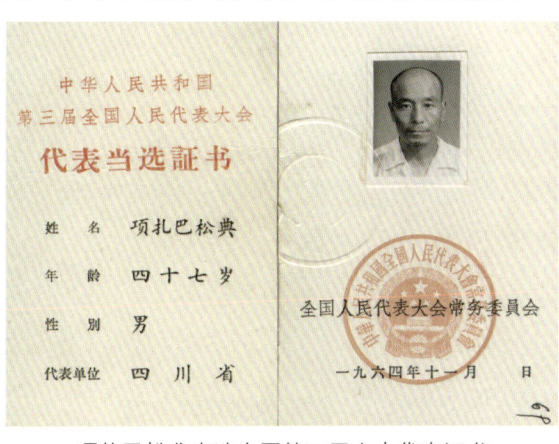

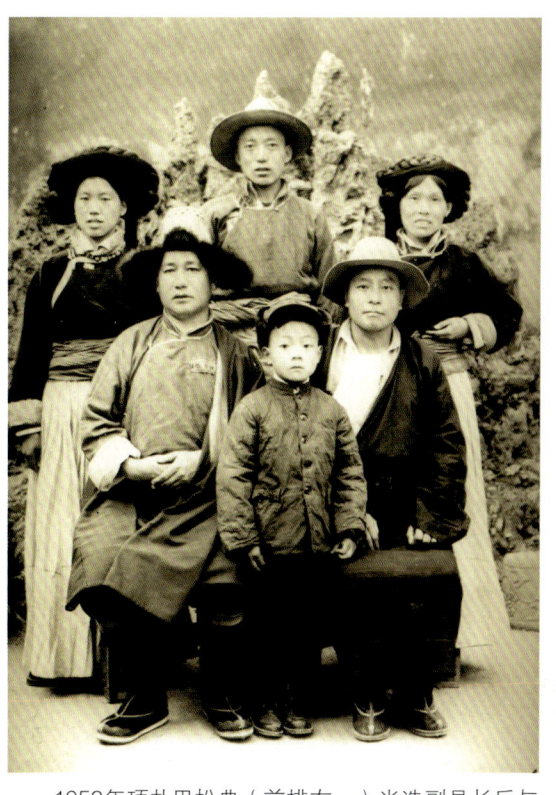

1953年项扎巴松典（前排右一）当选副县长后与家人合影。后排右一为次仁祝玛（项之妻），前排左一为格弟降初（木里第一届政协副主席），后排左一为仁青祝玛（格之妻）　鲁珠　提供

中华人民共和国
第三届全国人民代表大会
代表当选証书

姓　名　项扎巴松典
年　龄　四十七岁
性　别　男
代表单位　四　川　省

全国人民代表大会常务委员会

一九六四年十一月　日

项扎巴松典当选全国第三届人大代表证书
木里县档案馆　提供

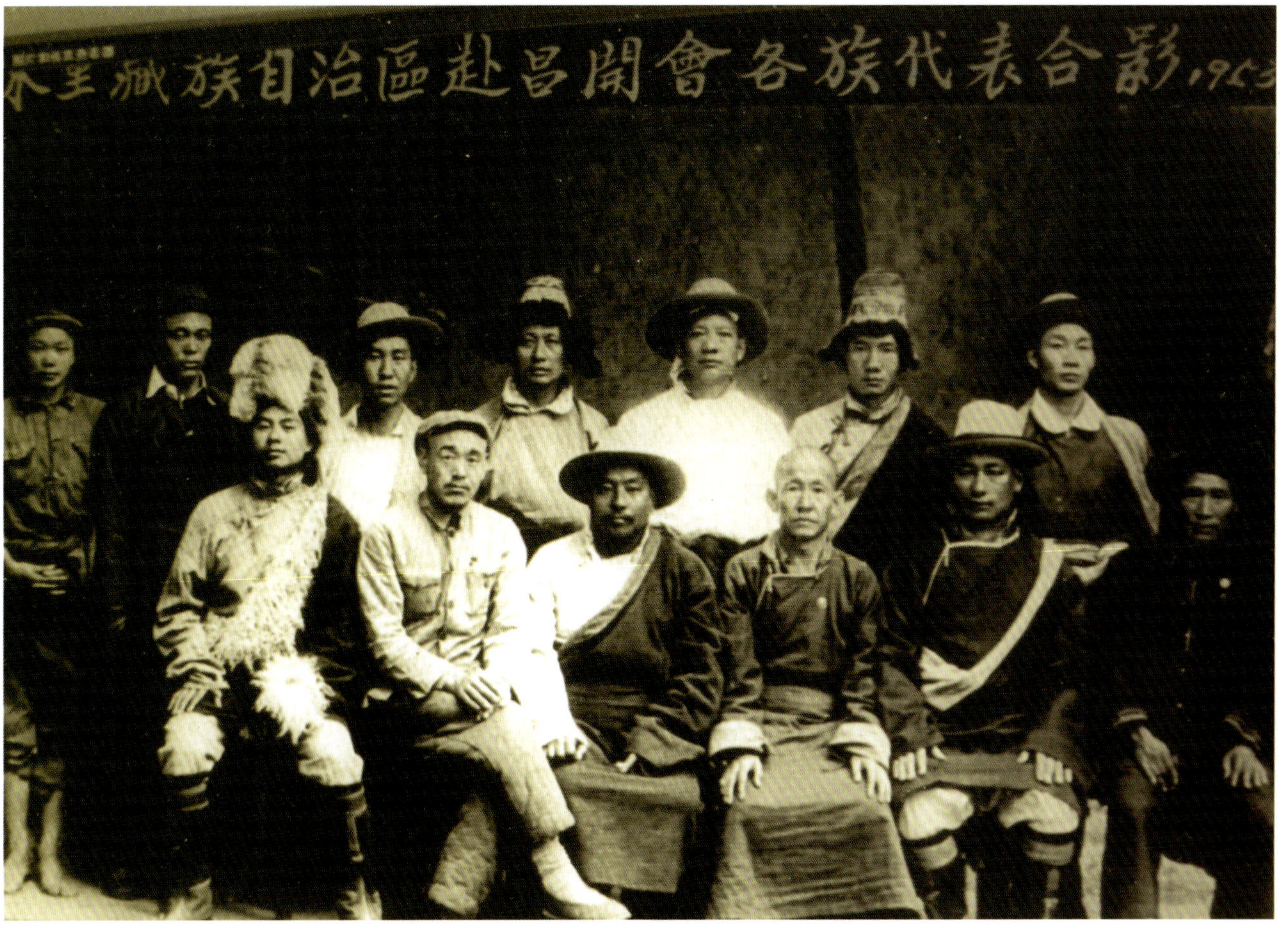

1953年木里建区（县）后，副县长项扎巴松典（前排左三）与县工委书记、副县长周立志（左二）、阿仲文（左一）、汉文师爷李耀井（前排左五）、工商科科长夺取荣品（后排左四），到西昌开会时合影　木里县档案馆　提供

第四节

佛陀化身香根活佛　精神领袖甲央旨古

九世活佛甲央旨古

木里另一个大名鼎鼎的当政人物——活佛甲央旨古。甲央旨古（1905—1973），藏传佛教格鲁派（黄教）木里九世活佛，佛名杰·昂翁降别·甲央旨古·扎巴嘉措。

甲央旨古生于清光绪三十一年（1905）四川省九龙县母研村，家境贫寒，靠母亲乞讨为生。木里八世活佛圆寂后，按照藏传佛教活佛转世仪轨，木里派有道高僧四处寻访转世灵童。

据其胞弟——86岁的木里县佛教协会会长甲央巴丁给笔者讲：甲央旨古母亲在怀他时，曾乞讨到峨眉山朝觐，在回家的途中，行至理塘县的一个村子时，正下小雨，突觉腹痛，即将临盆，四处无遮掩之物，更无人户房屋，正无可奈何之时，发现小河边有一磨房，便跑进磨房里生下甲央旨古。甲央旨古出生时，山脚处一个当地藏族首富发现磨房上空彩虹笼罩，紫云飘浮，顿感稀奇。富人跑到磨房一看，发现一老年乞妇刚生下一小孩，这小孩五官端正，相貌不凡，他认定这小孩以后一定大有作为，便把母子带回家中供养。1909年，甲央旨古四岁时，木里寻访人打听到了他的奇特经历，又经多方认定，将其确定为八世活佛的转世灵童，经其原籍政教两界及其父母同意，甲央旨古被迎入木里大寺，选派德高望重、学识渊博的经师教其学习藏文及佛学经典。民国二十四年（1935），木里佛教界为其举行了隆重的就任木里九世活佛的坐床仪式。其全家也迁至木里大寺下面的桃坝村居住。

在藏区，活佛被视为至高无上的"真佛"，他说的话就是神的旨意，就是真理，他使用过的东西都是圣物，信徒背在身上可以祛邪防灾，甚至可以刀枪不入，他的头发、指甲、尿液等都是灵物，信徒认为可以医治百病。

经过多年的学习和修炼，他精通佛教教义，在木里周边的云南、康巴藏地佛、政两界有极高的威望，是一个被神化了的人物。有什么大事或纠纷，包括冤家械斗，只要请他出面调解，定能化解恩怨，和谐处理。他佛学知识精深，多才多艺，又不拘小节，寺庙修建时，他跟着木匠劈木刨板，有画匠绘图时，他跟着调色描线，认真学习，所以《木里县志》称他"擅长佛教绘画、木工工艺和鞣制皮革等技艺，还精藏式建筑"。

木里建县（区）时，甲央旨古被选为木里第一届政协名誉主席兼副县长。1954年，他曾和项扎巴松典一起到北京等八大城市参观，见到了达赖、班禅，他倍感幸运。

1950年2月，国民党"西南长官公署"副长官、西康省政府主席、西昌行辕主任、警备司令贺国光委任项扎巴松典为"木里分区保安司令"，策划在木里建兵工厂、粮食屯，固守木里。一部分上层人士在国民党反共宣传的煽动下，准备组织3000人的武装到杂拉山、棉亚山一带阻击解放军，以王门公等为首的部分上层人士则反对派兵攻打解放军，理由是蒋介石兵多枪好，都抵挡不住解放军的攻势，用喇嘛武装去阻挡解放军，只不过是鸡蛋碰石头。两种意见严重对立，无法统一，只好请活佛甲央旨古占卜，决定是否出兵。占卜结果："不能出兵。"活佛又做了一件好事，避免了木里人民的流血牺牲。

木里当政的八尔老爷林甲央，卸任大喇嘛项扎巴松典、项松典取品，现任大喇嘛项培初扎巴都是甲央旨古活佛的学生，他又是长者，因此，在木里建政初期，他的话是一言九鼎，代表神的旨意，在某种意义上说，他才是木里的一号人物。

1952年11月，甲央旨古被选为木里藏族自治区（县）第一届政协名誉主席，建县（区）时又担任副县长，1954年选为四川省人大代表。1964—1973年间，担任第三、第四届木里政协副主席。1973年，因病治疗无效，甲央旨古于9月27日在西昌人民医院圆寂，享年六十八岁。

甲央旨古活佛逝世后，县革委为他召开了告别会，县革委副主任纪秉桢作了告别词：

> 甲央旨古，又名昂旺降初、扎巴甲初、甲初严靖，男，藏族，木里县桃巴公社人。1905年出生于甘孜藏族自治州九龙县母研村。解放前系木里宗教界活佛，解放后历任木里县政协名誉主席、副县长、四川省人大代表、木里县政协副主席、四川省佛教协会副主席等职。于1973年9月8日晚9时因病治疗无效，故于下西昌，终年68岁。
>
> 甲央旨古先生民主改革以来，能接受党的领导，拥护党的政策，拥护社会主义，能学习毛主席著作，积极参加生产劳动，加强思想改造，写出了木里三大寺的历史，作了一些好事。
>
> 甲央旨古先生和我们告别了，我们要化悲痛为力量，认真学习党的十大精神，深入开展批林整风，狠批林彪反革命修正主义路线，在伟大领袖毛主席的革命路线指引下，为我国社会主义革命作出新的贡献。

第五节

藏传佛教历史悠久　活佛转世仪轨严密

在这里我们不得不介绍一下木里佛教与西藏佛教的渊源和神秘的活佛转世制度。

木里黄教由西藏传入，活佛转世的仪轨制度完全依照西藏活佛转世制进行寻访认定。

公元1580年，第三世达赖喇嘛索南嘉措来到康区传教弘法，在其倡建的理塘长青春科尔寺建成开光时，木里派甲嘎西洛泽巴几位大德志士前往理塘朝拜达赖喇嘛并供奉黄金曼扎，祈求在木里修寺传法。达赖喇嘛应允木里要求，即派却杰·桑吉嘉措前往木里建寺传法。却杰·桑吉嘉措是第五代甘丹金座法台洛珠曲炯的转世，是宗喀巴的八大弟子即佛祖的八大随行菩萨之一文殊菩萨的化身。却杰·桑吉嘉措到木里之后，于1584年修建第一座佛教格鲁派寺院——拉登甘丹达吉岭（瓦尔寨大寺）。却杰·桑吉嘉措在圆寂前嘱咐同来的勒登次称绒布继续修寺弘法，并说道，"我会很快回来"，寓意尽快转世。却杰·桑吉嘉措于1585年圆寂，为木里第一任活佛。第七世班禅额尔德尼·丹毕尼玛写下了木里香根活佛的转世传文。

1604年，勒登次称绒布修建了康坞德瓦镜索郎达吉岭（康坞大寺）。1656年，大喇嘛桑登绒布依照女神巴登娜姆的授记，在与巴登娜姆神山一脉相连的木子格神山山麓修建了木里甘丹谢珠曲勒郎巴嘉瓦岭（木里大寺），寺庙冠以女神的圣地之名——木里，所属这一片土地总称为木里。

在木里与云南永宁接壤的屋脚蒙古族乡境内修建有巴登娜姆住锡之寺——仁江寺。这里青山环绕，林木苍翠；还有一条小溪，水流清澈，奔涌欢歌，流向山外。

木里建成三座大寺，18座小寺（17座黄教，1座丁央寺花教），逐步形成了同西藏的色拉、哲蚌、甘丹三大寺和108个小寺一样的格局，连同僧人数目也是按照西藏三大寺十分之一的规模设定，并对口进入西藏三大寺学习深造。自此，木里香根活佛轮流驻锡三大寺弘扬佛法，并与大喇嘛一道在木里进行政教合一的统治，木里香根活佛和木里大喇嘛的名声远扬，佛法得了广泛的传播。

活佛转世制度创立于13世纪。最早起源于噶玛噶举派，活佛转世制度创始人是噶玛拔希，为噶玛噶举派创始人杜松钦巴的得意弟子，他佛法高深，神通非凡，深得元朝皇帝的赏识，曾得忽必烈的兄弟阿里不哥所赐黑边帽，此帽在西藏保存至今。杜松钦巴成了西藏佛教活佛转世第一人，噶玛拔希成为杜松钦巴的转世灵童，成为第一个转世活佛。

活佛转世制度虽说是由噶玛噶举派首先运用的，但真正使活佛转世形成制度并影响整个蒙藏地区的却是格鲁派。

转世灵童的寻访认定，通常要遵循以下几种仪轨：

遗嘱　一些大活佛圆寂前留有遗嘱，说明他转世的地理方向、山川标志，甚至有父母名字等。

神谕　神谕又叫降神，是指神灵依附在人（神汉）身上来传达神的旨意。

观湖　降神的结果、高僧的占卜，加上观湖综合起来寻访转世灵童。西藏山南地区加查县的拉莫拉措湖被认为是神湖。经过虔诚的祈祷，湖中会显示出灵童出生地方的特征等。

僧人们通过观察灵童的体相、举止言谈等，找出与前世活佛有联系的线索

2008年装饰一新的仁江寺　　刘仁勇　摄

或与众不同的地方。藏族人认为，活佛是菩萨的化身，其行为、举止、言谈与普通人不同，往往会有一些超凡脱俗的表现和奇异的才能和特征。七世达赖出生于理塘，据说出生三个月后，就开始向人做摩顶动作；问他是谁，他说我是佛的化身。

寻访灵童出生时所出现的各种奇异的天象、征兆和梦境等。藏家认为，一位高僧活佛出世时，必然会有一些异常的自然现象和征兆显现。寻访者要注意向被寻访者的家属和周围群众询问灵童出生时的各种预兆。时任西藏首席大臣的桑吉嘉措在其回忆录《金穗》中对六世达赖出生时民间传闻的描述道："虹彩空横，天雨神花，异香扑鼻……刚出生落地……大地震撼三次，突然雷声隆隆，降下风露花雨，枝绽花蕾，树生叶芽，七轮朝阳同时升起，彩虹罩屋。"据说，十三世达赖出生时，一个酥油包突然爆裂，酥油

四溢，这象征吉祥；门前一株大梨树开满鲜花。木里九世活佛出生时天降彩虹和紫岚，天上隐约有乐声。

辨认前世所用之遗物。藏传佛教认为，一位高僧活佛出生时，不仅是前世活佛精神的延续，还继承前世之灵性，能记忆前世一切和所用之物件。把前世所用之物和一些仿造品一起放在灵童面前，辨认准确无误者，便被确认为转世灵童。

金瓶掣签。降神、问卜、观湖等手段认定活佛的方法，在一定时期显示出良好的效果，然而在后来渐渐暴露出它的弱点，有时同时出现条件相似的几名灵童，一些贵族掌权者收买神汉、打卦问卦者，妄加指定转世灵童。在六世班禅时期，清高宗看到六世班禅、仲巴呼图克图、夏玛尔巴都出自一家，而且都是由降神来决定的，他知道其中必有连通作弊之事，这种某个家族长期把持西藏政教大权的现象，对政府来说是不利因素，因此制定了金瓶掣签决定转世灵童的方法。金瓶掣签制确立于清康熙五十二年（1713），清政府制造两个金瓶（藏语称"奔巴"），一个放在北京雍和宫，一个放于西藏大昭寺。将书有灵童名字的象牙签放于瓶中，瓶口密封，加盖印章，由数百名喇嘛念经七天，届时主持者手拿金瓶当众启封摇动，首先荡出瓶外的一根签是谁的名字，就确定谁为转世灵童。

1924年时的木里大寺　　洛克　摄

《木里藏传佛教》称：木里活佛是文殊菩萨的化身。

木里藏传佛教的活佛，不限籍贯，只限于藏、蒙古两族男性。寻找认定以后，需经当地机关和活佛同意方可接回木里。反之，木里的藏族、蒙古族男性也可被寻访认定为他地藏传佛教的活佛转世灵童，经木里土司和活佛同意亦可接走。

木里藏传佛教格鲁派活佛世系

世系	名号	生卒年
一世	香根·却杰·桑吉嘉措	1532—1584
二世	香根·喇嘛降央桑布	1585—1656
三世	香根·昂翁衮曲	1659—1714
四世	香根·昂翁彭措	1714—1755
五世	香根·昂翁巴丁嘉措	1755—1766
六世	香根·昂翁降别·德尼嘉措	1766—1820
七世	香根·昂翁鲁绒·巴丁嘉措	1820—1870
八世	香根·昂翁降别·格勒尼玛	1870—1906
九世	香根·昂翁降别·扎巴嘉措	1905—1973
十世	香根·洛让益西·扎巴旺秋	1976—

大喇嘛转寺途中夜息的长海湖畔

第三章

喇嘛山打开山门
木里地和平解放

第一节

大喇嘛上任伊始　田中田兵祸木里

1950年1月，项培初扎巴在康坞大寺上任没几天，国民党溃败之军田中田师长，带领残部千余人经倮波、白碉、三桷桠窜到康坞大寺，沿途烧杀抢掠，无恶不作，三桷桠小经堂被焚，化为废墟。溃兵所过之地，牛羊被杀光，粮食被抢完。康坞大寺粮仓被砸开，吃不完、背不走的粮食弄得满地都是，大寺的菩萨鸡也被败兵们杀吃一光。幸好，溃兵来到木里的消息早被边防把总送来，大喇嘛家知道败兵凶残，武器精良，不敢与之交锋。十六岁的项培初扎巴大喇嘛战战兢兢，六神无主，在王门公等手下官员的簇拥下，带着紧要物品和印信，顺着康坞山梁，逃进了深山密林中，一直躲藏了七天。王门公把大喇嘛送到深山藏好后，又回到康坞大寺和解放军接洽。等到留守康坞的喇嘛前来报信说，溃兵已逃走了，项培初扎巴才回到康坞大寺。所幸，大寺在留守喇嘛的哀求下，未被焚烧。

田中田师长原计划利用木里山高林密，谷深隘险，地域广阔，以作困兽之斗。谁知，解放军行动神速，第二野战军第十四军四十二师张团长、时参谋长率领一个团紧追其后，田师刚到康坞的第二天，留在雅砻江边的后续部队就被解放军消灭大半，田部惶惶如丧家之犬，逃往中甸，后在中甸走投无路，向解放军缴械投降。张团长、时参谋长在康坞没有见到木里大喇嘛，但见到了王门公，王门公打开康坞寺庙粮仓，卖给解放军很多粮食马料，又安排寺中喇嘛为解放军打柴割草，很受解放军好评。因军务紧急，不便久留，部队首长便给木里土司衙门和大喇嘛写了信表示感谢。

王门公和留寺的喇嘛人员把张团长、时参谋长的信和送给木里大喇嘛的十张毛主席像，以及解放军"三大纪律""八项注意"的宣传品等等，一起交给项培初扎巴大喇嘛。

尊敬的项培初扎巴大喇嘛阁下：

追击国民党残军来迟，看着匪军给木里人民和寺庙僧众带来的巨大灾难，我们感到十分痛心。我代表四十二师首长和盐源县政府领导向大喇嘛和木里僧俗民众表示同情和慰问！同时向木里人民对我们的大力支持表示感谢！在共产党和各族人民的大救星毛泽东主席的领导下，我强大的中国人民解放军已基本解放了全中国，西昌盐源已经解放，木里也就是得到解放了，中华人民共和国已经于去年十月一日在北京成立了。国民党蒋介石反动政权已逃到台湾去了，木里是新中国的土地，木里各族人民是新中国的兄弟姐妹，共产党是为人民谋幸福的，解放军是人民的队伍，和国民党反动派的军队不一样，解放军不拿群众一针一线，尊重各民族的风俗习惯和信仰自由，保护宗教和寺庙。希望木里大喇嘛尽快派官员与盐源县政府和驻军首长商谈木里和平解放事宜和今后建设大计，造福木里人民！

祝木里人民幸福安康！

中国人民解放军十四军四十二师

团长　张××　　参谋长　时××

1950年4月×日

师爷李耀井抑扬顿挫地念完时参谋长的信，又用藏话给他翻译了一遍。看着庄严而又慈祥的毛主席像，大喇嘛真是五心不定，六神无主，脑海是一片空白。他想象不出，毛主席是什么样子？什么是共产党？共产党是干什么的？什么是解放？但他想，国民党都被打到台湾去了，看来是要改朝换代了。国民党军和解放军既然叫军，那就是一个货色，都是烂汉人，都是欺压我们少数民族的。他把几个留寺喇嘛找来，仔细询问解放军当时来到康坞的情况。

"解放军进我们的寺庙没有？""吃我们的粮食，用了我们东西没有？""打骂你们没有？"

几个喇嘛七嘴八舌地作了回答：

"几个当官的去经堂看了，说我们的菩萨塑得好，壁画画得好。"

"当兵的都在河边的草坝上宿营吃饭。"

"没有吃我们一点粮食，都是吃他们自己随身携带的干粮，寺庙的东西什么都没有要。"

"王门公卖给他们的粮食马料都是付了钱的。"

"对了，烧了寺里的两码柴，给了我们30个银元。"

年轻的大喇嘛想不明白了，国民党军烧杀抢掠，解放军不要寺庙一点东西，烧了点柴还付这么多钱。解放军纪律严明，对我们客客气气，信上还称我"阁下"，他不知道"阁下"的意思，但他知道这一定是一个尊敬的称呼。

不谙世事的年轻大喇嘛想不到自己一上台就遇到这么多"不顺心"的事。他心里明白，靠自己是无论如何也应付不了目前错综复杂的混乱局面。他连忙吩咐王门公安排仲依、师爷写信给八尔老爷林甲央，卸任大喇嘛项扎巴松典、项松典取品和活佛甲央旨古，抹上红色颜料，捆上鸡毛、火炭，表示十万火急，派人连夜送往白碉衙门、甲谷庄园、苦巴店别墅和瓦尔寨大寺，请他们到康坞大寺衙门开会，商量对策。

第二节

穆文富一进木里　三桷桠一战获胜

这里要介绍一下对木里和平解放做出特殊贡献、大名鼎鼎的穆文富先生。穆文富，藏族，冕宁人，其父穆相银是冕宁泸宁区新兴乡乡长，是一个比较开明的地方藏族头人。穆文富中华人民共和国成立前在冕宁县省立民族小学读书时，受时任教师的中共地下党员李祥云、陈言伦的影响，逐渐成长为思想进步的藏族青年。1949年，时任中共冕宁特支书记的邓明鸿同志（中华人民共和国成立后冕宁第一任县委书记）打入了冕宁靖边司令部，为了迎接解放，积极着手组织地下武装力量，以便适时配合中国人民解放军开展军事斗争。邓明鸿直接安排穆文富到牦牛山、雅砻江一带，把地方武装力量组织起来。为方便其工作，经疏通关系，由靖边司令部委任穆为独立团团长。穆文富高兴地对邓书记说，我现在有了公开的身份，不仅可以在泸宁一带活动，九龙、木里都可以去发展了。在邓明鸿的秘密布置下，穆率领部分武装攻打并接管了九龙县衙门，开仓济贫，砸开监狱，释放犯人。一时，穆文富声名鹊起，成了冕宁、九龙、木里一带大名鼎鼎的藏族青年团长。此前，穆文富曾以做骡子生意为名，四处进行革命形势的宣传。在木里的倮波乡，穆文富遇见了木里衙门的王门公，慢慢地，两人关系搞得很好，并打为伙计（亲家），他送给王门公一头骡子，王送给他几担粮食。因穆文富和王有交情，刚解放，原冕宁地下党的同志就推荐穆文富随军到木里。

1950年3月，驻守冕宁的中国人民解放军五五二团参谋长周培成通知穆文富，到西昌配合我军到木里追剿国民党田中田溃军残部，随军参加联络、宣传工作。穆跟随团参谋长龙兴奇带着一个连的部队从泸宁出发，翻山越岭，仅

1950年进入木里时的穆文富　　穆文富　提供

用三天的时间就走完了六七天的路程，赶到了木里的三桷桠。此时田军残部已逃至中甸被歼。刚到三桷桠，穆文富就侦察到有一股不成编制的国民党残兵败将贿赂、蒙骗地方头人倮丁鲁绒和经堂拉擦（经堂管事）阿霞龙多喇嘛后，藏身于后山密林中。这伙败军有40余人，其中一人是军长，名叫黄成之，另一人是国民党中央委员、禁烟督察特派员宋硕虎，此外还有一人是康定县警察局局长杨黎之。三人带有电台、骡马、大量金条等贵重物品，有几十条枪。

穆文富如今已八十八岁高龄，仍精神矍铄担任凉山藏学会会长

到了三桷桠，穆文富打听到了地方官人阿霞龙多曾在其老家对面的倮波当过官人，便去拜访他。一见面，阿霞龙多也认为穆是逃窜到此地的国民党人员，未等穆开口，就十分豪气地答应先把穆藏起来，并保证他的安全。最后，他得知穆文富不是逃犯而是带领解放军前来追捕逃犯时，感到十分难堪。穆文富耐心地对他讲解党的政策，解放军是执行毛主席"三大纪律""八项注意"，不拿人民一针一线的好部队等，才打消了头人的顾虑。阿霞龙多随同穆来到连队驻地，受到部队首长的热情接待和宴飨。阿霞龙多头人当即表示愿意协助部队剿灭残军。经过发动群众和周密部署，我军把这伙败军团团围困后，经过喊话宣传，讲清当前形势，讲解解放军的俘虏政策，指出不投降就只有死路一条。残军走投无路，40余人全部缴械投降。此次战役缴获各种枪械24支和不少弹药，马20多匹，电台一部，黄金、银锭、大洋各一驮以及若干军用物资。战事结束后，我军召开庆功大会，奖赏了头人和经官两头骡子和一些大洋，同时大张旗鼓地宣传了党的民族、宗教政策，要求广大群众不护匪，不藏匪，不信谣，不传谣，拥护党和政府，搞好民族团结，安心生产。

绒班和拉擦二人看到解放军不但不追究他们窝藏国民党残兵败将的责任，还杀猪招待他们，奖赏他们，二人十分感动，说从来没见过这么好的汉官，亲自带人把解放军送到洼里。

临行时，征得部队首长的同意，穆文富从战利品中选了一件狐皮大衣和一床俄国毛毯，写了一封亲笔信托三桷桠头人专程送给了八尔老爷林甲央。

第三节

喇嘛山闭关自守　　大喇嘛五心不定

七天后，年轻大喇嘛项培初扎巴邀请的决策人物先后来到康坞大寺，随这些人到来的还有三大寺姑擦，有名望的卸任门公、卸任姑擦、项松典取品的父亲章达吉等也赶到康坞大寺参加会议。会议一开始，项培初扎巴先让汉文师爷李耀井宣读了时参谋长和张团长的联名信，解放军"三大纪律""八项注意"的布告传单，随后又逐字逐句地进行了翻译讲解。

会议气氛显得沉闷凝重，谁也不敢轻易发言，都知道此事责任重大。

在几个主要决策人物中，能粗通汉文，并能说较为流利的汉语的项扎巴松典拿过时参谋长的信仔细地看了一遍说：

"看来时局不妙，共产党厉害，国民党老蒋都被撵到台湾去了，听说四川省主席刘文辉，云南的龙云、卢汉都投降共产党了，我们怎么办？是该拿主意了。"

"我们木里山高林密，水急路险，共产党要进来也不是那么容易的，再增加我们的操兵兵力，把喇嘛们组织起来，守卫交通要道，和解放军来一个大决战。"年轻气盛的卸任大喇嘛项松典取品说。

"对，我们不用这么怕共产党，盐源解放了，解放军也没有进来，说明对我们木里还是有几分惧怕的。我们要保护宗教，保护我们的财产和我们的权利，把寺庙和各家的枪支发给喇嘛和百姓，守好边界，看共产党、解放军怎么办！"

"我看事情可不是这么简单，听舅舅说，四川、云南的省主席刘文辉、龙云他们都投降到共产党那里去了，还当了共产党的大官，他们的实力可比我们强多了，说明共产党也有高明招数，有他们的取胜之道，我们还是小心一点，看看情况再说。"现任大喇嘛项培初扎巴小心翼翼地说。

"听说盐源县那些有钱人可惨了，土地分给穷人了，钱财分给穷人了，人也挨打受斗了，有的还被枪毙了。我们木里这些有钱人以后会怎样就不知道了。"八尔老爷林甲央有些悲观地说。

"八尔老爷，你也不要这么悲观，听天由命吧。盐源解放了，解放军也没有打进来，看来对我们木里是特殊对待的。木里和西藏是一脉相承、息息相关的，看他们对藏区，对我们木里，还有一套什么政策，我们就静观其变吧。"木里的精神领袖活佛甲央旨古说。

"对，对，对。活佛说得好，我们木里是和西藏一样的特殊地方，共产党对我们会有另外一套政策。"几个与会人员高兴地附和着。

"不过我们也不能闲着，我们要扩充武装力量，把守好边界，我们不到外面去惹汉人，也不要汉人进来。我会组织全境三大寺十八小经堂的喇嘛念咒经，阻止解放军和汉人进木里来。"活佛甲央旨古接着说。

"好，好，好。还是活佛佛法高深，想得周到，最好别让解放军到木里来。"与会者异口同声地说道。

"我也希望解放军不要到木里来，保持我们木里黄教喇嘛王国的独立地位。但是我们也不得不面对现实。几百万国民党兵被共产党消灭了，全中国都被共产党解放了，雅安、康定驻扎了好多解放军准备进军西藏。'小溪跟着大江流'，'小草顶不起一床毛毯'，如果西藏被解放军占领了，我们木里也只好跟共产党走了。"王门公说。

"啊呀，啊呀，（'是，是'的的意思），王门公说得对。"与会者又异口同声地说道。

"对了，前次我到康定见到了康区著名的大富商邦达多吉，最近听说，他当了西康省的什么副主席了。看来，共产党不是对所有的有钱人、土司都是要关要杀的。因此，八尔老爷也用不着这么忧心吧！"王门公对八尔老爷说。

"啊，真是这样，那全靠佛祖保佑了。"八尔老爷虽将信将疑，但也舒展了紧锁的眉头。

正在这时，三桷桠的头人阿霞龙多带着穆文富的信和毛毯大衣赶到康坞大寺来了。他把信交给了八尔老爷林甲央。应大喇嘛的要求，阿霞龙多把穆文富如何带领解放军到三桷桠捉拿国民党残匪40余人的经过添油加醋地描绘了一遍（他隐匿了收受国民党溃军贿赂的事实和情节），他说，他从来没见过这么好的军队，这么好的汉官。他们不打人不骂人，说话客气，买了点酸菜，给的都是大洋。

"啊！啊！啊！"与会者似懂非懂地叫着，显然，共产党不是那么可怕了。

"甲央，快点，把信叫李师爷给大家念一下。"项扎巴松典催促八尔老爷林甲央。

汉文师爷李耀井拿腔拿调、摇头晃脑地读着穆文富给林的信：

尊敬的木里八尔老爷林甲央：

　　我这次随同龙新奇参谋长带着解放军到木里三桷桠围剿国民党残部，在三桷桠头人和群众的有力支持下，圆满完成了任务，俘虏残军40人，其中还有一个是军长,一个是国民党中央委员,缴获24支枪械弹药和若干军用物资及电台。

这里,龙新奇参谋长要我代表解放军向木里八尔老爷、木里大喇嘛家给予我们的真诚帮助表示感谢!盐源解放了,所以木里也是解放之地了。希望大喇嘛家以后不藏匪,不窝匪,要积极协助解放军和人民政府清剿残余匪徒,保护地方平安和人民生命财产。

西昌驻军林彬师长、政委兼军管会主任梁文英很是关心木里。党的政策是尊重各民族风俗习惯和宗教信仰,建立一个人人有饭吃、有衣穿的平等社会。木里以后会更加繁荣发展。希望木里大喇嘛家和广大群众不要相信过去国民党反动宣传,应该拥护政府,搞好民族团结,搞好生产。

希望你们抓紧时机,派代表到盐源和西昌与政府和解放军联系,协商制定建设木里大计!

肺腑之诚,请恕直言!

穆文富　敬上!

穆文富的信像一颗不小的炸弹在木里这些上层头人心里引起不小的震动。大家议论纷纷,莫衷一是。会场弥漫着惊慌,猜疑,害怕。说到汉官,就让他们想到过去的国民党官员,说到解放军,就会让他们想到国民党枪杀米吉活佛的李先春的兵。多年的现实和成见,不是凭几封信和几句话就能打消的。

任职十年的第十七代大喇嘛、中将司令官项扎巴松典说:"想起米吉活佛被国民党兵杀死在康坞大寺的情景,我至今还心惊肉颤。我被关押西昌一年的牢狱之苦记忆犹新。'口袋里买猫,分不出公母',现在说共产党是好是坏,实在是无法开口,等等吧。"

"对,等等,看看。请王门公派几个人到盐源和边界上去好好地察看一下外面的情况,及时报告给我们,好研究下一步的对策。"八尔老爷林甲央说出了大家的心思和会议的结论。

第四节
喇嘛佛威龙游绕青山　活佛土司转寺移木里

木里第十九代大喇嘛项培初扎巴在康坞大寺上任已经十个多月，眼看农历十月二十五日黄教始祖宗喀巴忌日即将到来，各大寺都要举办庙会，活佛、大喇嘛是当然的主持者，木里大喇嘛、活佛要转到木里大寺办公，举办佛门最重要的节日燃灯节（纪念宗喀巴忌日）。

木里的活佛、大喇嘛为了巩固自己的统治地位，显示威仪，扩大宗教在民间的影响，每年迁移一寺署理公务。有资料记载："土司依例轮住瓦尔寨、康坞、木里三大寺，一寺一年，三年周复，以便勤求民隐，设施政教及处理民刑诉讼。"木里群众将活佛、大喇嘛每年由一个寺庙搬住另一个寺庙的惯例，称作大喇嘛转寺。大喇嘛转寺有一定时间、一定路线。在转寺期间，也是民众观仰活佛、大喇嘛威仪，请求活佛摩顶赐福的大好机会。

十月中旬，正是木里秋高气爽、冷暖适宜的时候，由活佛打卦确定了转寺时间，寺庙和地方顿时忙碌起来。

康坞大寺忙着收拾大喇嘛家的财帛细软，准备出行的仪仗装备。

出行前，大喇嘛转寺行经的沿途道路，在衙门官员督促下，地方头人派百姓"乌拉"（无偿劳役）进行修整拓宽，驿道要求宽3～3.5米，即使是

转寺队伍　周朝东　摄

极少数悬崖绝壁、不便修整的地方，也必须保证骡马能正常通行。边坡要挖修得整齐、美观，砍去路边和头顶上面的树枝藤蔓和杂物，驿道修好，衙门官员要来验收。验收的方法是检查者骑在马上沿路边行进，若有枝蔓挂住头顶，则为不合格。不合格者，除重新返工修整外，还要罚修路人牦牛一头、羊一只、粮食一克（约50斤）、叩头银子一两、哈达一根。如检查者的马镫被路边树枝藤蔓牵挂住，同样需要返工，并罚羊一只、粮食一克、叩头银子一两、哈达一根。

大喇嘛转寺有一套隆重的礼仪。

项培初扎巴大喇嘛清晨起床，步入诵经地点，门外即鸣炮三响；步出大寺，又鸣炮三响；上轿或上马离寺时又鸣炮三响，共计鸣炮九响。放炮时由小苏班或小仲依发令，由勤杂人员古拉巴点火，如出现哑炮，大喇嘛就认为是不吉利的征兆，古拉巴就要受到责罚。

大喇嘛出行的康坞大寺，门卫森严。当天吹吹打打，十分热闹，操兵着装整齐。大喇嘛项培初扎巴穿着清朝皇帝赐给历代木里大喇嘛衮龙绣凤的大黄袍，头戴红顶帽，脚登厚底靴，富丽堂皇，威风凛凛。甲央旨古活佛的着装与大喇嘛不同，是一副佛门打扮，黄色鸡冠帽，猩红僧服，脖上挂着念珠，慈眉善目，沉稳威仪。

大喇嘛离开康坞大寺时，留寺喇嘛排于路下方，低首含胸，两手前伸，以无比崇敬的表情欢送大喇嘛出行，待大喇嘛的队伍走了一段距离或转弯看不见时，众喇嘛方可回寺。

转寺队伍的前导

木里的十月，秋高气爽，艳阳高照，碧蓝如洗。

草地上绿草茵茵，野花灿烂，牛羊马匹悠然地在湖畔草地上撒欢觅食；康坞山拥翠凝碧，层林如黛，高大的原始杉树似柄柄巨伞亭亭挺立于山间道旁，似列队送行的卫队士兵。

经幡飘飘，彩旗猎猎，宝盖灿烂，华服靓丽。前面是土司官员、佛家寺僧、操兵队伍，最后就是背运物资帐篷等劳役"乌拉"数百人。转寺队伍延绵数百米，浩浩荡荡地行进在青山绿水之间，十分壮观。路过群众不敢仰视活佛、大喇嘛，都在路下方或叩头匍匐或低首咋舌伸手做恭迎状。

大喇嘛、活佛在转寺途中，各备有黄缎锦轿一乘，骑马或骑骡一匹，在路经平坝或是人烟稠密的地方，多为乘轿，以显示尊贵威严；路陡、山大、人烟稀少之处，则以马代步。轿夫多为各大寺附近的百姓，不受族别限制，凡身强体壮即可，每轿轿夫八人，分两班换抬。

大喇嘛浩浩荡荡的队伍前有吹鼓手12名，一律清兵打扮，上穿短褂，下着肥腰裤，胸背部印有一"勇"字圆形图记，头戴斗笠式小帽。大喇嘛离寺前及行进中，要鼓乐齐鸣，或独奏，或齐奏，不得停息，只有在人烟稀少或歇息时可稍歇停止。乐队后面是由四名名叫"龙仁"的马夫牵驭的高头大马，为大喇嘛、活佛坐骑。龙仁身穿呢藏袍，头戴小熊猫皮帽，背上斜挎一毛毯，用作歇息时包裹马汗毡之用。

在项培初扎巴大喇嘛、甲央旨古活佛之后，有两人骑在马上手执藏语称为"郎举翁丁"的绘有佛画的长条幅旗。为防马惊，另备有两名牵马人。

再后是大喇嘛贴身警卫十人，名叫"阿楚"，每人配长短枪各一支、银壳藏腰刀一把。阿楚多由年轻英俊、身强体壮的藏人担任。这些人身着镶水獭皮、高级呢质圆领藏袍。以上人员均骑马跟随大喇嘛。大喇嘛贴身警卫之后，是一名高举白底镶红色"项"字彩条大旗的旗手。因项扎巴松典曾任国民党政府委任的两盐九龙江防司令，领中将衔，故在行进队伍中，还有一面国民党青天白日旗。

大旗之后是土司衙门的武装，操兵130人，前30人是不背枪的军乐队，乐器有军号、小洋鼓、大洋鼓、铜钹等，其着装与军队一样整齐统一。其余百名武装为仪仗队，由藏民操兵组成。每八名持彩旗一面。操兵服装系由云南军阀龙云处购回的汉式红色军装，或是从四川刘文辉处购回的黄色军装。操兵服装整齐，脚缠绑腿，身背步枪一支，挎子弹袋。军官有排长两人，着国民党军官服，每人配手枪一支、日本指挥刀一把、望远镜一架，骑高头大马，非常威武。军官见活佛、大喇嘛及衙门官员时不行藏式礼，而是行立马举刀的军人注目礼。武装队伍后，有两名学识渊博的高僧跟随活佛、大喇嘛身后，除诵经外，随时为活佛、大喇嘛打卦、占卜吉凶祸福。遇重大事情，还为大喇嘛出谋划策。

继后，有土司衙门二品的行政官员姑擦二人，分管行政繁杂事务的小官"玱载"一人，司礼唱颂送礼人姓名和礼品的"则亨"二人。

再后是大喇嘛衙门的财政后勤总管大苏班和有如汉制的秘书长、办公室主任之类的大仲依。尾随大苏班、大仲依之后，有两匹打扮漂亮华贵，全身用彩绸缎罩住，只露两眼四蹄，名叫"卡西"的骏马。此马虽鞍鞯具备，却任何人不得骑乘和驮物，一直空骑跟着队伍，这是供菩萨乘坐的专用马。

菩萨坐骑"卡西"之后，是大喇嘛、活佛的大班，即行路上遇坎、崖、坡、水等障碍时，吆喝、提醒轿夫、牵马人留神的喊号人。

大喇嘛、活佛各有轿夫8人，牵骑马者一人。大喇嘛、活佛各凭喜好，或乘轿或骑马。另有二人各执大华盖跟随大喇嘛、活佛之后。

华盖之后，是土司衙门中地位仅次于大喇嘛，掌握军政、财务大权的最高行政官员——"甲萨"（又称门公）王佩初取典。跟随门公的有小苏班、小仲依两三人。最后由大喇嘛的贴身卫士阿楚十人断后。

大喇嘛"转寺"的搬家队伍有200余人，行进中排成两排，队列等级森严，各级官员、随从，衣着打扮有明确的规定，不得僭越。行进队伍中有两名衙门中名叫住江古拉巴的武装执勤，不时策马跑前退后，维持秩序。若遇老百姓云集道旁围观和祈求活佛摩顶以致人员拥挤，住江古拉巴有随意鞭打驱散百姓的权利。

转寺队伍第一天行进了十余里，便住宿于风景美丽的寸冬海（又叫长海）湖畔。

项培初扎巴大喇嘛和甲央旨古活佛各有一专用帐篷，帐篷骨架用钢管套筒制作，可调节高低。篷顶中心有一铜皮制作、外镀金水的圆筒金顶，光彩夺目，远近可见。

转寺队伍住宿的地方，即地势开阔的长海湖畔，老百姓称为"喇嘛息台"，息台前修筑了两个小台墩，高约二尺，作为大喇嘛和活佛官员们下马踏脚之用；息台左右修建两个高约一米、宽三四平方米的大土台，是大喇嘛和活佛打坐念经和白天接见客人的地方。大喇嘛和活佛的坐台各不相连，保持一定的距离。

台墩上和地面铺满柏叶松针以示吉祥。台墩在大喇嘛入座前铺上绸缎网罩，不得露出石头、泥土。坐台后面，用树干搭成一屏墙，挂上绘有佛教图案的帐幕。

住地前的道路两旁，栽着数十棵鲜活松树，树径15厘米左右，树干应有12个生长节，最下面一节离地面四五十厘米处要剥去树皮，染上黄色。每个帐篷门前也要栽几棵留了枝丫的桩，供挂枪和其他东西用。

在喇嘛息台前方，要搬来数十个扁形石头，等距离地放置于路旁（百姓称为"都冷"，藏语为"排好"之意），然后染上表示吉庆的黄色。如不放石头，就要用白泥浆染在道路两旁。

大喇嘛转寺的队伍有近200人，因此，百姓要为他们背水、砍柴，背运大喇嘛、活佛

木里第十世活佛边玛仁青的户外寝宫　　温珠　摄

的专用大帐篷和一些不能用马驮的东西。这些运送物品的差役，一般只背到本地边界就交给下一站的乌拉，继续运送到下一站。

大喇嘛住宿的地方，土司官员、僧人、劳役、参观群众，共数百人齐聚一地，简直成了一个小集市，热闹非常。最拥挤的地方要数活佛的帐篷了，为了让活佛摩顶消灾祈福，老百姓最舍得也最大方，把家里最值钱的东西拿来孝敬活佛，钢洋、铜钱、酥油、干羊腿、牦牛干巴、核桃、糌粑面、花纹好的木碗等，都是孝敬活佛的礼品，真是应有尽有。

在长海玩耍两天后，第三天启程到苦巴店住宿三天，第七天住宿博科。

五十公里的路程，大喇嘛家浩浩荡荡的转寺队伍经过八天的奔波，终于住进了木里大寺。

第五节
穆文富二进木里大义规劝土司
木里家废除苛捐杂税回报上级

    1950年，是中华人民共和国成立的第二个年份，西昌各县相继解放，人民获得了新生。唯独"木里王国"，解放军不仅没有触及土司头人的一丝毫毛，反而以礼相待，采取了宽容等待、合作友爱的态度，木里和平解放的事业一直牵挂在西昌军管会首长的心中。首长多次给木里统治者带信，要他们出来协商谈判，他们就是稳起不动，不闻不问。有的人甚至想以木里道路崎岖、崇山峻岭、江河湍急的地理优势，武装阻止解放军进军木里。他们炫耀宗教文化的深厚底蕴，妄自尊大，采取"闭关守土"、不交不往的拖延抵御政策。有的边界还拆毁了桥梁，沉没了船只，断绝交通，妄想保持木里的独立王国。

    穆文富随解放军到木里剿匪回到西昌，龙新奇参谋长带领他晋见林彬师长和军管会主任梁文英，并受到林、梁的热情接待。当听了穆此行的工作表现后，两位首长更是大力赞扬。为了解更多当地情况，两位首长专门把穆文富留在军管会，吃的是和首长一样的小灶伙食，住的是高级宾馆，使穆文富深受感动。把他所知的关于木里、冕宁风土人情，详尽地告诉了两位首长。

    1950年12月，西昌地区召开各族各界代表大会，成立了西昌专区协商委员会和西昌专区专员公署，梁文英政委任专区协商委员会主席，穆文富担任了副主席和人民政府委员。

    会后，梁文英主任对穆文富说："木里是一个特殊的地方，这次中央派了刘格平为团长的中央慰问团来到西昌慰问全区党、政、军干部和各界群众及上层进步人士，但木里一个人都没有来参加，我们多次派人邀请大喇嘛派人来昌协商和平解放木里及迎接中央访问团的有关事宜，一直没有动静，要他们派官员前来联系，也是杳无音信。因此，我们想请你再到木里，直接和大喇嘛见面，做好他们的工作，消除他们的顾虑，争取和平解放木里，这是大家都希望的事情。据说，木里活佛地位很高，仅次于达赖与班禅二人，与达赖还是弟子关系，木里的工作搞好了，还可以请他到西藏做达赖喇嘛的工作，这样也为解放西藏尽一份我们的力量。"

思忖片刻，穆文富对首长敞开了心扉："请梁专员放心，我一定接受任务，我过去是与大喇嘛家王门公拜过把兄弟，此外还和木里八尔老爷有过一些交往，但是心中没有底，不知能不能完成任务。"梁专员听到这里，十分高兴地对他说："我们就是了解了你与木里的这些关系，加上你又是藏族，以及你自己的亲身经历，所以才选定你去开展这项重要工作。"

稍后，梁专员又向穆文富说："你还要把这次专区协商会议精神及中央访问团的情况向大喇嘛和大小官员宣传到位。现在宁属各县都已解放，同时进驻了解放军，只有木里藏区特殊，没有驻进一兵一卒，从宗教、民族、地域、历史等多种原因考虑，采取民主协商、和平解决木里问题，是我们最好的选择。他们不来西昌是不对的，但是我们可以等，但也要让他们知道，我们的等待不是没有期限的。只要他们消除顾虑，随时来西昌，我们期待这一天早日到来。"

梁专员的话，真让穆文富受宠若惊，他觉得，一方面，首长如此信任，把重任交给他；另一方面，他觉得非常光荣和自豪。他心中暗暗下定决心，一定不辜负首长的期望，要把任务圆满完成。

当时，穆文富的另一位冕宁老乡龙晴初，是冕宁原国民党的国大代表、西康省参议员，龙晴初也主动请缨，要和他一道进木里开展工作，穆文富有了同伴，对完成任务更加有了信心。

经李守先副专员审批，拨给穆、龙两人白银500两作为经费，还出具了介绍信给盐源县政府，如以后经费不足时，要他们随时解决。同时发给长短枪五支作为自卫之用。

盐源县又给穆、龙两人开具了给木里活佛的介绍信：

答娃活佛大鉴：

西昌军管会穆、龙二代表前去木里，传达成立联合政府与木里自治政府等问题，顺及致候，并祝佛安。

此次召开各族代表盛大会议，成立联合政府及少数民族区域自治政府，历史创举，意义至为重大，望能前来参加为感。

此致

敬礼！

团长　刘尚武
政委　张　敏
县长　周立志
政委　穆生荣
1951年3月11日

（注：答娃活佛的称谓，据现十世活佛白玛仁青讲，当时的甲央旨古活佛的家名叫答娃家。）

介绍信没有盖盐源县政府的公章，而是由盐源四个主要领导人联名签章发出，更显庄重。

穆文富安排同行人员在西昌购买了火腿、海带、板鸭、食盐、水果糖、针线、白糖等木里稀缺物资和若干礼品共七驮，以作进木里一路上自食和联络之用。

从什么方向进木里呢？他们经过认真分析：从盐源县进木里，阻力会更大，大喇嘛家已经把盐源到木里的交通干道、关隘、渡口封锁起来，并用重兵把守，禁止一切行人、马帮通行。经过反复商议，两人决定采取"避实就虚"的办法，从冕宁到木里的倮波，从倮波到三桷桠，再从三桷桠到白碉八尔衙门，首先和八尔老爷接触，做好他的工作，争取他的支持和帮助，然后再到木里大寺开展工作。专署领导批准了他们进入木里的路线。

穆文富一行从冕宁出发，经过六天的时间快速行军，来到了与白碉隔河相望的三桷桠。从三桷桠到白碉要渡过波涛汹涌的雅砻江，但情况很不好，渡船已经沉没，他们无

白碉八尔衙门下面的雅砻江　　刘仁勇　摄

法过江。

穆文富送了礼品给三桠桠头人阿霞龙多，煮火腿肉、沽酒招待他，请他从中斡旋，和八尔老爷取得联系。上一次，八尔老爷已经收过穆文富给他的亲笔信和礼品。但此时，他半信半疑，亲自派了一个认识穆文富的小头目到河边查看虚实，当小头目亲眼看到对岸的人确实是穆文富时，才打捞起沉船，把穆一行接过雅砻江，到了白碉八尔衙门。当晚，八尔老爷林甲央设宴为穆文富一行洗尘压惊，祝贺他们平安到达八尔家地界。饭后，穆文富带上礼品到他私邸拜会他，并向他转达了中央访问团刘格平团长和专署梁、李首长对他的问候和祝福。谈话中，穆文富有意提起前次三桠桠追剿国民党残部的事，再次感谢木里家的鼎力相助和支持。八尔老爷显得很老练，听后一言不发，既不肯定也不否定，沉默不语。冷场片刻，他才懒懒地开口说道：

"你上次送给我的礼物，我很喜欢，这次你又带这么多好东西来，我就一并谢谢了。"

在以后几天的接触中，穆文富不断向他介绍外面解放区情况，引起了他的兴趣，他很爱听这些新消息。经过几天的摆谈交流，逐渐增强了双方的信任感，他终于转变了态度，开始向穆文富说出了心里话。

他忧心忡忡地说："过去国民党的汉人对我们说，共产党要消灭有钱有势的人，还说几家共用一把菜刀，不仅共产还要共妻，把共产党说得是青面獠牙，一无是处。是不是这么回事，你能说老实话给我听吗？"说完后，好像信教徒期待佛祖、菩萨指点迷津一样，等着穆文富开口。

穆文富把在民族干部培训班上学到的一些新道理来个现炒现卖，向他讲了一通大道理，然后，又以自己的经历向他现身说法。穆说，我也是藏族人，我的父亲还是一个头人、乡长，共产党、解放军不但不嫌我，还信任我，让我和部队一起追剿国民党溃军。我前次送你的狐皮大衣和俄国毛毯都是从国民党溃军那里缴获来的，要不然我怎么送得起你这么贵重的东西呢。穆文富又对他说，我现在已经参加了工作，和专署首长一起吃小灶伙食，还当选为西昌专区协商委员会副主席。穆文富一边谈，一边观察他的表情。林甲央先是眉头紧锁，脸色阴沉，随着穆文富的侃谈，他的脸色由阴转晴，沮丧颓废的样子也慢慢消失了。穆文富突然想起一件事，对他说道："你们当年的候袭大喇嘛项扎巴松典被二十四军劫持到西昌，如果不是红军长征路过西昌，项扎巴松典还能活到今天吗？你应该知道当年的红军就是如今的解放军啊！"这话一下点到穴位，他听后连连点头。"啊呀！啊呀！"（就是，就是！）此时，林甲央和穆文富的感情距离又拉近了许多。

经过好几天的说服动员工作，八尔老爷终于按照穆文富的要求给大喇嘛家写了一封信，先行送到木里大寺，随后又派八尔衙门的姑擦官陪穆文富一行一起到了康坞大寺，

大寺背倚之木子给神峰

康坞大寺的姑擦官又护送穆等前往木里大寺。当到达一个叫阿比店的村子时，穆文富接到家里派来报丧的人，说其父已经病逝，要他回家料理后事。他悲痛异常，是回家尽孝，还是为了工作继续前进？他经过痛苦的选择，觉得自古忠孝难两全，毅然选择了后者。他写了一封信给倮波官人，托他请一位喇嘛为父超度亡灵，协助办理好后事。

当穆文富来到距离大寺四十多里的博科时，远眺前方，只见蓝天白云下，银灰色的木子给山巍峨耸立，肃穆端庄，峰峦逶迤二十余里，一直排列到固争上面的拢撒梁子，十分壮观。仔细观察，一个个小山峰好似一尊尊各式佛像静看着冷暖人间；山腰是茂密的原始森林，虽是严冬之际，仍是郁郁葱葱；一大片规模宏大、白墙黄瓦的佛教建筑金灿灿地镶嵌在山腰，这就是木里大寺。有人把木里大寺和希尔顿根据洛克木里探险游历的资料创作出的小说《消失的地平线》中的香格里拉寺相比较，竟是十分神似：

> 大伙也从迷雾中步出到清爽而阳光普照的空气中，就在不远的前方，静静地躺着香格里拉寺。康维第一眼看见这寺，就有一种感觉围绕包裹着他的整个心灵，那是一种让人透不过气来、从孤寂荒凉的韵味中飘曳出来的梦幻感觉。这是一种奇特而令人难以相信的景观。一片色彩绚丽的亭台楼阁紧紧依偎着山腰，它绝对没有莱茵河岸那些城堡那样阴森恐怖和做作，而好似一种精巧的花瓣，精美与雅致，巧妙地镶嵌于悬崖之上，显得雍容华贵，富丽而又高雅。
>
> ……远处，在那座光彩夺目的塔上面，高耸着卡拉卡尔的银峰雪壁。康维想这该不是世界上最摄人心魄的雄奇山景吧！
>
> ……往下展望，景象更是迷人。这山的悬壁一直往下近乎垂直地形成一个裂缝，这只可能是远古时期某一次地壳催化裂变的结果。山峡的底部深得模糊不清，呈现给你是满眼的翠绿，风被挡在了外面，而上方有雄踞的喇嘛寺俯瞰着，在他的心目中，这真是个赏心悦目的好地方。……神秘与梦幻参半——一种终于来到世界的某个尽头和归宿的感觉。

这条翠绿的裂缝，是否就是大寺下面那条胜产黄金的木里河呢？

对木里大寺，《盐源县志》曾载道：

> 巍耸而诡丽，瓮石结构，高若浮屠，固若碉楼，中极幽邃，奉铜佛暨观音、文殊画像，旃檀馥郁，地洁无纤埃。聚喇嘛其中，晨夕梵呗，铃锣声聒耳。

穆文富、龙晴初离开八尔衙门前，林甲央早已派人通报了三大寺。

跨过木里河上的伸臂桥，爬坡上行十多公里，穆、龙两人来到木里大寺门前，只见大门两边各立着一根大木柱，上挂着粗粗的、长五六米、枷锁犯人的大铁链，两块打人板子涂着猩红的颜色，让人望而生畏。

达理丁丁是个思想反动的官员，他把穆文富等接到大寺后，安排在衙门底层的一个马厩里，不仅不如实向大喇嘛报告，反而四处宣扬说，穆文富是"第二个杨金山到木里来了"（杨系盐源藏族大头人，木里大喇嘛兼活佛项次称扎巴被国民党二十四军李先春枪杀时，杨也在场，木里家认为是杨出卖了他们，是藏人中的败类）。经达理丁丁这一反面宣传，穆文富等人的处境十分尴尬，不但一切行动被监视，僧众官员都是冷眼相对，而且生活上也是极为清寒，喇嘛家每天只给一点苞谷面，一点盐巴熬稀饭吃。从西昌驮到木里的实物所剩不多，余下的为着送礼，舍不得吃用。面对如此严峻的形势，穆文富等人唯有保持冷静克制的态度，以寻找机会打开工作局面。

木里大寺前的木里河伸臂桥　　洛克　摄

除了休息和吃饭外，穆文富都在外面逛，想找到他的结拜兄弟王门公。后来，终于从一个中年喇嘛子（此人曾在穆文富老家的对门倮波住过，认识穆文富）口中打听到了王门公的住宅位置。中年喇嘛十分小心，悄悄说完就匆匆离开了，因为木里家的规矩是不能接触外来人，严禁泄露木里秘密，违者是要受皮肉之苦的。等到傍晚时分，穆文富迫不及待地拿上礼物，赶到了王门公家，但是大门紧闭。门卫听见狗吠，开门出来对他说，今天太晚了，门公不能相见。穆说，有紧急事要找门公。但这位门卫就是不听，两条恶犬也在为主人助威，狂吠不止。大概是犬吠声惊动了主人，王门公在屋顶的阳台上看清是穆文富后，连忙跑下楼来，十分亲热地把穆文富搂抱起来，用木里藏话不停地说："辛苦了，辛苦了！"门卫看见穆和王门公如此亲热，吓得哆嗦不止，连忙脱帽，弯腰，伸舌头，表示歉意，又表示敬仰。

穆文富和王门公见面时的情景与见林甲央时迥然不同，林系世家权贵，自诩为八尔老爷，要保持其威严气势，而王门公与他是老相识，还是拜把子兄弟，礼节、避讳就少得多。但有一点，他也受了许多反面宣传的影响，对时局的看法和木里上层人物大体相同，处于五心不定、惊恐不安的等待观望之中。穆文富对他大谈外面大好革命形势，宣传解放军的强大和党的民族政策等。王门公对穆说："我前一段时间听到的，和你说的可是两码事啊，还听说你被解放军抓起来了。今天你的到来使我明白了真相。我一定好好向大喇嘛汇报。"

项培初扎巴大喇嘛听了王门公的汇报，知道了穆文富等人来木里的真实目的。他对王门公说："既然如此，你就好好安排接待。"第二天，穆、龙等人马上改变了住地，被接进大寺衙门客房，寺方并派人送鸡送肉和大米饭，改善了伙食，还派一个小喇嘛专为他们洗衣做饭。

王门公，这位在"木里王国"政府中从打扫马厩最底层的小厮开始，一步一步起家的高层官员，除了大喇嘛外，在三大衙门中算他权利最大，威望颇高，他的才能在僧俗官员中是无与伦比的。做通了他的工作，是穆文富此行的最大收获，也为打开今后的工作局面奠定了一个良好开端。王门公从此对穆文富的话，对共产党的政策表现出浓厚的兴趣，成了木里的左派人物，坚定地站在共产党和人民一边，为木里的解放和初期建政工作做出了杰出的贡献。

在王门公引荐下，穆文富等拜会了年仅十六岁的土司（木里大喇嘛）项培初扎巴。只见项培初扎巴上穿红色氆氇迦衫，脚穿长筒麂皮靴，项挂一串晶莹闪亮的红色玛瑙佛珠，手上戴着一个硕大黄金宝石戒指，虽然年轻，却十分英俊。穆文富转交了盐源县四个领导给木里的介绍信，又把林甲央的信也趁机交给了他，同时把信中内容反复进行了说明，说专区首长和军队领导十分关心木里，希望大喇嘛尽快派出官员到西昌与首长联络。

大喇嘛项培初扎巴很重视穆文富传达的信息，第二天，召集了由卸任大喇嘛项扎巴松典、王门公、韩门公（卸任）、杨丽生（师爷）、李耀井（师爷）等衙门官员参加的联席会议。穆文富在会上大谈党的民族、宗教政策，大谈解放军的强大及外面的大好形势，大谈中央慰问团访问凉山各县的盛况，同时介绍了西昌协商会议精神，并神气十足地对与会者说：

"我也是藏族，也是藏族头人的儿子，我现在当了西昌地区协商委员会的副主席，只要对共产党做了有益于人民的工作，共产党是不会忘了我们的。希望木里家不要轻信国民党特务的谣言而上当受骗，希望大喇嘛或是比较有威望的官员到西昌看看，耳听为虚，眼见为实，是山是水一看就知道了。"

卸任大喇嘛、中将司令官项扎巴松典说：

"现在，我们知道了共产党的政策好，但我们木里一直是安分守己的，希望解放军不要进来，我们保证木里家不出事，决不像盐源一样叛乱。解放军不来，我们木里也不派人出去，有什么事，就请穆文富中间给我们联系，文件发来，我们照着办就行了。"项扎巴松典近乎有些天真的话，确实代表了当时相当一部分木里上层人士的心理。

会后，穆文富又找王门公摆谈，做思想工作，想得到他的支持。他对王门公说：

"你们虽然相信党的政策好，但百闻不如一见，还是派两个人出去看一看，听一听。外面彝族和其他少数民族，凡是有名望的头人都去过西昌，受到了共产党、解放军领导的接见。木里是藏族聚居区，上面很重视，希望门公再和大喇嘛好好商量一下。"王门公连声说："好，好。"

在另一次会议上，穆文富想着重说服卸任大喇嘛项扎巴松典。他对项扎巴松典说：

"过去国民党欺骗了你们，李总监杀害了米吉活佛，你被劫持到了西昌，吃尽了各种苦头。那时恰好红军到了西昌，要不是红军过境救了你，你今天还在吗？现在你应该相信共产党，应该感恩。你已经卸任，事情少一点，现任大喇嘛忙，是不是你出去看一下？"项扎巴松典听后有些心动，但还是疑心重重。他对项培初扎巴说："我还有些事，就不去了，派两个人出看一看，怎么样？"

舅舅的话，项培初扎巴点头表示认同。

穆文富经过几天反复说服动员，苦口婆心地对木里土司和宗教上层头人讲政策，谈形势，联系个人实际，分析藏族人今后的出路和前途。穆文富诚恳地对他们说："汉族家有句老话，叫'识时务者为俊杰'，就是说认清当前的形势而决定要走的道路，才是有作为的聪明人，云南的龙云、卢汉，康定的刘文辉、邦达多吉等就是识时务的聪明人，他们的官比你们大，都和共产党合作了，当了人民政府的领导人，他们都不怕，你们还怕什么？"

1951年3月，大喇嘛终于做出了决定，派小头人扎巴和杨偏初与穆文富等一起到西昌

"看看"。

其时，木里相邻的康定成了解放军进军西藏的后勤大本营，川藏公路的建设热火朝天地进行着。1950年10月21日，解放军一举攻下西藏东部屏障昌都，消灭三分之二的藏军。这些消息不可能不传到木里。再说，马帮来往，亲戚走动，盐源县城距木里边境几十公里，边界把总都会把解放军的消息传到木里当政人物的耳中，西昌驻军首长、盐源领导多次带信，派人传递消息给木里，木里家对外面的形势应该还是有所了解的。因此，木里虽然表面平静，实则人心惶惶，民心不稳。经过穆、龙二人苦口婆心的说服动员，通过王门公的积极工作，大喇嘛家再不能稳起不动了，也应该对西昌军管会有所表示了。项培初扎巴大喇嘛和王门公等商讨后，在木里大寺召开了有僧俗官员200余人参加的会议，经过以王门公为代表的进步力量和落后保守势力之间的反复较量、唇枪舌剑的激烈争论，在年轻大喇嘛项培初扎巴的支持下，终于达成了"服从人民政府，废除33种不合理负担"的重大决议，王门公向世人宣告，"木里王国"政府从现在起，彻底废除"乌拉"差役和33种不合理负担。

容量具冲（左，以玉米计2.75斤）；克（右，20冲为一克，约55斤）　张治壮　提供

木里解放前33种不合理负担，统称为"粮"。分为地粮、金粮、实物三大类。实物"粮"种类名目繁多，民间流传这样的话："天上飞的有粮，地上走的有粮，地上长的有粮，地里埋的有粮。""一根草三份粮，一条猪十一种粮。"

1. 金粮，每户1～2钱。
2. 银粮，每户几两至十两。
3. 拜年，逢年过节，百姓向各寺头人拜年送礼。
4. 卡进，每户交3～9冲粮食、羊一只。
5. 鲁底，寺庙、衙门用茶、盐，向百姓换取数倍价值的粮食和酥油。
6. 酥油粮，每户牧民向寺庙交纳。
7. 猪膘粮，每户向寺庙交纳。
8. 猪腿粮，同上。
9. 香肠粮，同上。
10. 猪肋粮，同上。
11. 麻子粮，每户1～2克。
12. 麻布、毛布粮，每户数尺至数丈。
13. 麻绳粮，每户数根。
14. 皮粮，牧民以户、农民以村每年上交牛羊皮几张。

乌拉（劳役）1924年　　洛克　摄

15. 火硝粮，向大寺交纳。

16. 獐毛粮，每户几到十几斤。

17. 毛粮，每户上交牦牛毛、羊毛几斤。

18. 鸡蛋粮，每年每户几个到数十个。

19. 蜂糖粮，每户几斤至十几斤。

20. 硫黄粮，麦日乡上此粮。

21. 木碗材料粮，送各寺做木碗的木料。

22. 山羊粮，每年宰一只送有关寺庙。

23. 猪粮，向寺庙和主人交纳。

24. 绵羊粮，同上。

25. 卡巴粮，无偿向头人交鸡、马草、马料。

26. 达苏，官员在辖区宰鸡、羊不付钱。

27. 办站，头人出行，沿线百姓负担一切费用。

28. 格车，百姓无偿维修寺庙、官房。

木里大寺　　洛克　摄

29. 派马，沿途向官员提供骑马。
30. 背夫，官员过路，民众无偿搬运行李物品。
31. 揣惹，官员向辖区内摊派自用物品。
32. 碱粮，产碱地每户交几冲天然碱。
33. 土茶粮，产茶地每户一至二背。

木里头人宣布废除33种负担的同时，又承诺在木里境内不藏一逃兵，不匿一土匪。王门公又亲口对穆文富说，木里衙门将于四月份正式行文通知各地官人严格遵照执行，让穆放心，大喇嘛家的话是说一不二的。穆文富高兴地对王门公和项培初扎巴大喇嘛说："我没有白来木里一趟，感谢了！你们看吧，木里以后会更好的！"

在穆文富一行离开的前一天，王门公带着穆文富和龙晴初畅游了宏伟的木里大寺。

大寺周围有"干打垒"的白色围墙，东西墙紧靠南北端各开一门，犹如城堡，有僧兵站岗保护。寺庙中心建筑是大经堂和土司衙门。衙署位于城堡南端一侧，大经堂是一坐北向南、四楼一底的大型藏式建筑。大经堂底层正北设佛龛供奉诸多佛像，佛龛前的供桌上，置有数百盏净水碗和酥油灯，东西靠墙置有高大木质书橱，放置着大量藏文经典和函件，壁上彩绘各种佛像、菩萨、神王和宗教故事，还悬挂有"唐卡"近百幅，有《西

大寺的书橱

大寺藏经橱与金汁和银汁书写的经书　温珠　摄

天极乐世界图》《释迦重返人间图》和《因果轮回图》等。堂内可容纳上千人跌坐诵经。东北角一小屋内，安放一座铜质鎏金印度覆钵式灵塔，内贮六世活佛昂翁降边底列嘉措的"木乃伊"一具。该灵塔1858年前为纯银打造，是年被云南杜文秀军劫走，后由达里门公请工匠用铜打造。经堂顶部采光，使内部更显庄严肃穆。第二层，四面采光，正中八根藏式雕花彩绘大柱承托第三层楼。第三层为说法堂，北面正中设法座，由六十根雕花彩绘的藏式方柱上承斗拱纵横排列，南北采光，东西面置经书橱柜。堂内可跌坐七八百人。第四层、五层为活佛寝殿及储藏间。房顶为木板搭盖的两披硬山屋面，上置铜制鎏金宝顶和幡幢。

大经堂西侧20米处，紧接西墙建有两楼一底的"年降空"（伏魔殿）。大经堂东侧是三楼一底的观音殿，内供奉高至三楼的泥塑千手千眼观音菩萨立像一尊。该殿顶部采光，四壁未开窗户，在三楼上透过栏杆能更清楚地瞻仰佛像，极为庄严肃穆。观音殿东侧是四楼一底的弥勒佛殿，殿内供奉铜质鎏金"甲瓦强巴"（弥勒佛）坐像，佛身着特大的丝织佛衣，跌坐在高一层楼的鎏金铜制大须弥座上，座的四面花纹上镶嵌绿松石、蜜蜡珠、玛瑙、珊瑚珠数千颗。坐佛背面北墙每层开三个小窗，两侧从顶到底各层都开较大的窗户，采光良好，突出了坐像。弥勒殿西南和正南是木里"颇章"（木里土司署），形成一个四合院落。衙署四面底层有一洞西向大门，门厅内置法鼓和土司职衔、肃静等虎头牌。每层都有供人观瞻礼拜的游廊，里面建木制栏杆配以雕花望柱。

甲瓦强巴大铜佛由第四代大喇嘛崔称桑布和三世活佛昂旺衮曲于藏历铁兔年（清康熙四十九年，1711）开工建造。历时三年，于藏历水蛇年（康熙五十一年，1713）四月竣工。佛体内贮第五世班禅罗桑益西所赐释佛以前各佛舍利；各位菩萨的仙骨、仙发，千万声闻弟子、独觉佛阿罗汉法衣；以及柯子、蛇心旃檀等香料；还有奇花异草、红宝石、映青石、蓝宝石、绿松石、蒂亚嘎、猫儿眼、如意金刚钻等宝贝的粉末和碎块，总计20多驮。坐佛与四楼顶齐，高27.5米，用铜十万多公斤，是木里大寺的镇寺之宝。

甲瓦强巴铜佛　　洛克　摄

土司衙署系四楼一底的藏式高楼，第三层设公堂，置土司出行的仪仗和刑具，重大

恢复重建的甲瓦强巴铜佛于2015年底举行开光典礼　杜浩　摄

案件在这里审理。其他为议事室和宿舍，底层为衙署的监狱（俗称"地牢"）。各殿的楼层与土司衙署楼层均可相通，千门百户，有条不紊。

　　大经堂和衙署门前的小平坝，专供活佛和土司出入与举行仪式用。大经堂西面的广场供庙会跳神用。广场周围建有大转经房和转经走廊。转经时口诵"嗡、嘛、呢、叭、咪、吽"六字真言，按顺时针方向转。围墙内靠北最高处建有"曲拉"经堂（僧院和藏经楼），以及半露天的说法场，周围以土墙自成一个院落，是僧众习经和辩经的场所。大经堂以北、曲拉殿以南的大片缓坡地上鳞次栉比地布满了750多户自成院落的僧舍，错落有致，形成街巷。

　　穆文富和龙晴初十分感慨，不住地称赞佛教文化的博大精深，以及建筑艺术的绚丽多彩。穆文富对王门公说："这是你们几百年建设的成果，真是不简单呀。现在我有点明白你们喇嘛王国能独霸一方的秘密了。寺庙有很多宝贝，使我大开眼界。"

　　穆、龙一行任务完成，要回西昌了，木里衙门为他们举行了热情的欢送仪式，衙门官员拿出了好多礼品，送给穆文富的是用红布包着的两根金条，其他人每人二十块大洋，还有许多路上吃的食品。穆文富高兴地对项培初扎巴说：

　　"感谢大喇嘛家的最高礼节，但我们有纪律规定，不能拿地方上东西。"经过再三说服，金条和大洋被退回了，食品被接受了。在途中，小头人扎巴看上了穆文富的大骡子，要用他的劣马和他调换，穆文富很爽快地把大骡子换给了他，这个小头人十分高兴。

第六节

穆文富三进喇嘛山　喝血酒盟誓捉土匪

回到盐源，穆文富向盐源县县长周立志和一八四师副师长陈捷弟汇报了二进木里的工作情况，他抱歉地对陈师长说：

"这次任务没有完成好，只动员了两个小头人出来。"

陈师长风趣地说："你任务完成得好，在一潭死水中钓起两条鱼来，可不容易啊，应该嘉奖你才是。现在来了小头人，以后就有大头人来，大喇嘛来。对不对？"穆文富受到陈师长的表扬，心里也十分高兴。

木里这两个小头人扎巴和杨偏初做梦都没有想到，来到盐源后受到解放军首长和汉人大官们的热诚接待。穆文富看见两个小头人感动得手足无措之时，趁机问他们：

"共产党对你们好不好？"两个小头人异口同声地说："好！""你们愿不愿意把这些情况告诉土司？"他俩说："愿意，只是我们的官职小，不能直接面见土司，但我们可想办法把共产党对我们好的事一级一级地报告到大喇嘛那里去。"

这两个小头人在欣喜之余，向穆文富吐露了一个敌情。说在木里和盐源接界的列瓦，舒把总（"把总"是"木里王国"四大边关大臣的称呼，领姑擦衔，舒把总即是舒源远）那里窝藏有国民党土匪。穆文富马上把这个情况报告了陈师长。陈师长当即决定穆文富再进木里，最好是智取，全歼这股土匪。临回木里时，盐源县政府又送给两个小头人一人一匹马，这两个小头人更是高兴得不得了。

稍做准备，穆文富一行急行军两天又回到了木里，来到热地董把总的官寨。穆文富把舒把总叫来，对他直接说明来意，起初，舒把总吞吞吐吐不肯说出实情。穆再三对他说："包庇土匪是和共产党、人民政府作对，这些土匪都是杀人放火，做了很多坏事的人，你能包庇他们多久？全国都解放了，他们还能逃到什么地方去？会得到什么样的下场？木里大喇嘛家明确向我们承诺，木里不藏国民党一兵一匪，要是事情暴露了，你包庇土匪的罪木里衙门会怎样处罚你，人民政府会怎样处罚你，那只有你自己知道了。"

穆文富给他陈说利害后，他感到事情严重了，才吞吞吐吐地承认了包庇土匪的事。但他提出要和穆文富吃"血酒"才能说出这件事。"喝血酒钻牛皮"是中华人民共和国成立前民族地区交友结义的一种形式，表示同心同德，患难与共，永不反悔。穆文富果断地说："好，我和你喝血酒！"

舒把总对穆文富说："我向你说实话，这帮国民党兵来后，他们送给我好多东西和礼品，还有两支好枪，我很喜欢这两支枪。"穆文富对他说："只要抓住土匪，这两支枪仍然送给你。"舒把总仍然要求吃了血酒才能相信。穆文富爽快地答应了。舒杀了一只鸡，兑好了血酒，发誓说："土匪抓不到，我像鸡儿一样死。"穆说："土匪抓到后，土匪反咬你，我保不起；解放军要整你，两支枪不给你；我像鸡儿一样死。"

"干！""干！"两人痛快地把血酒一饮而尽。

当天，舒把总招来该村的几十个青壮小伙子，准备捉拿土匪。舒对大家说："现在有土匪藏在我们这里，穆文富来帮助我们捉拿土匪，我们不捉，等解放军来捉了，我们就不好说了。"穆文富趁机说："你们大喇嘛家的王门公授权给我，叫我来带领大家捉拿土匪。"

舒把总和穆文富连夜带着几十个青壮人员来到土匪藏匿的岩洞下面，埋伏在路两旁。舒把总爬进岩洞找到土匪头子宋西平，很神秘地对他说，有一个连的解放军朝这边开过来了，这里不安全，需要换一个地方。宋西平信以为真。宋西平收拾好武器弹药和金银细软，带着随从匪众跟着舒把总一起走下山来。刚走进埋伏地点，穆文富一声："上——"小伙子们从路两旁一起跳出来，两人夹持一个，包括土匪头目熊尔识、宋西平在内的14个土匪全部被活捉。一匪兵想拔枪反抗，一个手执青杠棒的小伙子眼疾手快，两棒将他打翻在地，匪徒哎哟哎哟地叫唤着，其余人便不敢轻举妄动，乖乖束手就擒。

在此之前，木里土司衙门早已收到盐源县准备召开第一届第三次各族各界人民代表会议的通知："成立联合政府和少数民族区域自治政府是历史的创举，意义十分重大，邀请木里大喇嘛项培初扎巴出席这次会议。"大喇嘛是"木里王国"的君主，听说要他离境外出开会，这在木里上下引起了极大的震动，大小官员都是顾虑重重，怕到盐源会遭不测。于是，木里对盐源政府的通知仍是不置可否，按兵不动。

活捉了这股土匪，穆文富叫舒把总火速通知大喇嘛家，尽快派人来接收这帮土匪。大喇嘛家得知这一消息，似乎乱了阵脚，失了方寸，丢了颜面，急忙派出一名中层官员苦巴青交，带上30名武装操兵，赶到列瓦，后嫌苦巴青交官位太低，又赶快派门公王佩初取典赶到列瓦舒把总驻地。穆文富见到王门公的到来，心里十分高兴，半开玩笑地对他说：

"这下木里家要出名了，你们不是口口声声地保证木里家境内不会窝藏一个土匪，不藏一个溃兵吗？现在怎么说？"王门公难堪地说："兄弟你看怎么办？"

穆文富笑着对他说：

"怎么办？好办得很。土匪是你们木里家捉到的，你们亲自押到盐源交给人民政府，政府不但不会怪罪你们，还要给你们论功行赏呢！到时你可别忘了我给你们的帮助啊！"

王门公一下就明白了穆文富的好心，给了他面子，把立功受奖的机会让给了木里家。王门公激动地握住穆文富的手连连点头，"卡住，卡住"（谢谢，谢谢）地说个不停。

第七节　王门公押匪送交盐源县政府　项培初扎巴当选盐源副县长

王门公和穆文富押着土匪快到盐源时，穆文富提前去报信，王门公在郊外等候。当时政府领导周立志、张西峰，团参谋长张敏等人都在盐井，听说木里家派人出来了，还把土匪头子活捉了带来，十分高兴，立即组织机关干部、学校师生和居民到郊外夹道欢迎。师生跳起了秧歌舞，场面十分热闹。周立志县长等亲自到接官坪迎接木里人员。到了县政府，烟、糖、茶，盛情相待，紧接着又请木里人员入席就座。热情欢迎的场面，热情真诚的款待，深深感动了王门公和木里一行人。

穆文富对他们说："这下你们相信了吧，当时你们说没有礼物不敢来，你们送几头骡子、几架鹿茸来，解放军不会收你们的，可你们送来土匪，这才是大礼。"王门公等人感动地说："是啊，你说的全是真的！"王门公等人不但受到了高规格的接待和表扬，盐源县政府还赠送了一面"清匪模范"的大红锦旗给木里家。

其时，盐源县第三次各族各界代表会议即将召开，盐源县政府领导和驻军首长当即决定王门公等人直接以木里代表团的身份参加会议。

王门公立马给木里大喇嘛写信，把盐源党、政、军领导和首长如何盛情接待木里人员，活捉土匪立功受奖的情况，一一向木里大喇嘛做了汇报。同时，说他已经被列为盐源联合政府大会的代表，西昌梁政委、盐源县领导和驻军首长希望木里大喇嘛项培初扎巴前来参加会议，同时增加代表人数，再派三大寺官员和农牧民代表参加。项培初扎巴大喇嘛和木里上层人士林甲央、项扎巴松典等人仍是心有顾虑，不敢外出，他们商议后，派出了夺取益西（藏文秘书）、舒源远（把总）、李耀井（汉文师爷）和三大寺的代表（木里大寺姑擦夺取荣品、拉擦嘎绒静村、翁载卓扎巴，瓦尔寨大寺姑擦杨都扎巴、拉擦嘎绒取品、翁载苏郎区，康坞大寺姑擦巴丁列巴、拉擦王郎松典、翁载班刚）以及农民代表30余人参加盐源会议，为显隆重，还派出30人的鼓乐队浩浩荡荡一同来到盐源，组成木里代表团，以壮声威，由王门公担任团长，参加盐源县联合政府成立大会。

在开会期间，盐源政府领导和驻军首长每天都抽时间来到木里代表驻地看望大家并和代表们促膝谈心，耐心细致地宣传党的方针政策，消除他们由于国民党和历代统治者推行的民族压迫政策和实行大汉族主义而带来的恐惧心理。首长把党的各民族一律平等这一政策的和煦春风逐渐吹拂到代表团每个人的心里，吹拂到木里这块边远闭塞的地方。

1951年4月15日，在盐源卫城西门校场坝召开了有7000人参加的盐源县人民联合政府成立庆祝大会。会上，周立志被选为联合政府县长，木里大喇嘛项培初扎巴、盐源彝族头人胡成章被选为副县长，王门公被选为政府常务委员，木里三大寺衙门的姑擦等数名中层官员被选为委员。

这次会议开得很成功，对民族工作影响很大，反响强烈。有许多民族上层人士通过他们的亲身经历和遭遇，在会上揭露和控诉了国民党政府官员敲诈勒索、压迫人民、迫害无辜的劣迹；用自己与共产党干部接触中的许多事实体会，颂扬了解放军官兵、共产党干部全心全意为人民服务的功绩，认识到了过去的汉官与现在的汉官之间的区别，纠正了历来汉官都是对头的思想。他们深有感触地说："过去的汉官整我们，害我们，现在的汉官帮我们。现在的汉官是共产党、毛主席派来救我们的朋友。"并纷纷表示坚决拥护《共同纲领》，拥护党的民族政策，听共产党的话，跟人民政府走。王门公等30多人的木里代表，在十多天的会议内外，通过所见所闻及亲身感受，对共产党的宽广胸怀，对解放军的强大，对党的民族政策又有了进一步的认识。

第八节

参观团外出受礼遇　王门公西昌感隆情

　　代表大会结束后，1951年4月21日盐源县组织了少数民族参观团到西昌参观，胡成章为参观团团长，王门公、喇宝成被指定为副团长。为了动员王门公等人去西昌参观，接受更多教育，穆文富考虑得十分周到细致，因一方面怕王门公有怀疑，误认为我们先把他骗到盐源，然后又骗到西昌以作人质；另一方面怕随行的三大寺人员不听王门公的话。穆文富首先找三大寺人员谈话，问他们这次到盐源有什么感受？他们说，从来没有见过这么好的汉官，过去见汉官要过一堂、二堂，关卡多得很，见面还要给钱，现在的汉官还到远远的地方去迎接我们，还敬烟倒茶，盛情款待，点把点的不是了（再好也没有了）。穆对他们说，这里只是县一级，条件有限，要是到了西昌，那才是不得了的接待啊！不知你们想不想去？那些随行人员个个都争着表示要去。穆文富做通三大寺人员的工作，又去做王门公的工作。王门公说，去是想去，就是没有盘缠钱。穆说，你要去，盘缠钱我负责。他仍有保留地说，要与八司人（随行的三大寺头人）商量一下。王门公找随行人一商议，大家异口同声地说："你说一声，我们就去了。"最后王门公坚持要借300两银子。穆对他说："去西昌吃住不要钱，马草马料公家给，还要钱做啥子？"最后穆还是借给他100两银子，以作为他们购买纪念品和心爱物品之费用。

　　盐源县少数民族参观团一百多人骑着马，浩浩荡荡地向西昌进发。到了西昌，党、政、军领导，机关职工，学校师生及居民从西昌四牌楼列队一直到龙眼井下面迎接，并游行通城。一路上"各民族团结起来！""热烈欢迎盐源县少数民族参观团！"的口号此起彼伏，最后到了专署，文工团又表演了精彩的文艺节目。李守先副专员亲自接待，吃饭、参观都是亲自陪同。王门公十分激动，在钟鼓楼发表了热情洋溢的广播讲话。

　　木里人封闭于大山深处，除王门公等少数几个人到过康定、昆明外，大多数人都是从未出过木里之境，哪吃过这么好吃的饭菜？哪见过这么热闹的排场？哪得过这么高规格的隆重接待？哪受到过这么体面的尊敬？然而喇嘛山的这些僧俗官员却在这里感到宾至如归，也感受到了党、政、军领导及共产党干部对少数民族兄弟的真诚关怀，体验到了各民族大家庭的温暖！

上级的意图是要在木里成立一个藏族自治县，但要做好他们的工作，提高他们的觉悟，启发他们自觉提出，不能由上级生硬地强加于他们。穆文富找到王门公等人开座谈会，说："外面许多少数民族地方都成立了自治政府，木里是一个藏族较多的地方，是不是也成立一个自治政府？"王门公高兴地说："好呀，那怎么向领导提出呢？"穆马上给他们出点子，说："你们向领导要求嘛，就说你们要求成立自治县。"当时他们有些胆小，因为那时木里属于盐源管辖，怕提出成立藏族自治政府会被认为是闹分裂。穆说："不要怕，你们尽管提，说得不对，领导会给你们解释；说得对了，上级会支持你们。"经过多次动员、启发，王门公终于在一次会议上提出了请求地委同意成立木里藏族自治县的提议。梁文英政委马上表态支持他们，说：

"成立自治县是个好事情，专署会大力支持你们，但现在条件还不成熟，需先建立一个筹备委员会，准备建县的各项工作。"

王门公高兴地说："怎样建县，我们不懂，请上级派人到木里帮助我们筹备。"

梁政委说："我们地委和专署研究后，一定派人到木里帮助你们建立藏族自治县。"

1986年重修的苦巴店寺庙

第四章

喇嘛山红旗飘扬　新政权胜利诞生

第一节　西昌代表团初进喇嘛山　木里自治区成立筹委会

　　1951年5月20日，西昌地委、专署组成了20人的特别代表团到木里开展宣传慰问活动。团长是郭代儒（地委"三八式"干部），穆文富任副团长。代表团到达苦巴店时，受到木里各界千余人夹道欢迎，欢迎队伍经过汉文师爷李耀井训练，挥舞着用杜鹃花和松柏枝编成的花环，群众不断高喊"欢迎！欢迎！热烈欢迎！"的口号，有的灵活，有的笨拙，有的汉语吐字不清，但都有发自内心的喜悦感。在苦巴店的经堂前，木里大喇嘛家各种派头都显示出来了，身穿"勇"字服的军乐队"的的哒哒""乒乒乓乓"，使劲地吹着军号和敲打着锣鼓；寺庙的红衣喇嘛乐队也不示弱，吹着海螺、唢呐，敲着锣

西昌代表团到达苦巴店受到热烈欢迎　　张治状　提供

钹皮鼓，两支长约丈余的长号更是气派不凡，由两个小喇嘛抬着，后面两人鼓足丹田之气吹出富有穿透力的"哞——哞——"的长音，震动山野。桑烟缭绕，隆达（经片）纷飞。木里上层人物项培初扎巴、林甲央、项扎巴松典等早早就来到欢迎队伍前面迎接代表团，给每人敬献了哈达和青稞酒。

雕龙绣凤的达里门公私邸别墅　　洛克　摄

苦巴店寺位于现木里大寺与康坞大寺之间的克尔乡境内，寺院坐落在青松茂密、杉林蓊郁的向阳的山坡上，寺下一条小溪泉水叮咚，急湍奔流，汇入木里河里，两岸数十户藏民星星点点地分布在高大的核桃林里，每当旭日初升，白墙金瓦的寺庙和村落一片金黄，异常壮观。

苦巴店寺于公元1805年由第六世木里香根活佛昂翁将别德尼嘉措和扎嘎喇嘛修建。苦巴店寺虽是小寺，但地位特殊，是唯一和木里大寺一样供奉着木里活佛肉身灵塔的寺庙。现在该寺还保存着五世活佛昂翁巴丁嘉措的舍利灵塔和六世活佛昂翁将别德尼嘉措的肉身灵塔。加之，苦巴店寺是木里大喇嘛、活佛转移三大寺必经之地，每次到此都会留宿几日；而且有不少大德高僧、土司大喇嘛在此闭关修行或修造别墅，安度晚年。当时，围绕寺庙经堂形成了一大片富丽堂皇的建筑群体。

第十四代大喇嘛昂旺扎西退位后，在苦巴店修建了非常豪华的私邸定居；达里门公修建了拥有园林水池设施的汉式庭院。水池围栏雕刻有精美的《西游记》故事石刻浮雕；一块石料雕成龙形，龙口里常年流淌清泉，做工精致，造型奇特，令人惊叹不已！1941年，第十七代大喇嘛项扎巴松典，又在苦巴店仿照西藏贵族帕拉仁先生家的官殿式建筑建造了自己的私邸别墅，其富丽堂皇与三大寺衙门有过之而无不及。

洛克对苦巴店建筑称赞道："寺门用好看的乔木和玫瑰花装饰而成，尽管苦巴店是地球上最与世隔绝的地方之一，但是我们来到的房间都是雕梁画栋，十分精美，门窗都有雕刻装饰，这使我们大为惊讶。"

苦巴店选址成为木里县政协诞生地，载入木里史册。

在山下溪水两岸，有闻名遐迩的公母温泉和圣水瀑布。一间别具一格，用水作动力

五世活佛舍利灵塔　　张治状　提供

六世活佛肉身灵塔　　张治状　提供

1895年修建的苦巴店转经堂　　张治状　提供

修葺一新的苦巴店六角转经堂　　张治状　提供

的转经堂矗立东岸。转经堂为十四代大喇嘛昂旺扎西和达里门公于1895年修建。石条砌成六边形墙体，顶覆从千里之外的云南驮运而来的琉璃瓦，整个转经堂呈汉式六角亭式样。转经堂结构坚固，虽历经天灾人祸、百年风雨，依然巍然屹立。

信众到寺院烧香拜佛，又洗温泉圣水，再到转经堂转经，随着经轮一圈圈的转动，把所有功德回向众生，让佛的慈悲和智慧弥满宇宙。

郭代儒所率领的代表团经过与木里各界人士反复协商后，于1951年6月10日至18日在苦巴店召开了有189人参加的各族各界人民代表会议。会上取得了四项丰硕成果：

一、成立了木里藏族自治区（县）筹备委员会，选举项培初扎巴（现任大喇嘛）为主任委员，项扎巴松典（第十七代大喇嘛）、王佩初取典（门公）、林甲央（木里"人种衙门"的八尔老爷）、穆生荣（盐源县委副书记）、穆文富（西昌专区协商委员会副主席）为副主任委员，委员中除30多名上层人士外，西昌代表团团长郭代儒这个资格老、经验丰富的三八式老干部，仅安排为委员之一。他本人认为这是工作需要，从这位老领导、老干部的身上，真正体现了人民利益高于一切的崇高思想境界。

二、订立了《木里三大寺各族人民团结公约》，内容共六条。

1. 在共产党、人民政府领导下，贯彻民族政策；

2. 加强民族团结，建立各族人民平等、互助、互爱、合作的新关系，禁止拉娃子和械斗行为，以协商方式，解决各民族间和民族内部的纠纷，反对目无政府；

3. 废除国民党反动派所规定的乌拉（差役）制度，实行合理的劳役负担；

4. 积极开展农、牧、毛、皮、药材、打猎（尊重地方风俗习惯，禁止在寺庙附近山林内打猎，夏季四、六月内不准打猎，以防冰雹）等生产运动。禁止宰杀耕牛、母牛，保护森林，牧场；

5. 民族之间和民族内部，要互相尊重风俗习惯和宗教信仰的自由；

6. 开展抗美援朝、保家卫国和清匪肃特运动。反对造谣恫吓人民的离间分子，坚决肃清国民党反动派的残余匪徒及一切妨害民族团结的公敌。

三、派出民族宗教上层人士赴内地参观，开阔眼界。

四、培养当地各民族干部，选派一些青年到西昌学习。

由于选派人员一直定不下来，一拖再拖，最后落实了12人到西昌民族干部学校学习，在这批青年中，有的还是土司衙门以派差的方式派来的"学差"。如后来长期担任木里党政领导干部的藏族干部余文学就是地方头人摊派百姓出钱买来的学生（据说给了他家一个银元，多余的部分被头人吃了）。可见当时土司衙门官员是极不愿把自己的子女送出来学习的。这批青年学生在西昌、成都学成回木里后，都成了骨干分子，多数同志走上了领导岗位，肩负起了历史的重任，为建设木里做出了积极的贡献。

在木里藏族自治区（县）筹备委员会成立大会上，活佛甲央旨古、郭代儒、项培初

2012年10月，木里末代土司、首任县长项培初扎巴六十年后重返苦巴店缅怀历史、缅怀故人。左二为项培初扎巴，左一为县政协主席杨克祖，左四为政协副主席陈富荣，中为苦巴店住持

扎巴及藏族代表、汉族代表、苗族代表等都讲了话。

与会者十分积极，这是木里至高无上的上层人物和木里普通百姓第一次坐在一起商讨国家大事。虽然政治体制没有改变，经济利益没有触动，但农牧民代表感到天要变了，地要变了，时代要变了，内心十分的高兴。项培初扎巴等上层人士积极性很高，充分展示了他们在共产党的领导下自己办理木里大事的真诚心理。办什么事，西昌代表团更是依靠他们，凡事都是以建议、协商、帮助的立场出发，使木里上层人士感觉到这是自己办理自己的事情。工作队是认真执行党的民族政策的，是真正来帮助木里家办事的。

代表团在木里整整工作了46天，召开了各种会议30多次，此外，代表团还深入寺庙、乡村，宣传党的政策，发放布施慰问群众。郭代儒、穆文富又亲到木里白碉"人种衙门"拜访了八尔老爷林甲央。穆文富说，这是他第四次进木里，与前几次相比，木里工作有了很大起色，从官员到老百姓，都十分尊重工作队人员，把工作队成员当成木里家的高贵客人。

经过解放军、西昌专署、盐源县政府领导和穆文富等有识之士一年多的艰苦工作，党的政策像和煦的春风吹进了木里山川大地；毛主席的光辉像温暖的阳光慢慢抚慰着木里各族人民的心。生产农具、救济物资也一批批由马帮运进木里，发放到了底层奴隶和穷苦百姓的手中。老百姓憧憬着：好日子快到了。

木里藏族自治区（县）筹备委员会1951年6月18日闭幕后，于6月19日，在苦巴店、康坞、木里大寺等地分别举行了隆重的各有数百人参加的庆祝西藏和平解放的大会。郭代儒、项培初扎巴等都在会上讲了话。过了几天，木里藏族自治区（县）筹备委员会又组织抗美援朝，反对美帝国主义的签名活动。

1951年7月5日，代表团在木里的博瓦召开会议，成功调解了木里八尔家与盐源沙租家之间的冤家械斗纠纷。

这个封闭的"木里王国"，终于向祖国大家庭打开了山门，各项工作将逐步走上社会主义的康庄大道。

代表团在木里的时间虽短，但影响很深，各族人民深感党的民族政策好，衷心拥护共产党。在民族宗教上层人士中，绝大多数人都倾向进步，愿意靠拢党和人民。代表团圆满完成了任务，于七月返回西昌。代表团的工作为以后在木里进一步开展工作奠定了基础。

第二节
筹委会移址康坞寺　王门公碧血溅佛门

木里藏族自治区（县）筹备委员会（以下简称"筹委会"）成立后，筹委会主要负责人都想把办公地点设立到各自所管理的地方去，有人说，瓦尔寨大寺是木里黄教的发源地，也是木里的中心地段，筹委会应设在瓦尔寨大寺；有人说，木里大寺规模最大，喇嘛人数最多，又有桃坝老百姓，筹委会应搬到木里大寺；有人说，筹委会在苦巴店成立的，理所当然，筹委会的驻地应设苦巴店；而以王门公为首的说，苦巴店地势太窄，康坞大寺地势宽，房屋多，距离盐源、西昌近，便于工作联络。最后王门公的意见占了上风，在筹委会主任、大喇嘛项培初扎巴同意下，木里藏族自治区（县）筹备委员会的办公地搬到了康坞大寺。

1948年时的王佩初取典

1951年7月15日，区（县）筹委会在康坞大寺举行了第一次会议，会议做出了三条决定：一是委员必须每天到办公室集体办公，二是对外来携带武器的人员必须检验证明，三是每个大寺派出九人到各地宣传木里各界各族代表会议精神。

谁知筹委会搬到康坞不到两个月，王门公竟遭到反动势力暗杀，为木里流尽了最后一滴血。

王门公，名叫王佩初取典，出生于木里麦地龙乡克多地方的佃班（相当于汉区的乡长）家庭。其家虽然世代任佃班官人，但家境比较贫穷。1912年，王门公出生后，从未享受过好的生活，幼小时就养成了吃苦耐劳的好习惯。七岁时，王门公被送到康坞大寺剃度为僧，受沙弥戒。王佩初取典生活虽然清贫，但学习藏文和佛教经典却十分刻苦，在恪守寺规、尊敬师长、善待教友方面也表现得特别突出，得到了寺庙当权者的赏识和器重，很快就由小喇嘛升任亚因、窝根、联郎天巴等初、中级职位。木里与冕宁县泸宁区（藏族聚居地，当时曾设设治局，相当于县级）与雅砻江一水之隔的倮波，被木里土司衙门视为边界重地，特派王佩初取典到那里担任"绒班"（地方行政首脑，又称官人）。与冕宁倾向进步的藏族青年穆文富过从甚密，曾拜为把兄弟。继后，王佩初取典又擢升康坞衙署"拉布朗"行政办事机构主官"姑擦"。

1945年，33岁的王佩初取典被第十八代大喇嘛项松典取品选为大苏班（大喇嘛管理财政的主要官员，相当于现在的财政局长）。1947年再次升任为"甲萨"，成了"木里王国"仅次于大喇嘛的衙门行政官职（负责处理木里政教合一政权的政治、经济、军事、宗教、外交等各种事务），"王门公"之称谓由此而来。

1948年蒋介石当选第一任总统，王门公率领木里代表团到西昌，向蒋赠送金鞍坐骑，王代表十八代大喇嘛项松典取品晋见伪警备司令贺国光，商讨木里藏区事务。1949年，王门公和大喇嘛项松典取品到康定晋见刘文辉，递交十八代大喇嘛辞呈和推荐项培初扎巴任第十九代大喇嘛的报告，项培初扎巴上任后，又委他为第十九代大喇嘛的第一任门公。

王佩初取典，由于出身贫穷，虽任门公多年，但和普通民众保持着一定的联系，对民众的疾苦深有同情。加上他本人年轻，易于接受新鲜事物。早在倮波任官人期间，就与冕宁的汉人交朋友，对当时的国内形势和解放战争的情况有了一些了解。特别是1949年去康定期间，结识了刘文辉的好友代秀明、进步商人邦达多吉等人。从与这些人的交往中，王逐步认识到共产党必然要统一中国，国民党崩溃已成定局。邦达多吉曾对王说："我虽然很富，但我准备去北京会见共产党的领导人。"1950年春，云南、四川相继解放，对木里影响很大的龙云、刘文辉等人都率部起义，当了共产党的大官，这更进一步影响和推动王门公下决心选择走与共产党合作的革命道路。王门公成了当时木里土司衙门上层集团中不可多得的识时务的"俊杰"。王又当过十八代、十九代木里土司衙门的门公，因此，王门公在上层、中层官员和下层喇嘛中都有很高的威信。

王门公自从与共产党合作后，他的言行完全站到人民一边，成了木里各族劳动人民的代言人和人民利益的保护者，不屈不挠地同反动势力斗争，直至献出自己宝贵的生命。王门公投身革命的时间虽不长，但他为木里人民的解放事业做出了很大的贡献。

王门公这样一个在木里封建农奴统治集团中身居高位的上层官员，为推动木里社会变革、历史进步的努力，在当时的历史条件下，是十分难能可贵的。

王门公在木里解放一年多的时间里，坚决拥护党的方针政策，为了木里各民族人民翻身解放，做了大量的工作，取得了显著成绩，得到木里各族人民的拥护，也受到了党和政府的高度重视和赞扬。但是木里的反动势力，对王门公的进步表现恨之入骨，认为王是投降人民政府的藏族叛徒，出卖了他们的利益，必欲置之死地而后快。因此，他们经过精心策划，重金收买了两名凶手，伺机暗杀王门公。

1951年8月22日上午8时左右，王门公在家里吃过早茶和早饭，和往常一样，步行到区（县）筹备委员会上班。才走出家门100米，埋伏在路坎下的两名凶手突然开枪，王门公背部中弹，立即栽倒在血泊之中。当时，康坞大寺的喇嘛正在念经，听到枪声蜂拥而出，奔向出事地点，把王门公背回家中。

项培初扎巴说，当时他也住在康坞大寺里，吃过早餐，正准备去办公室，听到枪声，他急忙跑出来，看见王门公鲜血如注，把僧袍都浸透了。他感到十分紧张和迷茫。

另一部分喇嘛则四处巡查，捉拿凶手。经查，发现枪弹是从对面劈柴篱笆中打出的，地上还留有凶手的脚印和一颗七九步枪弹壳，而凶手已趁乱逃匿（后调查得知凶手逃跑到西藏去了）。

王门公被刺的地方，正是大寺的安全地区，是王每天必经之地。事件发生前无一点征兆，根本无所防备。事后，大家感到很意外。王门公遇刺后，因伤势严重，既无医生，又无药物抢救，因失血过多而于当日下午二时不幸身亡。青山呜咽，绿水含悲，佛门遭劫，木里藏家的优秀儿子王佩初取典牺牲时年仅39岁。

项培初扎巴立即安排筹备委员会工作人员向西昌专署、盐源县人民政府和木里主要上层人士八尔老爷、活佛甲央旨古、项扎巴松典、章达吉等报告了王门公遇难的情况。

王门公在为木里人民的翻身解放事业中做出的贡献和在民族团结上所做的工作，充分说明了王门公这位"木里王国"的重要官员，在当时木里这样一个特殊时期，发挥了他特殊身份的影响，做了很多大事、好事，起到了别人无可替代的重要作用。在推动木里历史发展、社会进步上，王门公功不可没。王门公是值得我们怀念的为木里解放而光荣献身的进步人士。

谁是刺杀王门公的幕后主谋呢？有何照富和林甲央的一段谈话可供参考：

> 林多次对笔者说，有些人怀疑我支持杀死王门公，其实，我在事前一点也不知道，事后慢慢打听，才知道策划者是夺取益西，他曾对人说过，王门公是一个心术不好的人，他一贯不满八尔家，心存不善。夺指使刺杀王门公的原因有两个，一是对废除三十三种负担不满，二是想当门公。在王门公死后，夺曾找活佛打卦，问菩萨谁当门公好？打卦结果是格弟降初和佩初益西都可以，但

格要年轻精干些，夺取益西马上封锁了活佛打卦结果的消息。怕格当上门公后，自己再无当门公的希望，夺认为佩初益西年老体弱，当门公可能一两年就会辞职下台，到时，夺取益西就有机会当上门公。

王门公牺牲后，木里上层经过一段时间的酝酿，1951年9月17日，正式选举康坞大寺的姑擦佩初益西为新任门公。

1993年3月8日，四川省人民政府以川政（1993）12号文件批准王佩初取典为革命烈士。

第三节
大喇嘛外出参观开眼界
五一节天安门上观盛典

牺牲的王门公，不是被汉人所杀，不是死于解放军的枪下，而是被自己的藏族同胞残忍地杀害了，这对时任大喇嘛、区（县）筹委会主任的项培初扎巴震动很大，他认为，自己虽是现任大喇嘛，但人年轻，根底浅，上任时间短，在政界还差点斤两，因此经常处于忐忑彷徨之中。经过西康省、西昌专署、盐源县领导不断耐心说服和动员，以及康藏地区形势的变化：西藏已签订和平解放协议；解放军十八军已于8月18日下达了向西藏进军的命令，驻甘孜、巴塘、昌都的解放军多路向西藏进军的消息也源源不断传到木里；木里又成立了自治区筹备委员会；木里上层再也不能自我封闭了。此外，担任自治区筹委会主任的项培初扎巴年轻好动，受干扰较少，想到外面去看一看，到底外面的世界有多精彩，恰好这时又接到西昌专署要木里上层人士到外面参观的通知。

1951年9月18日，木里区（县）筹备委员会召开第二次会议，决定由大喇嘛项培初扎巴率项松典取品、夺取益西、李耀井、此称巴丁、鲁绒若巴、甲央春品等七人参加西昌少数民族参观团到北京等地参观。同时决定，项培初扎巴外出参观期间，由八尔老爷林甲央代行大喇嘛职权，处理政教大事，新任门公佩初益西协助办理。

项培初扎巴一行34人，58匹骡马，于1951年9月27日从康坞大寺出发，10月1日下午到达盐井，盐源县宋政委、王政委、周立志县长，蒋团长以及其他首长、各族各界人士到郊外热情迎接。沿途敲锣打鼓，路旁站满了欢迎的人群，好不热闹。10月2日，项培初扎巴一行到了盐源县政府驻地卫城，又受到张局长、王政委、刘团长迎接。盐源县政府设宴款待后，他们受刘团长之邀，到刘团长家作客饮茶。大喇嘛一行深有感触地说，只有在毛主席和人民政府的领导下，各民族才能友好相待，团结和睦啊。

1951年10月3日，王、刘二位首长专门护送木里大喇嘛一行到西昌。盐源出发时，一行56人（包括木里第二批到西昌民干校学习的24名学员在内），60多匹骡马组成的马帮，经过七天的跋涉，于9日下午浩浩荡荡地到达西昌，李守先副专员率各方面的代表到郊区十里的地方迎接，场面极其热闹。前面由腰鼓队导行，木里参观人员都乘坐汽车，缓缓通过欢迎的人群，颜科长、王副科长、穆文富、龙晴初也到前面迎接。

来到西昌的第二天，10月10日，木里参观人员来到专署，受到梁文英专员的热情接待。他首先向大家问好，连声说大家辛苦了。然后，由项培初扎巴汇报了参观外出的准备情况及王门公被刺遇害的经过；并再次提出成立木里自治政府的问题。项松典取品说："见了首长像亲人，到了政府像家庭，共产党好，毛主席亲。"阿纳姑擦说，过去，我们听了土匪、特务很多谣言，顾虑很多，这次出来一看，我的认识改变了，各民族就像一家人一样亲。夺取益西说，今年二月宣布废除负担后，所有经堂的喇嘛生活供应成问题，他们担心今后的生活怎么办。

李副专员对大家提出的问题做了回答，说："木里各位领袖人物初到西昌，应很好接待，但由于工作人员少，接待不周，请多原谅！现在是自己的政府，大家不必客气。过去实行的不合理负担，已经废除，不能恢复，要取信于民。现在，需要根据实际情况，推行一种合理的负担。"梁专员向大家讲了民族政策，建立民族自治县，抗美援朝，开展文化教育和卫生工作等问题。

梁专员讲："我们和少数民族是一家人，大家不要客气，有问题可以随便谈。关于成立自治县的问题，可以同李副专员商量。木里的历次报告我都知道了，成立政府是为木里自己办好自己的事，完成自己的任务。过去，国民党把你们整怕了，对汉人有戒备心，这是不足为奇的。你们还要到雅安、北京等地参观，会见到毛主席。你们会见到、学到很多东西，会真切感悟到汉族人民对你们是亲善的，人民政府是为各族人民利益办事的，你们不要怕说错，不要有怀疑、顾虑，要像对自己家人说话一样，有什么说什么，想什么说什么，你们从明天起就可以在西昌学习、参观了。"

听了梁专员的这一席真诚的话语，项培初扎巴等人感到十分亲切，像父辈的叮嘱，又似长兄的关怀，忐忑不安的心好像才真正落到了实处，隐藏在内心深处那一丝惧怕汉官的历史忧恐才慢慢被徐徐春风拂去，眉头舒展，露出会心的笑容。

10月12日，参观团在西昌参观了面粉厂、邮电局、民干校、水电厂、技专校、贸易公司、飞机场等单位。当时，这些较为一般的工厂设施就使年轻的大喇嘛等好奇不已和大开眼界，增长了见识：木里的那些水磨，一天也只能磨出几十斤麦子还是粗粗拉拉的，面粉厂的磨面机，只见那边小麦放进去，这边一袋袋雪白的面粉就出来了；通过一根线就能听到千里之外的声音，一个个对着邮电局的扩大机话筒唱藏歌，高兴极了。那么大个铁飞机怎么飞上天，不会落下来；电灯线一拉，玻璃瓶里就发出了耀眼的光芒，可比烟雾沉沉的松明火、酥油灯亮多了；在民干校参观了学生住的地方，床上放着新被子，上课的教室里，老师一句一句教木里学员说汉话，一笔一笔地教学生们写拼音和汉字。他们十分亲切。

在参观技专校时，该校师生的接待非常热情，当项培初扎巴和项松典取品两位大喇嘛步入学校园艺场时，被激情的工友们抬起来抛上跌下，十分亲热。双方还在校园里唱歌跳舞，交流感情，给每个参观的人都留下了很好的印象。

10月16日，项培初扎巴一行参观民贸和百货公司，看到木里的供应物资大多数是这两个公司调进来的，大喇嘛高兴地给两个公司分别以藏汉文题词："改善人民生活，繁荣地方经济""联系群众，交流物资"。

在参观地委、专署、军分区、五五一团、民干校等单位时，项培初扎巴一行不但听取了这些单位发展变化的报告、赴朝慰问团丁队长所做的精彩报告，还先后出席了专为木里代表团举行的招待会。项培初扎巴等木里统治者心里慢慢明白，现在的汉人和过去的汉人的确不一样！

在西昌参观结束后，李副专员和项培初扎巴研究决定：项本人和项松典取品、夺取益西、杨丽生、李耀井、阿纳巴丁、鲁绒若巴、甲央春品，随行人员董开央、木苏八若巴、桃要等十人，到雅安、成都参观，其余22人返回木里。

11月5日，木里参观团到达越西县，县长果基木达等人，按照彝族习惯率众热情地欢迎项培初扎巴一行。旅途中，沿途群众看到身着藏装的大喇嘛一行，都是笑脸相迎，表现出对藏族人民的友好和亲善。大家深有感触地说：只有在共产党、毛主席领导下，藏族人民才有今天这样受人尊敬！

经过十四天的行程，项培初扎巴一行于11月13日到达雅安，受到省政府马处长、杨秘书长、统战部胡科长的欢迎。杨秘书长说：

"你们远道而来，一路上很辛苦，大家先休息几天，然后到工厂、学校参观。廖主席和各位副主席都到重庆开会去了，要过些天才回来。"杨秘书长在和木里参观人员交谈中，详细了解木里的情况，并询问了王门公遇害的情形。杨秘书长说："王门公在地方上工作积极，匪特不让木里的工作办好，所以先把他杀了，居心是不好的，你们既然用心缉拿凶手，这是对的，希望努力，务将凶手捉拿归案法办，为王门公报仇。对王门公的亲属，要妥善照顾，勿使生活上受到困难。省政府发给王门公治丧费二百万元（折人民币二百元）。"

11月19日，木里参观人员来到省委会客室，受到许多首长的欢迎，秦力生副秘书长说：

"木里参观团来了几天了，没有很好接待，没有时间见面，请原谅。大家来到雅安很好，雅安小，没有什么可看的，到了重庆、北京，就可以看到更多的新东西、新事物和祖国的伟大。现在廖主席还在重庆，他回来后，就可以决定外出参观的事了，请大家好好休息。"接着秦秘书长讲了西康的和平解放、少数民族的地位、西康一年来的巨大变化等。听着秦秘书长的讲话，项培初扎巴心里想象着廖主席的模样，萌发了想尽快见到西康省最大长官的愿望。项培初扎巴对秦秘书长说：

"过去受国民党压迫，我们不敢外出，什么也没见过，今天毛主席解放了我们，民族政策伟大，我们也成了主人。这次出来沿途都受到各级各部门的热情接待，到处都把我们当客人、亲人，这在以前做梦都不敢想的。到了雅安把我们当贵宾对待，心中太激动了，希望多帮助指教，让我们也进步起来，我们决心把参观中学到的一切带给木里各族人民。"

1951年12月12日，廖志高主席接见了木里参观人员，木里向廖主席汇报了工作情况。廖主席告诉大家明天就去成都，参加西南少数民族参观团，一起去北京等八大城市参观，希望大家认真学习，并祝贺大家沿途平安，取得更大的收获。

西南少数民族参观团，于12月13日抵达成都，在成都50天，参观了西南民族学院、四川大学、华西医学院、川西人民图书馆、血清制造厂、农业实验所、裕华纱厂、凤凰山飞机场等。

成都这座历史名城，文化古都，无论是建筑规模、城市设计，还是商旅往来的繁华程度，均胜过西昌、雅安数倍，学校、影院、工厂等先进设施，更不是从未出过家门的年轻大喇嘛所能想象的。在西南参观团中，还有甘孜、阿坝、昌都等地活佛、土司头人等，大家在一起又增加了许多话题和共同语言，相互传递了各地的建设步伐和不同情况，但有一个共同点，就是大家感觉到共产党的伟大，党的民族政策好，祖国地大物博，文化悠久。

1952年3月，西南少数民族参观团到达重庆后，受到西南军政委员会邓小平、贺龙两位领导的接见。重庆广播电台到参观团采访，项培初扎巴大喇嘛应邀发表了讲话，主要内容是：

> 过去国民党反动派推行大汉族主义，实行民族压迫，造成我们各民族同胞之间互相敌视和仇杀，双方都损失了很多生命财产，使各民族人民日益贫困。少数民族害怕国民党，永远藏于高山密林之中，文化落后，交通不便，生产不发展，生活很困苦，特别是在政治上不平等。现在毛主席、共产党、朱总司令和解放军解放了全国大陆，也解放了我们，把我们几万木里人民从水深火热中救了出来。一年多来，木里发生了很大变化，在西昌专区的领导下，正在筹建木里自治政府，让我们自己起来办理自己的事情。由于我们文化落后，工作无经验，这次出来向中央和各级首长表示感谢，向广大的各族同胞表示慰问！并深刻地了解伟大祖国和解放后新的一切建设，更虚心地向各族各界学习并收集各地区的宝贵经验。这次参观所到之处，都受到各族各界的热烈欢迎，竭诚爱护。我们从西昌到雅安的途中，碰见彝族同胞，他们对我们都很亲切地说："你们木里的藏族同胞也来了，好极了！如果没有毛主席，那我们今天不会见面的。"说完拉着我们的手就一起去喝团结酒。沿途的农协会也对我们十分照顾。到了雅安，廖主席和许多首长对我们非常关心和爱护，使我们感到像回到家里一样亲切，现在和过去不同了，说明共产党英明伟大！现在我们落后的地区已逐步开始建设了，以交通上说，雅安到德格的公路已经修通了，雅安到西

昌的公路已正在修建中。共产党和毛主席关心我们落后地区，汉族老大哥帮助我们，我们从心里感到高兴。我们要感谢共产党，感谢毛主席，感谢政府，感谢各族人民对我们的关心和爱护！感谢重庆人民、重庆广播电台对我们关心和爱护！最后祝大家万事如意，扎西得勒！

项培初扎巴一行乘江汉轮到武汉，随后又到南京、上海、天津、北京参观。在上海受到陈毅市长的亲切接见。令项培初扎巴大喇嘛万分激动并永世难忘的是：在北京朱总司令接见四川代表团的宴会上，当毛主席、周总理端着酒杯，亲切地来到席前举杯向大家祝酒时，年轻的大喇嘛项培初扎巴内心感到十分震撼，心想，自己虽是木里的一个土司，可还是一个十七岁的孩子，能见到中国最高领导人，能和毛主席、周总理、朱德总司令碰杯喝酒，那是我项培初扎巴多大的荣幸和福气啊，可能好多官比我大的人都没有我这样的幸运和福气吧！

1952年"五一"节，项培初扎巴在北京荣幸地参加了观礼团，再次见到了毛主席和其他中央领导，在天安门观礼台上，看到首都庆祝"五一"的游行盛况，全体参观人员深受鼓舞。经过参观，大家认识到祖国伟大，土地广大，人口众多，物产丰富，各种建设欣欣向荣，民族政策无比正确，大家纷纷表示要努力清匪肃特，解决民族纠纷，消除怕汉人的心理，加强僧俗人民和各族人民的团结；要贯彻政治上一律平等，当家做主的政策，争取早日建立木里自治政府；不听谣言，严禁烟毒，发展生产，使民族地区逐步富裕起来。

这次参观，1951年9月27日从木里出发，到1952年7月3日平安地返回康坞大寺，参观时间长达9个月零6天。为了欢迎项培初扎巴一行平安回到木里，木里筹备委员会在康坞了举行了三天的欢迎会和座谈会，项培初扎巴、项松典取品和夺取益西等分别传达了参观的盛况和各级领导对木里的希望。在传达中，项培初扎巴深有感触地说：

"经过参观，我们肉体没有变化，内心和头脑发生很大的变化，出发时和回来时相比较，在思想上有许多不同的看法。"

这次参观，使木里几位主要上层人士开了眼界，消除了民族隔阂，增进了团结。对祖国的伟大，国防力量的强大，共产党的英明，民族政策的正确等，都有了进一步的认识，为以后开展木里各项工作奠定了基础。

木里代表团到西昌受到党、政、军领导和群众热烈欢迎
木里县档案馆　提供

第四节
西昌木里工作队进驻木里
各族各界积极筹建代表会

周立志南下时留影　　其子贾宝山　提供

经过两年多派进来和请出去的工作，木里已有57人到外地进行了参观访问和开会学习，有37名学员外出学习并陆续回到木里。党的民族政策、民族区域自治政策，被越来越多的人所接受和了解，并成立了木里藏族自治区（县）筹备委员会。

西康省委书记廖志高说：木里废除各种负担，步子跨得很大，震动也大，解决不好，出现大的反复势必对我省藏区工作乃至西藏工作产生不利影响，因此搞好木里工作，一定要有全局观念。为了稳定木里局势，逐步开展木里工作，防止王门公事件的再次发生，西昌地委经请示西康省委批准，西康省人民政府于1952年7月10日发了省民政（52）2000号文件，转发中央人民政府政务院批发，发文政字第44号文件，调整西昌专区"盐源县属木里藏族聚居区，划为县级的木里藏族自治区，自治区人民政府设木里"的批复。西昌专区于1952年8月下旬组成了以周立志为队长的西昌专区木里工作队。

木里工作队采取少而精的策略，分批进入木里。第一批工作队由18人组成，其中县级工作人员3人，区级和相当区级工作人员9人，一般干部6人。

他们是：周立志、张西峰、张文奎、闫复俊、陈志杰、赵刍生、湛志贤、张李祥、吴绍藩、幸世泽、胡天寿、谢志厚、郑富春、李林、刘克荣、刘天仲、许进、崔振铎、张正副等同志。

1952年10月29日下午4时，工作队到达康坞大寺。只见四周山峰高耸，密林如黛，阳光斜照，白墙金顶的康坞寺在莲花山腰熠熠生辉，流泉潺潺，绿草茵茵，和风拂煦，野花灿烂。牦牛、绵羊，马匹在悠闲啃食或嬉戏打乐……

在一片草地上，寺庙喇嘛焚香列队欢迎工作队，在礼炮轰鸣、法号齐奏的气氛中，寺庙住持喇嘛向每个工作队队员敬献了哈达和青稞酒后，被迎进了下榻之处。在迎接工作队的地方，也正是当年国民党李总监枪杀米吉活佛、劫持项扎巴松典的地方。

工作队进入木里后，贯彻了"团结上层，深入发动下层，培养民族干部，发展农业生产"的方针，坚持加强学习，提高政策水平，做到稳步前进，发现问题协商解决的工作方法。为了消除上层人士的各种顾虑，队长周立志亲自到白碉八尔地登门拜访了八尔老爷林甲央和项培初扎巴的母亲朗降拉初，到瓦尔寨大寺拜访了活佛甲央旨古和其他民族上层人士，召开各种座谈会宣传党的方针、政策，请他们亲自出面工作，工作队只起协助他们的作用。在宣传政策，揭露谣言，消除顾虑，取得上层同意后，请项培初扎巴陪同，周立志带领工作队和回木里的民干校学员再次深入到各大寺开展宣传工作。在三

木里工作队在西昌合影。从左至右：前排 徐来友 杨佑全 马秀芬 杨时杰 闫复俊 梁国保（盐源干部）；二排 张正副 谌志贤 李林 周立志 张西峰 张文奎；三排 杨忠和 赵刍生 刘天仲 刘克荣 文德典 袁启明 何祥海（盐源干部） 张□辉（注：西昌木里工作队来到盐源，重新进行了组合，把女同志留下，在盐源工作的杜锦田、许进直接进入工作队，没有参加上图合影，现健在的有：闫复俊，2013年时已99岁高龄，现住成都；杜锦田，84岁，住西昌；许进，82岁，住西昌。刘天仲在攀枝花，张正副，82岁，住西昌） 木里县档案馆 提供

个大寺分别召开了"八司人"座谈会和全体喇嘛座谈会，着重宣传党的民族政策和宗教信仰政策。

经过充分协商，于1952年11月1日，对县筹备委员会组成人员进行了调整，为便于就地工作，增补林甲央、甲央旨古、项扎巴松典、项松典取品、周立志为副主任，免去原筹备委员会副主任穆生荣、穆文富及西昌、盐源各委员的职务，吸收其他少数民族和有威望的人士参加筹备委员会。

为了表示木里工作队到木里后为人民办好事，木里工作队发放一批寒衣，帮助木里各族人民过好1952年的冬天，由省政府发来寒衣布2783.5匹。三个区平均分配，每个区分得927.5匹，由各区上层人士和工作队人员、民干校学员和农村公正人士共同协商，分发给有劳力而无衣裤的各族群众，以及鳏、寡、孤、独户。发放后要求得衣者出收据，然后逐级上报。发放寒衣要求实行各民族一律平等，严禁分民族、徇私情、贪污和偷盗行为发生。

1952年11月14日至19日，阳光普照，秋林溢彩。区（县）筹备委员会扩大会议在苦巴店胜利召开。参加会议的有活佛甲央旨古、八尔老爷林甲央、现任大喇嘛项培初扎巴、卸任大喇嘛项扎巴松典、项松典取品、原木里衙门官员章达吉、韩甲央、阿娘次里、三大寺的姑擦、拉擦，西昌专区木里工作队全体成员，民干校的部分人员，还有各方面的代表共167人。会议开得十分成功，取得了积极成果，解决了三个重大问题：

（一）协商木里政协组成人员。

（二）提出木里藏族自治区（县级）人民政府组成人员建议名单。

（三）审查批准各区提出的筹备委员会名单。

县级的木里藏族自治区政协委员会由十七人组成：

名誉主席 甲央旨古（活佛）

主　　席 林甲央（八尔老爷）

副主席 周立志（木里工作队长）、项扎巴松典（卸任大喇嘛、中将司令官）、韩甲央（卸任门公）、格弟将初（姑擦）。

委　　员 张达吉（姑擦）、德邦松典（姑擦）、佩初取之里（姑擦）、夺取荣品（拉擦）、鲁绒格登（小仲衣）、格弟松典（拉擦）、胡金姆（彝族）、祝六五斤（彝族）、杨兆（苗族）、顾红什两（傈僳族）。

秘　　书 杨丽生（纳西族，土司衙门汉文秘书）

县级的木里藏族自治区人民政府组成人员名单由二十人组成：

县　　长 项培初扎巴（现任大喇嘛）

副县长 甲央旨古（活佛）、周立志、项松典取品（卸任大喇嘛）、佩初益西（现任门公）、夺取益西（大仲衣）。

委　员　次称巴丁（姑擦）、鲁若绒巴（姑擦）、甲央春品（姑擦）、敖五良登（大苏班）、苟若甲且（拉擦）、提勒巴丁（拉擦）、杨丽生（师爷）、李耀井（师爷）、韩福荣（苗族）、米阿达子（彝族）、倮伍良登（彝族）、姚荣贤（工作队）、张文奎（工作队）、王长喜（壮族）。

木里第一次放电影。

当晚，在苦巴店经堂的院坝里放映了木里县有史以来的第一场电影，据当时西昌专署电影公司放映队队长杨桂余同志讲述、周命藻所记录的文章，可见当时之盛况：

> 电影公司派我们随同祝贺团到木里完成放映电影的任务。
>
> 木里是一个神秘的地方，当我们接受任务后，都激动不已。放映队由张荣光、郭吉武、陈德华和我组成。上级发给我们一人一条毛巾、一个口杯、一件棉衣。12月9日，由李守先副专员、李逸秘书长、穆文富科长带领我们从西昌出发。经过六天的徒步跋涉，到达盐源，又经过六天翻山越岭才来到木里首届一次各族各界会议和首届政治协商会议地——苦巴店。这里聚集着300名代表和无数群众，寺庙显得空前热闹。晚间，放了第一部电影《中国人民的胜利》，观众达五六百人，把原本空旷的广场挤得满满的。
>
> 放映前，有胆大又好奇的人摸摸电线，又摸一下机器。当机器发出轰鸣声，耀眼的电灯亮了，他们顿时惊呆了，有的想逃离机器和银幕远一点，但人太挤，跌倒在人群里，发出一阵哄笑。有人说："电影队的箱子里，有菩萨也有鬼，有好人也有坏人，有飞机、枪炮。这些都是听放电影的人指挥，想放就放，想关就关。"因此对放电影的人特别尊敬和惧怕，说他是能捉放鬼神的人。
>
> 一个藏族老阿普左手捏着佛珠，右手翘起大拇指，用十分钦佩的口吻对我说："我活了几十年，从来没见过这么神秘的东西啊！"
>
> 看了打仗的电影，有人会到银幕前后去找子弹壳。看见坦克开来，生怕压着，急忙避让等滑稽又可笑的事。
>
> 苦巴店会议结束后，电影队又到农村巡回放映。每到一地，群众都是从很远的地方赶来，有的人骑着骏马，带来帐篷，带着口粮，在电影队驻地附近"安营扎寨"等候看电影，有的人家路途太远，提前赶来等了两三天才看成一场电影。这说明群众喜欢电影，电影也离不开群众。

在政协成立前后，个别宗教上层人士以喇嘛生活困难为借口，企图扇动喇嘛闹事，要求恢复33种负担。工作队邀请活佛、上层人士、佛教代表等经过多次的座谈和商谈，一致认为，已废除的33种不合理负担，不能恢复。喇嘛们也的确存在生活困难的实际情况，请求政府适当补助，解决佛教人士的口粮问题。全县三大寺十八个小寺，共有喇嘛1141个，每个喇嘛每年补助粮食12克（以玉米为标准，一克约50斤），全年补助粮食13692克。对于13名主要上层人物，则根据实际情况给予补助照顾，全年共补助粮食2240克，其中，甲央旨古360克，林甲央200克，项培初扎巴320克，项扎巴松典300克，佩初益西、夺取益西、韩甲央、格弟甲初、丁争取品各100克，李耀井、杨丽生各50克。这样，一方面击破了少数中上层企图闹事，恢复已废除33种不合理负担的阴谋；另一方面保证了宗教界人士的正常生活，稳定了上层人士和众喇嘛的情绪。同时，也显示了共产党民族宗教政策的正确，使寺僧感到党和政府是关心广大宗教界人士的。

木里民族主要上层人士得到了妥善安置，众喇嘛的生活有了保障，这就为巩固废除各种不合理负担的决议的贯彻和执行赢得了时间。

第五节 活佛心郁不愿参会任领导 专员耐心亲赴康坞拜香根

由于从西昌学习回木里的个别工作队员工作中急躁冒进，方法简单，在活佛面前说话做事显得大大咧咧，对活佛不够尊重，活佛感到失了面子，因此，在政协成立前夕，活佛带信给李守先副专员，说自己不愿担任政治协商会议的领导职务。

为了做好活佛甲央旨古不愿参政任职的思想工作，李守先又于12月14日，带着礼品专程到康坞大寺拜会甲央旨古。

甲央旨古活佛出身低微，长在民间，对民间生活、众生疾苦有一定了解，所以特别崇尚六世达赖仓央嘉措。他和大喇嘛项扎巴松典到西藏朝觐期间在街头地摊得到一本六世活佛仓央嘉措手抄本藏文诗集，他如获至宝，爱不释手，回木里后时常沐浴焚香深情诵读，常被感动得热泪盈眶。李专员来到康坞大寺时，他正在朗诵六世活佛仓央嘉措的诗：

那一天，
我闭目在经殿的香雾中，
蓦然听见你诵经中的真言；

那一月，
我摇动所有的经筒，
不为超度，
只为触摸你的指尖；

那一年，
磕长头匍匐在山路，
不为觐见，

只为贴着你的温暖；

那一世，
转山转水转佛塔，
不为修来世，
只为途中与你相见；

那一月，
我转动所有转经筒，
不为超度，
只为接触你的指纹。

那一年，磕长头拥抱尘埃，
不为觐见，
只为拥抱你的温暖；

那一世，我细翻遍十万大山，
不为修来世，
只为路中能与你相遇；

只是，就在那一夜，我忘却了所有，
抛却了信仰，舍弃了轮回，
只为，那曾在佛前哭泣的玫瑰，
早已失去旧日的光泽。

我问佛：为何不给所有女子羞花闭月的容颜？
佛曰：那只是昙花的一现，用来蒙蔽世俗的眼。
没有什么美可以抵过一颗纯净仁爱的心，
我把它赐给每一个女子，
可有人让它蒙上了灰。

我问佛：世间为何有那么多遗憾？
佛曰：这是一个婆婆世界，婆婆即遗憾。

没有遗憾，给你再多幸福也不会体会快乐。

我问佛：如何让人们的心不再感到孤单？
佛曰：每一颗心生来就是孤单而残缺的。
多数带着这种残缺度过一生，
只因能使它圆满的与另一半相遇时
不是疏忽错过，就是已失去了拥有它的资格。

我问佛：如果遇到了可以爱的人，却又怕不能把握该怎么办？
佛曰：留人间多少爱，迎浮世千重变。
和有情人，做快乐事，
别问是劫是缘。

我问佛：如何才能如你般睿智？
佛曰：佛是过来人，人是未来佛，佛把世间万物分为十界：佛，菩萨，声闻，缘觉，天，阿修罗，人，畜生，饿鬼，地狱；
天，阿修罗，人，畜生，饿鬼，地狱，为六道众生；
六道众生要经历因果轮回，从中体验痛苦。
在体验痛苦的过程中，只有参透生命的真谛，才能得到永生。
凤凰，涅槃。

佛曰，人生有八苦：生，老，病，死，爱别离，怨长久，求不得，放不下。
佛曰：命由己造，相由心生，世间万物皆是化相，心不动，万物皆不动，心不变，万物皆不变。
佛曰：坐亦禅，行亦禅，一花一世界，一叶一如来，春来花自青，秋至叶飘零，无穷般若心自在，语默动静体自然。

佛说：万法皆生，皆系缘分，偶然的相遇，蓦然的回首，注定彼此的一生，只为眼光交汇的刹那。
缘起即灭，缘生已空。

我也曾如你般天真，

佛门中说一个人悟道有三阶段："勘破、放下、自在。"
的确，一个人必须要放下，才能得到自在。

我问佛：为什么总是在我悲伤的时候下雪？
佛说：冬天就要过去，留点记忆。

我问佛：为什么每次下雪都是我不在意的夜晚？
佛说：不经意的时候人们总会错过很多真正的美丽。

我问佛：那过几天还下不下雪？
佛说：不要只盯着这个季节，错过了今冬。

见与不见

你见，或者不见我
我就在那里
不悲不喜

你念，或者不念我
情就在那里
不来不去

你爱，或者不爱我
爱就在那里
不增不减

你跟，或者不跟我
我的手就在你手里
不舍不弃
来我的怀里
或者
让我住进你的心里

默然　相爱

寂静　欢喜

从那东方山顶

升起皎洁月亮

未嫁少女的面容

时时浮现我心上

去年种的青苗

今年已成秸束

少年忽然衰老

身比南弓①还弯

我那心爱的人儿

如做我终身伴侣

就像从大海底下

捞上来一件珍宝相似

面对大德喇嘛

恳求指点明路

可心儿不由自主

又跑到情人去处

默想的喇嘛面孔

很难来到心上

不想的情人容颜

心中却明明亮亮

想她想得放不下

如果这样去修法

---

①南弓：西藏南部制造的弓。

在今生此世
就会成个佛啦

问问倾心爱慕的人儿：
愿否做亲密的伴侣？
答道：除非死别，
活着永不分离！

　　黄昏去会情人，黎明大雪飞扬，莫说瞒与不瞒，脚印已留雪上。……喇嘛仓央嘉措，别怪他风流浪荡，他所追寻的，和我们没有两样。

……

……

　　相传仓央嘉措在入选达赖前，在家乡有一位美貌聪明的意中人，他们终日相伴，耕作放牧，青梅竹马，恩爱至深。仓央嘉措十五岁进入布达故宫后，他厌倦深宫内单调而刻板的黄教领袖生活，时时怀念着民间多彩的生活和习俗，思恋着美丽的情人。他不顾宫规，经常微服夜出，与情人相会，追求浪漫的爱情生活。有一天下大雪，清早起来，铁棒喇嘛发现雪地上有人外出的脚印，便顺着脚印寻觅，最后脚印进入了仓央嘉措的寝宫。随后铁棒喇嘛用严刑处置了仓央嘉措的贴身喇嘛，还派人把他的情人处死，采取严厉措施，还把仓央嘉措幽闭起来。

　　藏族人民虽然是最虔诚的佛教徒，可是他们内心最感亲近的达赖，据说就是这位在布达拉宫唯一没有灵塔的仓央嘉措。他们之所以如此崇拜这位年仅二十四岁就遭政治人物谋害的少年喇嘛，就因为少年喇嘛的情诗表达了他们对人生的热爱和理解。

　　六世达赖仓央嘉措以"耽于酒色，不守清规"、是"假达赖"，由拉藏汗呈报清帝，请予"废立"。

　　康熙帝出于对西藏地区安定的需要，同意将仓央嘉措"执献京师"。仓央嘉措被解送北京的消息传出后，在西藏引起了极大的震动。当押送仓央嘉措的蒙古兵路过哲蚌寺时，被早已埋伏的一群武装喇嘛突然袭击，六世达赖被抢上山，安置在寺内。蒙古兵与喇嘛激战三昼夜，双方死伤惨重。为了不让更多喇嘛惨死伤亡，不让哲蚌古寺为兵祸而毁，六世达赖自出受缚。火狗年（1706），仓央嘉措被"押送"北京途中，据说行至青海今纳木措湖时中夜遁去，不知所终，时年二十四岁。

　　甲央旨古正沉浸在对这位才华横溢的六世达赖深切怀念和同情之时，寺外喇嘛传来了李专员拜访的通报声。

　　李专员首先向活佛送上哈达和礼品，活佛将哈达回赠给李专员，然后双方亲切握手。在活佛的寝宫里，李专员看见活佛两眼红红的，忍不住问他，是不是有什么伤心的事？活佛笑着说："没有，我是被六世活佛仓央嘉措的诗歌感动的。"说着拿出一本陈旧的藏文手抄书本，介绍了六世活佛的身世和悲惨结局。

李专员说："藏族文化博大精深，藏族人民聪明善良，出过很多学者和能人志士，值得我们学习。可惜我不懂藏文，否则我会借来欣赏拜读。你也是藏族家的饱学之士，难得的人才，听说你会作画，会干木匠活，还会鞣制皮革，藏文水平又这么高，真是多才多艺！"

活佛谦虚地笑着说："哪里，哪里，李专员，你真是抬举我了。"活佛嘴里谦虚，但心里很是受用。

李专员还参观了活佛的书房。一进门，正面墙上挂着一幅十分精致的释迦牟尼乘坐白象的唐卡画，左右两壁立着古色古香的两个大书橱，放着很多藏文经书。活佛从一个描金红木匣里拿出几本经书。李专员一打开，只见金光四溢，感觉经书非常珍贵。活佛说，这是用金粉书写的《丹珠尔》，30本用了黄金500两，是木里大寺的镇寺之宝，我这是借来学习的。李专员不住赞叹："不简单，这是国宝啊！"

宽大的书案上放着藏家专有的文房四宝：靠壁高高地累着一叠名贵的藏族京东纸，据说这种纸很考究，以一种"阿胶如交"的植物原料制成，纸呈乳黄色，光洁细腻，纸质坚韧，经久不坏，是衙门和有钱人家印制经书和契约的高级纸张，也是西藏印制钞票的专用纸。另外还有几刀木里东朗造纸户专为木里衙门生产的东朗纸，这种纸有铜钱厚，韧性好，纸面都用卵石磨得光洁滑润，再刷上生漆防潮，书写的经书可保存多年不坏。墙上一块条形木板上，挂着从大到小七八支竹笔，是活佛自己精心制作的。藏族学者十分重视竹笔，认为它是文殊菩萨的"智慧之剑"的象征。竹笔长约15厘米，每笔都有一至二个节，有节则为吉利，意为专书人间智慧和光明，反之则不吉利。挑选生长三年的箭竹，削片风干后，在牛骨髓油或在酥油里浸润数十天，然后再经微火反复烘烤，待竹片黄中透红时，再削制成笔尖有一缝、能蓄墨的鸭嘴笔。这种笔经久耐用，书写时舒滑流畅，不起毛边。活佛使用的墨是藏家最高级的酥油灯花墨，乃酥油灯花和树胶制成，其中还加了名贵的麝香、珍珠粉、香料，活佛的墨瓶一打开，就有一股淡淡的幽香和树的清香味，书写后颜色长期不褪。活佛的三个墨瓶更是不可多得的艺术品。一个是葫芦形，拳头大小的碧绿茵茵的玉瓶，是正宗的缅甸玉打造；一个是纯银打造成铃铛状的银瓶，瓶周用金线编织，镶嵌有三个红玛瑙，十分高雅清新；还有一个比小茶碗略高的玛瑙碗，红润透明，碗边和碗脚用金线编织，珠圆玉润，金光闪闪。

李专员为提高活佛的兴致，邀请活佛为他书写一幅藏文书法作品。活佛欣然应允。

小喇嘛为他打开玛瑙碗，倒了点酒在里面，用一根象牙签把酥油花墨搅拌均匀，选了一张乳黄色的京东纸铺在书案上，拿一个珊瑚石镇纸压在上方。活佛脱去长僧袍，穿着红绒偏襟袄，选了一支大号竹笔，略思片刻，在纸上舒缓地写上"坐亦禅，行亦禅，一花一世界，一叶一如来"。上款用小竹笔写上"敬请李专员雅正"，落款为"藏历金兔年甲央旨古"。字体苍劲古朴，端庄俊逸。活佛说这是六世达赖仓央嘉措的诗句，并用汉话翻译一遍，即是"在一粒沙子中看世界，在一朵野花中见天堂"。李专员连声赞扬说："好诗！好字！"

活佛客气地请李专员也写上一幅，为寺庙留下墨宝。李专员谦虚地说："我在你面前可真是班门弄斧了。虽会涂鸦几笔，但用不来竹笔啊！这里有毛笔吗？"

活佛说："有，有。"李耀井、杨丽生两位汉文师爷用的毛笔每个大寺都有。一会儿，一个小喇嘛下楼去拿来大大小小一大把毛笔来。李专员选了一支中号湖笔拿在手上，沉思片刻，说："那就献丑了。"他用行书写下了"佛音绵长，普度众生；劬劳为民，建设藏乡"。稍停，又写上款：敬请活佛甲央旨古斧正，落款为：辛卯年冬月，于木里康坞大寺甲央旨古活佛宝宅，李守先书。字体珠圆玉润，不但有王羲之《兰亭序》的韵味，亦有军人铁画银勾的豪放俊朗之气。活佛诚挚地说："我不懂汉文书法，但我觉得好。有劲有趣！"

小僧端来酥油茶、糌粑、奶酪等食品，活佛恭请李专员共进午餐。

在摆谈中，李专员笑着对活佛说："我们汉族的祖先讲，对国家要忠，对老人要孝，对朋友要诚，对年幼者要爱护。请问藏传佛教倡导做人基本宗旨是什么？"

活佛说：

"'慈悲待人，智慧做事'，'善'是道德的核心，主张在人际交往中以慈悲、利他、宽容为原则，善待他人，扬善报恩。善有善报，恶有恶报，强调六道轮回，劝人积德向善。'智慧'是理想人格的基础，一要博学，二要有正确的判断能力，三要行事有主张和远见，四要具备自我反省的态度。"

李专员听后连连点头称好。

活佛意犹未尽地又说道：

"佛祖释迦牟尼告诫众弟子'受佛禁戒，诚信奉行；顺孝畏惧，教皈三宝；养亲尽忠，内外谨善，心口相应'。'十善业''五戒'和'八正道'是藏传佛教的道德标准。他要求做人公正正直，心口如一，言行一致，忠于信仰。要按照八条正确方法和途径来修身养性。"

"说得好，说得好！"李专员不禁笑着拍起掌来。

吃过午饭后，在活佛的会客室里李专员诚挚地对活佛说：

"你学识渊博，佛法高深，又熟悉木里民情，在西藏和康巴地区都有很高的威信。现在成立政治协商会，请你出来'慈悲待人，智慧做事'，领导木里人民建设好自己的家乡，为木里人民做好事善事，使'众生'过上好日子。共产党的宗旨是全心全意为人民服务，和佛教的救苦救难，普渡众生的宗旨有相同的目的。我们工作队是来帮助木里人民自己管理自己的政权，不会包办代替，木里的各项大事还要由您、项培初扎巴、八尔老爷、项扎巴松典以及人民代表共同商议办理。我们工作队员说话做事有不对的地方，请活佛多多谅解。"

其实活佛对李专员也很佩服，觉得李是一个有知识、有修养的高级领导人，对人谦恭，说话在理，经过耐心细致的说服动员，甲央旨古的心结早解，终于高兴地对李专员说：

"李专员，我今天太高兴了，真是'不到贡嘎山，不知真正的高山'，你们汉族不是说'与君一席话，胜读十年书'吗？我对你和共产党的政策有了进一步的了解，请你放心，我一定听从工作队的安排，如时参加政协会议。"

其时，林甲央和阿娘祝玛也在康坞大寺，李专员也向他们赠送了礼品并致以问候。同时，就成立政协会的细节征求他们的意见并和他们进行了耐心探讨和说明。林甲央和阿娘祝玛这两个上层人物对和蔼谦恭的李专员十分赞赏。

第六节

各族群众庆祝政协会成立 八尔老爷荣任政协会主席

1952年12月21日至27日，是一个值得木里纪念的吉祥日子，苦巴店红旗招展，旌旗飞扬，226位各族代表在苦巴店参加了首届一次各族各界人民代表会议暨首届政治协商会议。西康省主席廖志高发来贺电，西南区少数民族视察组丁道山、黄璧龙、西昌专员公署李守先副专员、穆文富科长，西昌专区巡回医疗组李毅、张医生等亲自前来参加、指导会议，他们还带来了西南文教系统电影队和西昌民干校文工宣传队祝贺会议的召开。前来祝贺的还有盐源县左所区的喇宝臣、米开元区长，九龙县的张海云、阿扎尼拉科长，永宁县寄来贺信和奖旗。木里首届政协成员如下：

名誉主席　甲央旨古（活佛）
主　　席　林甲央（八尔老爷）
副 主 席　周立志（工作队长）
　　　　　项扎巴松典（卸任大喇嘛、原国民政府中将司令官）
　　　　　韩甲央（卸任门公）
　　　　　格弟将初（姑擦）
委　　员　10人

会议完成了四个主要任务：
1. 听取筹备委员会主任项培初扎巴所作筹备工作报告；
2. 审查和选举自治区县长、副县长和政府委员会委员；
3. 进一步协商政府内部组织机构各机构负责人；
4. 初步协商合理负担的有关规定。

李专员在这次会议上作了重要讲话，他讲了区域自治的有关规定和政策，说明了兄弟民族离不开共产党的领导和先进民族的帮助。他说：

"项（培初扎巴）主任才到北京参观了祖国的伟大建设，许多机器都是汉族工人造的，木里技术落后，不能造机器。因此，没有党的领导和汉族人民的帮助，要发展是不可能的。"然后，他介绍了全国实行区域自治的情况："全国有136个地区实行了区域自治，165个地方建立了联合政府，调解各种纠纷七千多起，培养了干部六万多人。"他又说："木里自治区的政权建设也不是偶然的，它是在毛主席民族政策的感召下，通过调解木里和胡家的纠纷，木里派出了一百多人外出学习、参观的基础上发展的结果。"他指出："木里藏族自治区是中华人民共和国不可分割的一部分，是属于中央人民政府领导下的一级地方政府，同时也受西昌专员公署的督促和领导。"他还着重指出："在协商建政中，要注意民主集中制的原则，贯彻以藏族为主，包括其他民族在内，进行民主协商。"最后，他祝木里各族人民团结起来，为建设新木里而努力奋斗。

周立志队长也在会上讲了话，主要内容是加强团结，唤起各族人民搞好今冬明春生产的积极性，迎接明年的大生产运动，沿着经济建设的总方针前进。爱国必须搞好生产，生产也是为了爱国，木里在剿匪上已经得头等奖，今后在工作和发展生产上，也争取得头等奖。

会后，李专员带领祝贺团和医疗组、电影队、宣传队到三个大寺进行慰问和演出、放映后才返回西昌。

由于木里的特殊情况，木里政协的诞生没有按照由党的负责人出任政协主席的惯例，而是破例由时任木里大喇嘛世袭八尔斯丕（老爷）林甲央先生担任主席；还由在康巴及滇北藏区、甚至在西藏都有较大影响的活佛甲央旨古任名誉主席；有德高望重的卸任大喇嘛、原国民党中将司令官项扎巴松典先生；有曾经辅佐三任大喇嘛的"门公"，人称三朝元老的韩甲央先生；卸任门公格弟将初任副主席。这些木里一大批元老级上层人物都进入了县政协，他们感到心情舒畅，积极性很高，所以木里政协一建立就是享有很高的威望，能很好地完成政治协商、民主监督和参政议政任务的基层政协组织，其参政、议政的作用尤为突出。

第七节 木里大寺成立人民政府 末代土司当选首任县长

1953年2月19日（农历正月初六），当日，天降瑞雪，鹅毛翻飞，雄伟险峻的达牙尼布山银装素裹，木里大寺经旗飘展，焕然一新。在衙门大堂上举行有800多人参加的隆重建区（县）典礼，正式宣布建立木里藏族自治区（县）人民政府。

县　　长　项培初扎巴（现任大喇嘛）
副县长　　甲央旨古（活佛）
　　　　　周立志（工作队长）
　　　　　项松典取品（卸任大喇嘛）
　　　　　韩佩初益西（现任门公）
　　　　　夺取益西（大仲衣）
委　　员　14人

政协主席林甲央报告开会意义，县长项培初扎巴做就职讲话，政协副主席项扎巴松典做建政报告，副县长项松典取品做生产报告，副县长佩初益西做民族团结讲话，副县长夺取益西做清匪讲话，副主席韩甲央做抗美援朝讲话，副主席格第甲初做文化教育报告。

为了庆祝木里藏族自治区（县）的正式成立，木里各地、各族群众都举行了各种庆祝活动。大寺喇嘛举行了盛大的跳神表演，西康省及西昌地区、云南丽江等地都发来了贺电，云南省人民政府送来一面巨大的贺幛，在锦缎贺幛的落款处，特意缝制一方白布，上面盖着云南省人民政府的鲜红大印，其郑重态度，十分感人。木里藏族自治区（县）人民政府特向寺庙僧众发放了布施。建区（县）庆祝大会的举行，宣告了中华人民共和国版图上一个新的县级行政单位的诞生，也宣告了木里藏区从此告别了过去黑暗的岁月，在中国共产党和党的民族政策的光辉照耀下，开创了历史的崭新阶段，木里各族人民从此走上了社会主义的康庄大道。

第八节
政协主席当选全国代表
八尔老爷延请家庭教师

木里县政协主席林甲央（八尔老爷），自1954年8月西康省人大委员会选举其为全国人大代表开始，至1960年5月在瓦厂（当时的木里县城所在地）病故为止，一直是全国人大代表。林甲央当选全国人大代表，是木里历史上的一件大喜事，它当时对推动木里各项政策的贯彻和政治经济的发展起了极大的作用。在外出参观途中的活佛甲央旨古和副县长项扎巴松典听到这一消息后，他们非常高兴地说："八尔老爷当选为全国人大代表，证明了我们少数民族在中国共产党的领导下，真正解放了，实实在在的当家做主了。"他们立即写电报发往木里，请林要克服一切困难，按时前往北京参加会议，行使人民给予的权利。

林接到电报，也极其高兴。尽管他身患多种疾病，行动都很不方便，但他仍不负众望，积极准备到北京参加人民代表大会。县工委对林当上全国人大代表十分重视，为了表示对他的尊重，县工委书记周立志带着办公室主任许进亲自到白碉八尔地，将大红通知书送到林的手上。林甲央十分意外，他想不到县工委书记会亲自来通知他，这么尊重他，给这么大的面子。他拉着周书记的手激动地说："感谢周书记，感谢县工委，我一定坚定站在木里人民一边，搞好党安排给我的工作。"他立即安排管家杀猪宰羊，盛情招待周书记一行。

临别时，林甲央执意要亲自送周书记到白碉与博瓦交界的擦尔娃梁子，周书记对他说："你被选为全国人大代表，是你人生的大喜事，也是木里家的一大喜事，你尽快安排好家里的事，收拾行装赶到县上，再说你腿不好，行走不方便，不要耽误了上北京开会的时间，这才是大事。"

周立志一行骑马来到白碉山顶时，看见路旁一顶华丽的圆形白帐篷，帐篷前炊烟缭绕，八尔家的管家和大厨师已经煮好酥油茶，擀好面条等候有时了。许进回忆说，这个厨师的手艺确实好，面条擀得又细又匀，鸡汤炖得又浓又香，是他记忆中最好的一顿面条，至今回忆起来还回味无穷。

县上专门派汉文秘书李耀井担任林甲央的翻译一起到北京参加人民代表大会。林甲央在回顾这段历史时，曾激动地对他家的家庭教师何照富说："我当选全国人大代表之前，虽说已担任了县政协主席，但内心不踏实，不知道该做什么，该走什么路；当了全国人大代表，年年到北京开会，同中央领导一起商议国家大事，我感到很温暖，很幸福，懂得的道理也渐渐多了，该做的事情也较明确了。我才认识到，不给木里人民做点事情，我对不起共产党和毛主席。"

林甲央1954年9月1日到达雅安，与廖志高主席同车前往成都，转乘火车到达重庆，四日又乘坐飞机经武汉抵达北京。沿途廖主席对林特别关心。林深有感触地对身边人员说："我能坐飞机到北京开会，是民族平等的表现，是过去做梦都不敢想到的。"9月28日，林甲央特别高兴，这天他不仅投票选举毛泽东当国家主席，选朱德当副主席，更使他终生难忘的是同毛主席握了手。他说："在握手时，一股热流立即涌遍我的全身，我感到十分的温暖、光荣和幸福。"

在北京开会期间，林甲央多次与达赖、班禅一起开会，商议国家大事，林甲央高兴地说："过去就是到西藏也难得见到达赖和班禅，现在能和他们一起开会，平起平坐，全是托共产党的福。"林给毛主席写了信，汇报木里的情况，请求开发木里森林资源，修筑公路。毛主席派秘书到前门饭店看望林，并说："你的信，主席看过了，他国事很忙，派我来看你，希望你继续努力，把民族地区建设好。你们提出的要求，国家将根据实际情况尽可能满足。"林深受感动，林表示要坚决跟共产党走社会主义道路。

当大会宣布毛主席、朱副主席当选时，场内场外一片欢呼，怀仁堂会上的欢呼和天安门广场的欢呼连成了一片。人们高举红旗，敲锣打鼓，唱歌跳舞涌向天安门广场，这种盛大动人场面，使林感到激情难耐和欣慰无比。

1954年10月1日，全部代表应邀参加了天安门前举行的建国五周年阅兵观礼。林第一

林甲央第二届全国人大代表当选证书　　公秋　提供

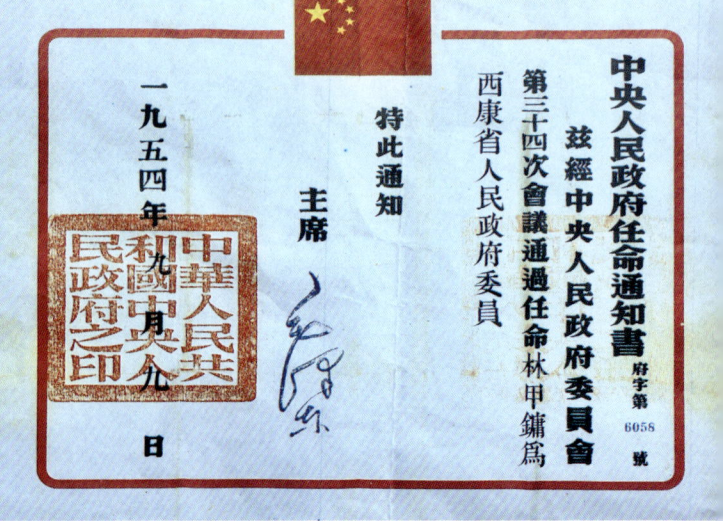

中央人民政府任命林甲央为西康省政府人民委员证书　　公秋　提供

次看到了我国强大的人民武装力量，观礼后，林对李耀井说："在木里，我们真是坐井观天了，几点露珠，不识长江的浩大；几匹小草，不知草原的宽阔。现在我才认识到，过去我做了不少罪恶事，是共产党把我从粪坑里救了出来，今天只有跟共产党走，做好自己的工作，来洗刷自己的罪恶。"

林在担任全国人民代表大会期间，得到了由毛泽东亲笔签名、由中央人民政府任命他为西康省政府委员的证书，这份珍贵的历史文献，至今还保存在其爱女公秋的家中。

林甲央当全国人大代表期间，十分兴奋和激动，先后提出了开发森林、修建西木路、开发矿藏、制定西番文字等关系国计民生的四个提案。

四个提案除进行文字创造没有获得实施之外，其余三项提案都得到了国家的重视和实施，开发木里森林资源，给国家社会主义建设提供了大量的木材等物资，为提高木里人民的生活做出了重要贡献。

中华人民共和国成立前，木里交通闭塞，运输落后，全境没有一寸公路，乡村道路多系"人不能并肩，马不能双行"的崎岖羊肠小道。运输靠人背马驮，渡河用猪槽船、溜索、水皮袋，交通险恶，让人惊心动魄。

在国家的大力支援下，1961年7月修通了西昌到木里253公里的西木公路；1976年4月，全长168公里的县城至三区的博茶公路胜利通车，彻底改变了木里过去人背马驮的历史，为促进木里国民经济的发展起到了重大作用。

林甲央从北京回到木里，项培初扎巴亲自到林家向他表示祝贺，并和林甲央深入交换意见，共同建议由政府做出决定，宣布废除旧债；开办铁厂，解决木里铁制农具的难题。他们的提议，得到了县委、县政府的充分肯定。后来，林甲央带头捐献黄金一两，大洋三百个，马一匹作为办厂费用。项培初扎巴县长也捐献了大洋若干。在各方共同努力下，木里建起了大坝铁厂和宁朗铁厂，为发展木里农业生产做出了有益贡献。

1957年7月，第一届全国人大四次会议后，全国人大民委委员和各少数民族代表共170多人到青岛参加全国民族工作座谈会，林甲央和甘孜的夏克刀登，凉山的果基木古、王海民、杨代蒂等一起参加了会议。使林甲央万分高兴的是，毛主席和周总理都赶到青岛，与座谈会的代表合影留念，周恩来视察海军演习。所有会议代表又一起受邀观看，事后林甲央激动地对项培初扎巴说："五四年在北京和毛主席握了手，五七年在青岛又和毛主席照了相，我太幸运了。领袖的威仪，高规格的接待，隆重热烈的会议气氛，使我感到震撼和激动。我只有好好工作才能对得起毛主席。"

1953年2月19日，木里藏族自治区人民政府成立，中共木里县工委注意团结八尔老爷林甲央，发挥他的特殊作用，推荐他为全国第一届人民代表大会代表。木里上层和八尔家族都感到非常荣幸。由于当上全国人大代表，八尔家的来往公文日渐增多，林需要一

木里过去的渡河工具——牛皮船　洛克　摄

木里过去的渡河工具——羊皮筏　张治状　摄

木里另一渡河工具——溜索桥　扎西旦珠　摄

木里解放前的主要运输方式——马帮

马帮翻过宁朗山

扩建后的西木路上绵垭天险

博茶公路胜利通车　张治壮　摄

1961年西木路通车时的天险老虎嘴　张治壮　摄

名私人秘书,帮助处理文书工作,同时林甲央由于担任政协主席,逐渐认识到掌握汉语的重要性,因此,正式向县工委提出为他配备一名私人秘书,兼任他家的家庭教师,教他的子女学习汉文。县工委认为这也是向林等上层宣传党的政策和统战工作的好机会,经县工委和林商定,派政治思想好,文化基础深厚的何照富到八尔家担任林甲央的私人秘书兼家庭教师。

1954年5月,县工委副书记张西峰亲自将何照富送到八尔家,直到1957年5月,白碉乡民主改革工作基本结束,八尔家才派人将何送回木里县委。何在八尔家担任了三年的私人秘书和家庭教师。在此期间,何的工资由县工委发给,生活费按照县工委的决定,每月不低于12元,由何买成茶、盐送给八尔家。

何到八尔家,除每天抽出时间帮助他处理来往汉文书信和帮助他学习文件外,大量时间用于家庭教学工作。八尔家的家庭教育,过去世代都不学汉文,也没有搞过藏文家庭教育,儿子到学藏文的年龄,都将其送往寺庙,拜文化素养较高的格西喇嘛为师。八尔家汉文家庭教育的开展,反映了林的进步。参加读书的学生共计11人,其中八尔家有6人,阿尼家有5人,男生5人,女生6人。最大的19岁,最小的6岁。开学时,林甲央和阿娘笃貌亲自到教室给子女讲话,要求他们要尊重老师,遵守纪律,好好学习。八尔家对老师极为尊重,吃饭时老师的座位安排在上方,添饭、倒茶都要先给老师,并且要等老师先吃(喝)一口后,学生才能开始吃喝。走路要让老师走在前面,骑马要让老师先上马,如在外面遇见老师,学生必须立即下马。何在八尔家做家庭教师期间,曾随林到过三大寺及好多农村地方,无论宗教上层、普通喇嘛,还是农村的群众,他们见到均称他为"额根"(老师),十分尊重。

林甲央参加中央民族工作会议,有幸和毛主席、周总理、乌兰夫等领导留影　木里政协会　供稿

八尔家庭教育采用的是当时国家通用的小学课本，同时增设了社会发展简史、民族政策、宗教政策、民族区域自治政策等教学内容。其目的是要八尔家的子女了解社会发展规律，认识国家实行民族平等、民族团结、少数民族也是国家的主人和实行宗教信仰自由政策的正确性。帮助他们认清形势，自己掌握自己的命运，顺应历史发展的潮流，适应变革的需要。

经过三年的家庭教育后，基础好的六人直接送西南民族学院预科班，中等水平的3人直接送木里县中学读初中，年龄小、学习进度较慢的2人送县完小继续读小学。在何教过的11名学生中，除两人因本人不愿参加工作外，其余9人都先后成为国家干部或工人。有的成长为科技人员，被评任了相应专业的技术职称。

在教学过程中，有时也遇到一些麻烦，如讲无神论，就曾经引起八尔家拉擦的不满，讲要顺应历史潮流时也引起过家长的怀疑。何照富知道后，他就及时主动找拉擦和家长谈心，交换意见，讲清楚既要尊重民族习惯、信仰自由，更要尊重科学、坚持党和政府的政策，及时消除了顾虑和隔阂。11名学生，经过民改、平叛的考验，他们始终站在人民一边，遵守国家的政策。对出身于贵族家庭的学生来说，做到这一点是难能可贵的。

何照富在八尔老爷、政协主席林甲央家担任秘书和从教三年的时间，也是党对民族上层进行统战工作的措施之一，他向林及其家人宣传党的民族政策，严谨认真地传授科学文化知识，对林产生了积极的影响。

第九节

旨古活佛出山参观八大城市
扎巴松典再走西昌感慨尤深

活佛甲央旨古（县政协名誉主席、副县长）和项扎巴松典（县政协副主席）到北京参观也是木里的一件大事。

为了帮助木里的主要上层人士认清形势，了解政策，开阔眼界，热爱祖国，西康省政府和西昌专员公署先后组织了以现任大喇嘛项培初扎巴、八尔老爷林甲央等在内的50多人到内地参观学习，对加强外界和木里的交流，推动木里的工作起到十分积极的作用。组织活佛和项扎巴松典到外地参观学习，也是上级对搞好木里工作早就计划的一项重要内容。

甲央旨古活佛和项扎巴松典带着县政协秘书杨丽生于1954年8月3日到达西昌，郭代儒书记专门设宴招待木里参观人员。他说："木里建政以来，木里的工作搞得好，可以说在藏区中已经走在前面一步了。但是应该回过头来多加考虑，加深对政策的理解，以免发生顾虑。现在是要发展生产，解决土地、农具和改进耕作技术等。木里上层领导自愿废除了33种不合理负担制度，为木里各族人民做了一件大好事，用和平的方式基本解决了木里的土地问题；国家又打造了4万多件农具无偿地发给了农民，对发展生产起到很大的作用。现在是要组织起来，发展生产互助，才能把农业生产向前推进一步。"

活佛在答词中说："感谢地委和专署的盛情款待，木里的工作成绩是在地委和专署的领导和帮助下取得的，组织农牧民发展生产是符合各族人民利益的。我们同意组织生产互助，请求上级派专门干部到木里进行指导。"

项扎巴松典更是感慨尤深地说："我过去到西昌，是作为人质捆绑来的，关进监狱一年多，吃尽了各种苦，受尽了各种罪。如今到西昌受到各族人民的热烈欢迎，受到各位领导的亲切接见，真是新旧社会两重天啊！"

在县委副书记张西峰的照顾下，活佛和项副主席乘车于8月24日平安到达西康省政府所在地雅安。

1954年8月28日下午3时，达赖喇嘛、班禅、阿沛·阿旺晋美和西藏三大寺的堪布等，在中央人民政府代表张经武将军的陪同下到达雅安，这是第五世达赖到西康以来，几百年间西藏历代达赖中到内地来的第一次。因此，各界欢迎场面十分隆重热烈。木里参观团也应邀参加了廖主席欢迎达赖的盛宴。廖主席致欢迎词，达赖和张经武先后致了答词。达赖穿着衫子和长裤出席宴会。甲央旨古和项扎巴松典非常兴奋，早早地准备了哈达和见面礼，并于29日晋见了达赖和班禅。

甲央旨古活佛和项扎巴松典在雅安参观后，10月到成都参观，结束后，参加了正式组成的由西康的果教活佛（藏族）任团长，四川的肯斯木高（彝族）任副团长的川康各民族代表团一行30人到北京参观。

活佛和项扎巴松典用两个月的时间，参观了成都、北京、天津、上海、南京、杭州、武汉、重庆等八大城市及雅安等地。祖国的地大物博，众多的人口，雄伟的建筑，先进的机器设备和技术，强大的海陆空国防武装力量，欣欣向荣的市场，丰富的商品，内地人民对少数民族的友善和支持，热情的接待等，像温暖阳光，像和煦春风，像润物细雨，渐渐润浴着活佛和项副主席的心。他们觉得过去木里搞自我封闭，独立一方的想法真太幼稚了。

险峻的央岗山

第五章

贫苦农奴企盼改革求新生
反革命武装叛乱屠杀人民

中华人民共和国成立后，汉区土改的胜利对木里少数民族地区产生了极大影响，广大奴隶和劳动人民纷纷要求在木里实行民主改革。

1955年11月28日，四川省人民代表大会第三次会议上讨论通过了凉山彝族自治州和西昌地区彝族代表果基木古等37人"在彝族地区实行民主改革"的提案。西昌地委召开了民族工作会，木里有30多位民族中上层人士参加，对民主改革作了规划部署。

县委加强对项培初扎巴、林甲央、项扎巴松典等上层民主进步人士的思想政治工作，希望他们坚定立场，站在人民和政府一边，同旧制度决裂，放弃剥削，按政策赔偿人民损失，实现和平改革。同时要求他们继续协助党和政府，团结教育绝大多数中上层人士，提高认识，共同进步。在他们的带动和帮助影响下，绝大多数中上层人士表示，坚决拥护民主改革，走和平改革之路，不少人还写了决心书。

但是，实行民主改革，触及了少数反动奴隶主、封建农奴主的利益，他们怀恨在心，阳奉阴违，表面赞同改革，暗地与西藏、康巴匪首串联勾结，发动了罪恶的武装叛乱，企图阻止民主改革的历史进程。

木里反对民主改革的叛乱活动，一直和西藏、康巴的反动势力紧密联系在一起的。1955年底，达赖喇嘛和赤江活佛从北京开会回西藏的途中，多次召集康巴、木里的一些寺庙喇嘛头人到理塘、乡城等地，密谋策划反对共产党，反对民主改革的会议。他们制造谣言，蛊惑人心，说什么"共产党要消灭宗教""藏族人民团结起来，赶走汉族、苗族，杀死干部"，"保护民族，保护宗教"，以此为幌子，掀起了反对共产党，反对民主改革的武装叛乱活动。

1956年初，一个名为宋活佛的西藏喇嘛，名义上来木里的瓦尔寨、沙湾等地讲经说法，实则是传达西藏反动上层在藏区进行武装叛乱的旨意和信息。他到木里十余天，讲经游说时，不仅有喇嘛参加，还有附近群众，从早到晚，每场都有好几百人参加。后来在"四反"中，群众揭发出他所谓的讲经说法，从头到尾都贯穿着反党、反人民的宣传。他的活动和木里后来的叛乱是密切相关的。

1956年3月，中共木里县工委召开了民主改革工作会议，决定在木里实行民主改革，废除长期以来奴役、压榨各族人民的封建农奴制和奴隶制，使木里人民真正得到翻身解放。会议结束后，即迅速抽调干部组成工作队，分头到各乡宣传民改政策。可是，一小撮不愿退出历史舞台，死心塌地与人民为敌，妄图阻挡时代前进的反动农奴主、奴隶主却挑起了武装叛乱。一时间，匪徒们到处烧杀奸淫，肆意抢掠，喇嘛山笼罩在一片"黑云压城城欲摧"的恐怖之中。

第一节
董布嘎民改牺牲第一人
陈世杰康荣贵血染东朗

1956年3月10日，三区东朗佃班、叛首偏初取扎（当时的三区副区长），将该乡积极分子董布嘎骗到向央村残酷杀害。

董布嘎从小家庭贫困，生活无着，四处流浪，被大喇嘛家收留当了一名操兵。

董布嘎当年牺牲处的东朗河上已修建了水泥桥

他聪明能干，会讲一口流利的汉语，充当号手后又背枪，枪法很准，力气又大。董布嘎长成一个英俊的彪形大汉后，被第十八代大喇嘛项松典取品选中，当了他的贴身警卫人员"阿楚"。外出为大喇嘛牵马护卫，回到衙门就干端茶送水、喂马等杂活。

项松典取品年轻好动，桀骜不驯，毒打百姓、部属是出了名的，虐待奴隶、杂役更是家常便饭。一天，项松典取品正在屋顶阳台上擦枪，看见一个叫杨兴的百姓背着柴禾，艰难地从山边经过，他一时兴起，把杨兴当活靶子，一枪射杀在交谷坝子上，杨兴家人叫天不应，叫地不灵，诉状无门，害得杨家妻离子散，家破人亡。

在项松典取品家居住的交谷庄园家门前，挖有一个方圆数丈的大水塘，以作洗衣、防火取水之用。项松典取品、土司太太和小姐们为寻开心，常常叫这些卫兵、勤杂人员脱光衣服，跳下水塘游泳，看他们受冻难受的各种苦相，要等他们看够了才准上岸，否则就要遭到毒打。项家居住在海拔3300多米的高山坝子上，就是夏天也是水寒浸骨，更不要说天寒地冻的冬季，遍野霜雪，水面结冰，长久不化，衣薄之人更是奇寒难忍。一个寒冷的冬天，其妻次里和小姐们在水塘边生上钢炭火，煮上酥油茶，吃着牦牛肉，强行驱赶董布嘎等几个勤杂人员脱光衣服下塘游泳，供他们寻欢作乐。看着这些奴隶下人在冰水中冻得瑟瑟发抖，奇寒难耐，痛苦叫唤的狼狈样子，夫人小姐们一个个哈哈大笑，其乐无比。他们拿着皮鞭，见谁要上岸就用鞭子抽打，用脚踹下塘去。董布嘎寒冻难忍，几次想上岸都被毒打踢下塘去，他冻得实在支持不住了，又游到次里面前，哀求上岸，次里凶狠地挥鞭向董布嘎的头上抽去，并用脚踢董的头，董布嘎忍无可忍，一伸手趁机抓住次里打来的鞭子，一手抓住次里的裙子，下狠心一把将她拉下水塘，他僵硬艰难地爬上了岸。董布嘎知道自己犯了冲撞头人家的大罪，不逃就是死路一条。恰好，土司家的马匹都在坝子里放牧吃草，他一声呼哨，喂惯的马听到布嘎的呼唤，跑到他的面前，他跳上一匹光背马，拼命逃出了木里地界，最后逃到云南冬尼，给冬尼官人当了随从，一直到中华人民共和国成立后才敢回到东朗。回乡后，董布嘎娶了足母村尼道家两个姑娘为妻，做了上门女婿，从此东朗人就叫他尼道布嘎了。

工作队到来后，他主动接近工作组，反映情况，给工作组当翻译，上跑下联，宣传政府的主张。东朗的基本情况、各阶层动态、头人的表现，都是他最先向工作队反映的。一直到东朗建政，他的表现都很好，被县公安局接收为临时干部，干了几个月。因家庭实在困难，无劳动力，他又要求回家。回家后，他仍然靠拢政府，宣传党的政策，他家欠东朗佃班和农奴主军龙仁青家很多债，他就用软拖硬抗的办法，并向其他欠债的人出点子，抗债不还。说共产党是为穷人办事的，鼓动群众不要听佃班头人的话，听工作队的话，跟政府走是不会错的，以后会有好日子过，等等。

正因为董布嘎靠拢政府，反映了东朗的情况，东朗乡的上层头人对他恨之入骨。为了杀一儆百，在叛乱前夕的3月10日，叛乱者把董布嘎抓来，捆绑在东朗绒扎村桥头木桩上，强迫群众到场观看。

匪首帕兴将别、军龙仁青等人向群众威胁说：东朗的汉人和尼道布嘎是勾结在一起的，东朗乡的什么情况都是尼道布嘎向汉人反映的，他是投降了汉人的，是藏族叛徒，现在要反对人民政府就先要把尼道布嘎杀了，不然他会带着汉人来打东朗的藏族等。

董布嘎虽然牺牲得很惨，但表现十分勇敢，一直骂声不绝。他说：我是人民政府家的人，政府是为穷人办事的，我的朋友很多，你们要杀我，周书记会给我报仇，张局长会给我报仇的。你们这帮土匪杀了我，迟早没有好下场，解放军很快就要来东朗，你们这帮贼娃子一个也跑不掉。叛匪们被董布嘎骂得恼羞成怒，暴跳如雷，迫不及待地将他用乱枪杀害。

陈世杰（1921—1956），男，汉族，四川成都人。陈出身于地主家庭，初中毕业后在家学习经商。1950年1月成都解放后，他考入西康人民革命干部学校，毕业后分配到西昌专区，调任盐源县文教科科员。1951年1月加入共青团。1952年10月，他愉快地服从组织决定，参加"西昌专区木里工作队"，成为首批进入木里开展工作的干部之一。面对崇山峻岭、语言不通和异常复杂的社会环境，陈世杰从不退缩，勤勤恳恳踏实工作。他无私无畏、吃苦耐劳和朴实的作风，受到领导和同事们的好评。1953年2月，木里藏族自治区政府成立后，亟待建立各区、乡政权。陈世杰奉命调到条件最艰苦的瓦尔寨，负责筹建三区政府。他与当地民族干部密切合作，模范地执行党的各项政策，出色地完成了三区的建政工作，他留任秘书（实际是区长工作）。1954年1月加入中国共产党。

1956年3月，东朗佃班偏初取扎首先发动反革命武装叛乱，董布嘎被杀，但外界没有丝毫消息。3月12日，他与财粮助理员康荣贵组成的工作队到达东朗进行民主改革宣传，当晚午夜时分，叛乱土匪蜂拥而至，冲击乡政府，向陈、康开枪射击。康荣贵当场牺牲。陈世杰毫无畏惧，独战群敌，奋勇还击，终因弹尽援绝，受伤被俘。叛首挥舞着手枪，威胁被五花大绑的陈世杰说："你还敢改革不？"陈世杰大义凛然，坚定地说："按党的政策，就是要把改革进行到底！"叛首恼羞成怒，兽性大发，野蛮残酷地将陈世杰一刀一刀折磨至死，后又把他的遗体抛进冲天河中，被水冲走。陈世杰宁死不屈，表现十分英勇，在匪首的凌迟中，不顾鲜血直流，还向群众宣传，要群众跟共产党走，才有好日子过，他大骂土匪不得人心，总有一天会遭报应，受到劳苦人民的惩罚。

陈世杰蒙难时年仅35岁，县人民政府报请上级政府追认其为烈士。陈世杰永远活在木里人民的心中。

东朗叛匪打响了木里武装叛乱的第一枪。

董布嘎成木里民主改革牺牲的第一人。

陈世杰、康荣贵壮烈献身，血染东朗。

第二节
叛匪肆虐三区政府遭血洗
血染青山李兆绪报国献身

李兆绪（1930—1956），男，汉族，四川冕宁县复兴镇人。李出身于地主家庭，自幼勤奋好学，16岁考入西康省立师范学校，受到进步青年和地下党员的影响，思想倾向革命。李没有富家子弟的纨绔习气，热爱劳动，团结同学、平易近人，还利用假期搞勤工俭学，志在自食其力。他学成毕业，完全可以凭借其胞兄在政界任职的关系，谋得一官半职。然而他对国民党的腐朽统治深恶痛绝，毅然选择了清贫的教师职业。

1950年冕宁解放，李积极投身革命，在冕宁县人民政府搞总务工作，他工作积极，吃苦耐劳，办事公正，深受领导和同事的好评。1952年在冕宁的土地改革中，李兆绪主动支持农协会的工作，按政策把家中应退的财产、土地退给农协会，受到上级表扬。1953年加入中国共产党。1954年调任冕宁县人民政府人事科副科长。同年，调任中共西昌地委组织部工作。他一如既往，恪尽职守，业余还喜好体育，擅长打篮球。1955年，调任中共木里三区区委书记。他模范地执行党的各项政策，主动和藏族干部交朋友，坦诚相待，经常去活佛甲央旨古处请示汇报工作，深获民族宗教上层人士的好评。

1956年3月17日，东朗叛乱的土匪，在匪首次称绒布、鲁绒达瓦等率领下，50多名土匪秘密包围了三区区委、区公所所

进入木里时的李兆绪　　李正棋　提供

在地瓦尔寨大寺。狡猾的土匪将4名叛匪假意捆绑"押解"在前，诡称是押送杀害东朗工作队的凶手前来投案。区干部们信以为真，为其烧水煮茶，热情接待。匪徒们趁我方不予防备之机，扯开被绑土匪的绳索活扣，后面土匪蜂拥而入，开枪射击，三区工作队仓促应战。三区区委书记李兆绪冲出大门，被土匪打断右腿，后由沙湾乡干部舒杜基等救出，抬往县上救治，终因流血太多，死于瓦尔寨到县城的途中梨儿坪；会计刘代文持枪还击，打断了匪首鲁绒达瓦的右手拇指，突围脱险，其余九位同志在战斗中英勇牺牲。以原三区区长、上层头人甲央春品为首的土匪占领了三区，抢走步枪59支，子弹数千发，将营业部、粮站洗劫一空，同时到处杀人放火，无恶不作。

李兆绪生命垂危时，还向县工委书面汇报了三区的工作和形势，并自责没有完成好组织交给他的任务。碧血洒青山，深情注大地。李兆绪为木里人民献出了他26岁的年轻生命。

第三节
甲央区长叛乱投敌当匪首
英雄不死卢维筱机智脱身

1956年3月17日，唐央匪首卡则降别、打兴降别与里塘叛匪勾结，在唐央乡发动反革命叛乱。当时唐央工作队的卢维筱、甲央、丁争、仁青偏初到里多等地宣传民改政策，刚到一家老乡家住下，卢维筱发现群众很少，心中起疑，心想怕要发生问题了，就时刻提高警惕，随时将枪握在裤包中以防不测。谁知甲央春品这个被任命为三区区长的上层头人是个叛徒，他早想杀害卢维筱，投奔土匪。他见卢维筱十分警惕，枪不离手，无机可乘，不敢下手，便对卢说："卢股长，我出去看看有什么情况。"一出门便投靠了土匪。

土匪早已包围了里多村的工作队住地。甲央春品一去不返，卢维筱感觉情况不对，和丁争商量着出去看一下，两人一出门，埋伏在周围的几十个叛匪一通排子枪打来，走在前面的丁争当即中弹壮烈牺牲。卢维筱很有作战经验，一边开枪还击，一边在开阔地上呈曲线形拼命奔跑，时而卧倒，时而起立，时而向左，时而向右，叛匪们始终没有射中他。叛匪们蜂拥追赶卢维筱，对他一边射击，一边高喊："烂汉人，你跑不了啦，快投降吧。"土匪们还齐声狂呼"阿嘿嘿——阿嘿嘿"以助声威。卢跑了一公里多，来到理塘河边，把裤子脱下放在一个大石包上，自己隐藏在上游河边十多米远的一笼刺巴丛中，下身浸没在冰冷的河水中，紧握手枪注视匪徒的行动。

20多个土匪追到河边，搜索了一阵，没有找到卢维筱。匪徒们说："这个烂汉人跳河了，他的裤子都在石包上放着，打不死他也会淹死他。"匪众吵嚷一阵便离去了。卢维筱从冰冷的河水中艰难地爬上岸来，身着短裤从小路翻山越岭急切地想跑回唐央乡政府。卢来到距离乡政府不远的色窝一个彝族群众家，准备找件衣服遮羞，同时找点吃的。他把自己虎口脱险的经历告诉了彝族老乡。老乡说，"卢股长，你不能到乡上去

卢维筱（1930—2013），男，汉族，内蒙古呼和浩特市凉城人。1945年参加中国人民解放军，1948年加入中国共产党，1950年调四川雅安公安大队，任排长，1950年10月调西康省西昌专区，参加过西昌、会理、宁南等县"土改"。1952年转业到木里，任县公安局政保股股长。后任木里县人事科科长、县民政局副局长等。

了，乡政府都被土匪占领了，到处抓政府的人。他们说：'共产党搞改革，就是要把老人全部杀光，年轻人抓去当兵打仗，女人抓去同汉人配种，大家都怕得很。"卢给他们宣传了党的政策和为什么要开展民主改革的道理，说："我们共产党是为穷人办事的，你们老百姓心里应该有数吧？"

老乡说："卢股长，不用说了，你是个好人，共产党也全是好人，我会帮助你的。"

彝族老乡拿来一套旧衣裤给卢维筱穿上，又端出糌粑面。卢维筱狼吞虎咽地喝了两碗糌粑汤，然后捏了一坨糌粑团带在身上，以作途中充饥。他眼含热泪，深情地对彝族老乡说："我们汉族人说，'大恩不言谢'，你对我的救命之恩我会永远铭记在心，共产党也会记住你的，你好心有好报，将来你和木里人民一样会有好日子过的。"他深深地给彝族老乡躬了一躬。按老乡的指点，卢维筱顺着陈昌、固争的崎岖山道翻山越岭赶回县城瓦厂，向县委报告了以甲央春品和卡则降别为首的叛匪在唐央武装叛乱的情况。

当地老乡说，卢股长简直是神仙下凡，枪都打不死。

甲央春品（姑擦）一伙叛匪，反动气焰十分嚣张，到处伏击我民兵、工作队和运输队，给国家造成严重损失。特别是叛首打兴降别，被叛乱土匪称为"伏击干将"，十分猖獗。

他们大肆造谣，煽动群众上山，制造无人村，使我党失去群众基础，无法开展群众工作。如里多、当打、底波等自然村，当我党部队和工作队进村时，都是空无一人，而保火地只找到一个麻风病人。

工作队进入无人村后，严格遵守"三大纪律""八项注意"。工作队积极为群众办好事，为群众喂牛喂猪，养羊493人次，放麦水500亩，除圈肥50多万斤，交给主人鸡蛋356个，做好事的2000多人次。

为动员不明真相的群众下山回家，队长幸世泽带着何照富几次到麻风病人家中，与他一起喝茶、吃饭，使他感受到我们是真心实意地对老百姓好，请他上山叫群众下山。山上的人陆续回村，工作队耐心细致地做好叛属工作，向他们讲形势、政策，特别讲清"首恶必办、胁从不问、立功受奖、优待俘虏"的政策。教育他们看清形势，叛乱很快就会平息的，民主改革不可阻挡。摆在叛乱分子面前的光明出路就是走投降从宽的路。康南炮声打响，消灭了阿尔新康叛匪，加上叛属上山的劝说工作，巴尔的82名叛匪投诚78人，争西打兴降别和卡则降别为首的叛乱武装由166人减少到40人。

3828部队与康南部队加强联系，工作队深入发动群众，建立哨卡和情报网，加强各村联防，缩小叛乱武装的活动范围。部队采取多路突袭的军事行动，连续作战，跟踪追击，终于将活动在争西与博窝之间的"伏击干将"打兴降别及其匪众全部歼灭。

第四节 阿纳区长暗中勾结土匪攻区府 自卫武装开展木里大寺保卫战

上层头人阿纳次称巴丁虽被安排为一区区长，但他反动透顶，暗中策划勾结东朗、曾阿的叛乱分子和大寺部分喇嘛，妄图里应外合攻打木里大寺（一区政府所在地），阴谋得逞后，再攻打木里首脑机关——县城瓦厂，占据县城，妄想创造"奇迹"。在土匪头目木加、空里益西、撒打贡麻的带领下，土匪百余人，按预定计划，将木里大寺团团包围起来。

在瓦厂的木里县工委早已掌握了叛乱分子的活动情报，事先通知一区区政府作好迎战准备。周立志书记又派公安局局长张文奎，公安局股长卢维筱，粮食科长韩富民，民主上层人士、工商科科长夺取荣派品到木里大寺做工作，稳定几百喇嘛的思想情绪。当叛乱武装攻打大寺时，众喇嘛都各自躲藏进家中，就是阿纳次称巴丁也慑于人民政府的强大威力，不敢跳出来公开活动。张文奎和区政府20多个自卫武装人员凭借大寺院墙顽强固守。当时正好有稻城某部队来木里购买毛猪的一个班，因土匪叛乱，道路不通，被迫滞留在木里，县工委派他们从瓦厂开往大寺，向土匪发动猛烈的进攻。这些叛乱分子，本是一帮乌合之众，在我内外夹击之下，被打得落花流水，狼狈逃跑，粉碎了他们妄想叛乱的美梦。

第五节
土匪疯狂三区七个乡府尽遭殃
烧杀抢掠木里交通联络全断绝

以争西叛匪打兴降别、开克降比为首的叛乱分子，攻占了龚依乡政府，杀害在乡的区干部韩福才、张兴友后，又将乡政府一把大火化为灰烬。龚依乡民族上层人士降初扎巴，已被县政府安排为县民贸公司经理，他不知感恩，反而投身匪众烧杀抢掠，残害龚依乡亲。在他的煽动和策划下，争西叛匪汇同龚依匪众趁夜跨过雅砻江突袭九龙县八窝乡政府，将六七名乡干部全部杀害，其中有个怀孕的教师也惨遭毒手。八窝乡公司、粮库的财物被洗劫一空。

麦日乡反动头人康尼益西也同时聚众叛乱。至此，三区七个乡全部处于叛匪的蹂躏之中。

二区列瓦乡的奴隶主胡阿鲁子，木里建政时安排他为县建设科科长，但他竟也在1956年4月组织了武装叛乱。胡阿鲁子、胡列瓦等人多次在硝厂沟、棉垭山、洼里等地纠集奴隶主叛乱人员喝血酒，钻牛皮结盟反对民主改革。胡阿鲁子嚣张地说：

"共产党的民改一搞，奴隶全解放了，我们什么都完啦！我在省上开会时和凉山民委的罗家、胡家、米家都商量好了，大家结成一条心，反对共产党，反对民主改革。共产党的民改就是共产共妻，要把老年人杀光，年轻人拉去打仗，长得好的女人捉去给汉人当老婆。我下决心要和共产党斗，只要有一口气就要干下去。解放军是水，我们是石头，水流过了，石头是不会走的。大家想办法买枪买子弹，杀死政府家的干部，杀掉投靠政府的人，向政府报信的，全家丢河，只有把共产党赶走我们才有好日子过。"

一时间，列瓦乡政府化为灰烬，盖地桥、深沟桥被捣毁，叛匪无恶不作，四处杀人放火，抢劫群众钱物，切断了木里到盐源、西昌的交通及通信联络。

第六节
土匪险恶设计晒场鸿门宴
姑娘报信工作队安全脱险

水洛乡在1956年发生武装叛乱,1957年叛乱被平息,进行了民主改革,谁知1958年又在联堡发生了反革命武装叛乱。

水洛乡的联堡只有一条崎岖的山路通向外界,是一个易守难攻的地方。就是骡马驮运货物也不能太重,行人路过更得小心翼翼。

工作队进驻联堡的途中,听见一个美丽的牧羊女在高唱山歌:

> 为什么山巅的白云啊,
> 总是缠绕着五色经幡?
> 为什么海螺吹响的时候,
> "塔松"(烧香台)才会冒出袅袅桑烟
> 为什么我在酣梦中,
> 才会看见我阿妈的笑脸?

声音十分甜美动听。正好工作队里的藏族队员杨马若也是一个民间歌手,他长声吆吆,和姑娘对起山歌来:

> 天快要下雨了,
> 赶快吆拢你的羊群;
> 雷霆闪电快打来了,
> 阿妹你快躲进岩洞。
> 雨过天晴你快下来看哟,
> 我就是你梦幻中的英雄。

姑娘唱：

> 狐狸跑来了腥味不好闻，
> 乌鸦飞来了叫声更难听。
> 你要过路走快点，
> 你要听歌莫出声。
> 我是佛家念经人，
> 小哥不要起歪心。

另一个基干民兵也故意开玩笑地唱道：

> 说脏话污了你的小嘴，
> 冤枉人亏了你的良心。
> 格桑花开在山顶，
> 蜜蜂飞进了花心。
> 格桑花是在等待蜜蜂啊，
> 小妹你不是在等待远方的情人。

工作队长赵崇大声地喊道："姑娘你下来哟，我们是工作队的，我们想向你问一下到联保的路！"

姑娘吆着一群山羊从林间飘然而出，头披发网，脸蛋红润，显得高挑健美、青春四溢。她叫甲格里扎西，是个带发修行的尼姑。

甲格里扎西向工作队指引了到联保的路后，吆喝着羊群消失在林中小路中。杨马若呆呆地看着扎西尼姑美丽的背影。

在未来一年多的时间里，杨马若经常到甲格里扎西家喝黄酒吃酥油茶，一来二去，混熟了，杨马若原是想和扎西讲恋爱，但扎西执意念佛不愿嫁人。不过，他还是和扎西的妹妹谈起恋爱来了。甲格里家两姊妹成了民改积极分子，有空也常来工作队住地玩耍。当时工作队有严格的纪律，工作队员是不准和当地人谈恋爱的。

村长十分热情积极，信誓旦旦地对工作组说，我们联堡全体村民一定听共产党和解放军的话，不叛乱，安心搞生产。工作组来到联堡，经过一年多艰苦细致的工作，完成民主改革工作，划定了地主、富农、贫下中农等成分，分了田地，老百姓开始过上平安的农耕生活。

民改结束后，大批工作人员撤回县城，留下杨马若和撒打偏初二人组成的工作组继续在联堡工作。

大批工作队撤走后,有几个被斗过的地主怀恨在心,秘密组织叛乱。

一个叫买尼仁青旦珠的地主分子,在被批斗时,趁夜逃跑了。他把衣服、鼻烟壶等用品都放在河边,伪装成跳水自杀的假象,家人上报工作队,四处寻找,不见踪影,都以为他是真的跳河自尽了。工作队和村上的人给他办了丧事。谁知他跑到稻城地区藏匿数月。1958年初,他勾结东尼土匪,计划在联堡举行武装叛乱,然后,攻打乡政府。和东尼土匪商量好叛乱时间后,他秘密潜回联堡,串联其他被斗地主、富农分子密谋准备,同时利用亲戚等关系动员、裹胁村民到时一起参加叛乱。

他们的计划是,派两组土匪去烧毁县城通往水洛的必经之路上的新藏伸臂桥和纳新桥,断了乡政府人员的退路,同时在晒场杀牛宰羊,村民与工作队举行联欢会,趁机杀掉工作队队员,举行叛乱。

五月的一天,一个村民(土匪)来到工作队住地对杨马若和撒打偏初说,明天傍晚,联堡村全体村民在打麦场向工作组人员表决心,不叛乱,跟着共产党走,安心搞生产,同时杀猪宰羊,大家在一起联欢唱歌跳舞,喝酒取乐。杨、撒二人听了,非常高兴

当初被土匪烧毁的新藏木质伸臂桥现已建成坚固的石拱桥

地对村民说:"你给村长说,搞得太好了,我一定把你们这里的情况向乡上、县上汇报,要其他地方向你们联保学习,明天我们一定按时参加。"

就在当天,一个老阿妈悄悄对甲格里扎西说,"你听到没有?明天有人要杀工作组了。"甲格里扎西一听,心里大吃一惊,但表面不动声色地说:"是不?我还不知道呢。"

当天,工作组人员刚吃过午饭,甲格里扎西气喘吁吁地跑到他们住地,迫不及待地强行把杨马若拉出屋外,急促地对他说:

"你快点逃吧,土匪们都准备好了,要在打麦场杀你们,然后就叛乱攻打乡政府。"杨马若大吃一惊,焦急地说:

"你要救我,还要救偏初。"

说着强拉着她来到撒打偏初面前,说了土匪叛乱的危急消息。工作组组长撒打偏初激动地握着扎西的手说:

"扎西姑娘,感谢你!在这危险时刻你给我们通风报信,救了我们。你家是贫苦人家,是我们依靠的对象,我们很快就会打回来的,请你相信共产党,相信我们。到时候我向你保证,乡政府会重新分给你们家最好的地,最好的牛羊,并破例批准你的妹妹和杨马若结婚。"来到无量河(又叫水洛河)的悬崖边,扎西用一根牦牛索把杨马若和撒打偏初分别吊下了悬崖,两人顺着无量河边,翻越危石峭壁,连夜逃回水洛乡政府,汇报了联保土匪叛乱的情况。乡政府紧急动员,把国家工作人员全部集中在乡政府构筑工事,站岗放哨,防备土匪偷袭,同时立即派人到县城报信。第二天,乡上得到消息:新藏桥和纳新桥都被土匪烧毁了。土匪截断了水洛乡通往县城的退路。

再说联堡土匪眼看太阳快要落山了,三大锅牛羊肉已经煮得热气腾腾,肉香四溢,只等工作组人员进入打麦场,埋伏在几间木板房内的30多名土匪就会蜂拥而出,冲进麦场对工作组大开杀戒,然后庆祝胜利,等酒足饭饱之后,就去攻打乡政府,正式举行又一次反革命武装叛乱。

天色已黯淡下来,还不见工作组的人影,土匪头子买尼仁青旦珠起了疑心,马上派两名手下前去催请工作组人员赴会。这两名小土匪来到工作组住地,只见行李物品都在,就是不见人和武器,知道消息泄露,工作组已经逃走了,急急忙忙跑回去报告。仁青旦珠气急败坏,急忙率领匪众顺路追击,但还是来晚了一步,两个工作人员已逃回乡政府了。从此,联堡又掀起了叛乱的腥风血雨。

第七节
喇嘛山血雨腥风难民流离
县工委严密部署武装自卫

一区大坝乡的大奴隶主米阿达子曾是一区的副区长,民主改革刚刚开始,他就步东朗后尘,在大坝组织了反革命武装叛乱。他纠集二区匪首胡阿莫,在西秋、博瓦等地烧杀抢掠,气焰十分嚣张,并于1956年4月21日联合康坞大寺的叛乱喇嘛百余人攻打二区政府。

从1956年3月12日东朗叛匪打响武装叛乱第一枪开始,到1956年4月中旬,反革命武装叛乱波及木里全县19个乡的14个乡(俄亚、宁朗、桃坝、卡拉、麦地龙乡未叛乱),参叛人员达到3000多人,有大小匪首138人,步枪、手枪1200余支,明火枪1800余支,十余股叛匪活动于全县各地。喇嘛山笼罩在一片腥风血雨之中。不到一个月的时间,各地叛匪杀害干部、群众34人,打伤4人,抢劫粮食45万多公斤,牦牛450多头,黄牛300头,羊1500多只,抢走15万元的贸易物资,烧毁房屋618间。反动阶级的倒行逆施,使国家和人民群众的生命财产受到严重损失,生产陷于瘫痪。民主改革的进程受到阻滞。

叛匪们烧杀抢掠,惨无人道,致使三区沙东、四合、固拉、俄公堡等地逃难的群众,拖儿带女拥向县城驻地瓦厂寻求庇护,难民住满了机关、礼堂、会议室,甚至露宿街檐墙边。

木里当时只有一个民警中队,没有驻军和其他武装力量。一时间,叛乱四起,交通断绝,联络中断。得到的情报,听到的消息,不是这里叛乱就是那里发现敌情;不是这里抢了东西,烧了房子,就是那里杀了干部、群众。这是木里最为紧张、最为危急的时刻。面对数千气焰嚣张的土匪,如何保障县、区、乡政权,保卫木里人民的生命财产和进行民主改革,成为木里县工委迫切需要解决的问题。县工委临危不乱,及时召开了有项培初扎巴、林甲央等民族宗教界人士参加的县工委扩大会议,就当前的紧迫问题进行了认真的讨论。县工委做出六条部署:

1. 详细地将木里匪患情况向西昌专署汇报,请求上级派兵进入木里平息叛乱。
2. 成立木里县民改平叛指挥部,县工委书记周立志为总指挥,县委常委、公安局局

长张文奎为副总指挥（后又增加部队领导担任副总指挥）。

3. 立即武装县城和一、二区干部，防备土匪袭击。

4. 紧急撤回一、二、三区各边远乡的工作组和干部，回县整训。

5. 抽调130名干部和积极分子组成武装工作队，由公安局局长张文奎率领，重返三区工作。

6. 加强与盐源县的联系，互通情报，相互支援。

政协主席林甲央、县长项培初扎巴等民族宗教上层人士带头捐献枪支，副县长项扎巴松典在西昌开会，听到木里3月12日发生土匪叛乱后，非常愤慨，立时打电报给林甲央通知他的管家，捐出所有枪支257支，子弹3000多发，用于组建武装民兵，平息叛乱。县工委同时根据他们的建议，抓紧向木里各土司衙门、大寺和上层人士借枪组建基干民兵，武装工作干部，保卫县城。遵照党中央"政治争取和军事打击相结合"的平叛方针，执行"顽固者坚决消灭，投诚宽大，立功受奖"的政策，与叛匪展开针锋相对的武装斗争。

1956年5月中旬，木里县工委三次共借得各种枪支1577支（其中冲锋枪8支，手枪8支），子弹63100多发，建立了400人的四个武装民兵基干连，武装县、区、乡干部积极分子750多人，在民主改革和平叛中又建立了各乡自卫武装，对保卫区、乡机关和国家财产，维持治安，配合人民解放军平息叛乱，保卫民主改革和人民生命财产起到了巨大作用。

上级对木里土匪叛乱十分重视，先后调来稻城部队68团（即3559部队）一个营，从云南丽江调来一个民警大队，从西昌调来3828部队一个营增援木里。

第八节
武装押送33驮枪弹运抵木里
老鹰岩下土匪妄想设伏抢武器

1956年4月11日，西昌军分区派3828部队一个分队37人，在郑副指导员和一个排长的带领下，为木里送来急需的33驮子弹和冲锋枪。他们昼夜兼程，日行百里，于13日来到列瓦乡董把总（相当汉区保长）家宿营。14日，天不亮部队吃过早饭，备马出发。这时，董把总家的屋顶升起浓浓的柏树烟，吹响了悠长的牛角号。（事后查明，这是与土匪有勾结的董的管家发给土匪我军出发的信号。）郑副指导员对战士们说："前面地形复杂，行进中一定要提高警惕，随时做好战斗准备。"并派出尖兵班，由排长带领搜索前进。

山路崎岖，两面临山，森林茂密，杂草丛生，坡陡路窄，是马不能并肩、人不能双行的羊肠小道，沿途有9个回头线，18个上下坡。胡匪选择在这里伏击解放军夺取军火，实在是再好不过的地形了。在伏击地点，他们砍了一棵大树横拦在路上，路上方堆集滚石擂木，百余名持枪土匪埋伏林中山口。

当部队来到此路段时，顿时枪声大作，匪首胡阿鲁子率土匪从前、后、上三面同时向解放军开火，滚石擂木也倾泻而下。在这危急时刻，郑副指导员临危不乱，沉着指挥：一个班还击对面山上土匪，一个班压向路上面的敌人，一个班冲向尾追前来的匪徒。三挺机枪和冲锋枪、步枪同时向敌人开火，密集的火网打得敌人抬不起头来。满山遍野，啊——依啊——啊——依啊的吼叫声、枪声、滚木擂石碰撞声混合在一起，响声似雷，震耳欲聋，战斗十分激烈。战斗刚打响，部队就牺牲一人，负伤一人。愤怒的战士向敌人发起猛烈的反击，打死匪徒2人，打伤20多人，压住了土匪的嚣张气焰。

郑副指导员、几个战士和马脚子，一人拉马头，一人在路下驱赶牲口，艰难地绕过路障，冲过封锁线。匪徒看到武力抢夺军火失败，就气急败坏地点燃草丛，向部队发起火攻。四月的木里，正是草枯风大的季节，那一人多深的茅草烧起来，顿时浓烟滚滚，火光冲天，战士们一边战斗，一边扑打山火，一边护卫马帮通过。经过四个多小时紧张激烈的战斗，终于冲出森林险道。

部队继续前进，沿途土匪不断射击。在一个悬崖边，带头骡子突然中弹倒地，马脚子眼疾手快，割断马肚带，抢下子弹驮子，骡子跌下深渊而死。

　　经过多次激烈战斗，部队于下午六点过终于来到已是残垣断壁的列瓦乡政府——盖地。一天的激烈战斗，人困马乏，口粮断绝。部队只得就地宿营。刚把驮子卸完，叛匪蜂拥而至，将营地团团包围。

　　当时带着工作队和民兵驻守列瓦渡口的公安局干部杨茂生收到老乡报信，说当天摩梭沟一带，枪打得很凶，比过年放鞭炮还厉害（因联络中断没有接到部队运送弹药到木里的通知）。他马上带着工作队员杨武军等人来到诺福渡口。得知情况后，杨茂生马上渡过小金河与郑副指导员见面商量。郑说，这批武器弹药是支援木里平叛的急需军用物资，要不惜一切代价抢渡金河，尽快送达县城。

　　经商量，我方决定一面在列瓦银盘构筑工事，不断向敌人射击，迷惑敌人，造成部队要从列瓦渡河的假象；另一面连夜派人到上游列瓦渡口把船划到下游的诺福渡口。

　　次日凌晨三点，部队一个班先渡过小金河，占领对面有利地形，掩护马帮渡河。天将拂晓，叛匪发现部队渡河，开枪射击，哇哇乱叫，但立即受到对面解放军的坚决还击。胡匪抢夺军火的计划彻底落空。部队安全渡过金河，把军火及时送到县城，投入到平叛战斗中。

第九节
愚昧土匪月黑风高猛攻区公所
工委书记果断防守击溃乌合匪

从1956年4月21日开始，木里县拉开了轰轰烈烈的武装平息土匪叛乱的伟大序幕。

是日，米阿达子、胡阿鲁子率领匪众包围了二区政府。当时的二区政府，只有区政府土夯墙房屋三间、一所初级小学土坯房，还有用木板搭成的民族贸易公司，既无驻军，干部人数也不多，在军事力量方面，与来进攻的叛匪更是力量悬殊。

县工委副书记张西峰同志（1920—1999），到四川就职前任山西省武济县武委会主任（武装部长）。当时张西峰正在二区检查指导工作，得知土匪要进攻区政府的消息，他与区委书记邓天忠商量后，立即采取果断措施，集中所有干部，堵塞门窗，修筑战壕，布置哨位，加强巡查，保卫区公所。4月25日，三区麦日叛匪和康坞大寺反动喇嘛结成股匪，窜到博瓦与米阿达子、胡阿鲁子汇合，叛匪人数大增，更是气焰嚣张，为了哄抢东西，决定趁夜强攻区公所。身着"护身符"，声称刀枪不入的一伙匪徒，急不可待地蜂拥到区政府大门前，趁月黑风高，用大斧猛砍区公所木门，妄想破门而入。在碉堡上执勤的县委通讯员梁云祥同志一梭冲锋枪子弹对着大门横扫出去，当场打死土匪2人，打伤4人，打破了"刀枪不入"的鬼话，震慑了土匪嚣张气焰。土匪挨了当头一棒，再也不敢进攻，连夜逃回康坞大寺。麦日土匪则一路抢劫逃回老巢。

张西峰南下四川转业时留影　　其子张建林　提供

第十节

杜局长语重心长讲政策
军邮排夜入康坞被匪围

杜锦田南下时留影　　杜锦田　提供

康坞大寺是木里三大寺之一，住寺喇嘛300多名。该寺地处高山深谷，四面都是深山老林，寺庙建在莲花山脚下。寺庙周围没有住户，即使到附近的阿比店、鸭嘴也要半天的路程。这里是卡拉乡、麦地龙乡和三区瓦尔寨一带，顺高山通往博瓦至盐源、西昌的必经之路。这里有宽敞的寺庙喇嘛房可供住宿，周围有可供放牧的高山草地，有土司家的粮库，可供行人、马帮购买粮食和马料。从平叛战斗的形势而言，这是一个很重要的战略要地。

杜锦田，1929年出生，山西人，原晋绥军区警备三团排长，1949年到重庆公安校培训三个月，1952年参加木里工作队，建区（县）时任公安局副局长，他和张文奎是十分亲密的朋友和战友。张文奎曾对他说："在平叛斗争中，不是你死，就是我死。"因为他俩，如果一个留守公安局值班，一个就要带队出征战斗。结果张文奎不幸牺牲了，杜锦田感到非常痛心和惋惜。

1956年4月中旬，为了做好尚未公开叛乱的康坞大寺喇嘛的工作，县工委决定派杜锦田和民警队长李俊存带领30多名民警、民兵到达康坞寺。杜锦田主持召开了寺庙头人和喇嘛会议，语重心长地讲解党和政府宗教信仰自由的政策，宣传民族团结，揭露当时喇嘛中流传的各种谣言，讲平息叛乱的政策和决心。喇嘛们都表示跟政府走，不参加叛乱。有的只是"拉索，拉索"地点头应对。寺庙头人对杜锦田等人的到来很热情，安排喇嘛背水、背柴、煮饭等，有的还假意挽留部队住下来，保护他们的安全。一些人对部队人员敬而远之，不靠近，不说话。部队人员主动和他们打招呼，他们摇头只说："哈马姑！哈马姑！"（听不懂的意思）手一比画就走了。

因县城空虚，杜锦田担心土匪袭击，开完康坞喇嘛会议，就带领30多名武装人员急忙赶回县城瓦厂。其实康坞的反动喇嘛早已和土匪勾结串通，杜等一离开，他们便马上派人到山上迎接三区来的叛匪，让其住进喇嘛庙，为其提供物资、饭食，康坞寺庙喇嘛从此加入土匪，走上反对民主改革的武装叛乱之路。

1956年5月上旬，3828部队的副连长陈继祥同志带领一个排，护送军邮和机要文件往返于西昌和木里之间。当得知瓦厂至博瓦的必经之路黄牛厂、斯洛沟一带有土匪出没，陈就绕道康坞，住进康坞衙门最高的一幢房内。因喇嘛通风报信，当晚他就被200多名叛匪层层包围。匪徒不仅有康坞叛乱喇嘛，还有三区部分叛匪。叛匪多次向军邮排发起进攻，都被打退了。

匪徒包围陈继祥等人三天三夜，时间长了，土匪稍有松懈。第三天夜里，军邮部队从事先侦察好的突围路线转移，他们打开门，顺着墙根神不知鬼不觉地快速撤离了喇嘛寺。等他们爬上对面山包时，回头一看，只见他们住过的那幢大楼，升起了滚滚浓烟、熊熊大火，没过多长时间，历史悠久、艺术精美的康坞大寺的土司衙门大楼就被叛乱匪帮烧成一片灰烬。军邮排庆幸撤退及时，否则后果不堪设想。

第十一节
众匪徒麇集匪窟康坞寺
三个连围歼叛匪拔毒瘤

1956年5月,从稻城进入木里平叛的部队68团一个营打散了土匪,占领了三区匪窟瓦尔寨大寺,三区的部分叛匪便向康坞聚集,一时间,康坞匪数大增,气焰更加嚣张。土匪们时常到西秋、阳山等地烧杀抢掠。

7月初,平叛指挥部决定集中力量围歼康坞寺叛匪,拔掉这个叛匪据点,打通木里至西昌的联络通道。

歼匪行动由团参谋长张少功统一指挥,部队三个连分别从博瓦、瓦尔寨、县城出发,约定时间,奇袭康坞叛匪。天未亮时,部队秘密靠近寺庙周围。时间一到,三路冲锋号齐鸣,战士们奋勇争先冲向寺庙。盘踞在寺内的叛匪猛烈向我部队开枪阻击。指战员一齐大声喊话:"缴械投降,既往不咎!""缴枪不杀,顽固到底,死路一条!"喊话好一阵,无济于事,土匪仍顽固地一阵阵向进攻部队开枪射击。见喊话不行,部队发起猛烈的进攻。不到二十分钟的战斗,部队就俘虏了除大经堂之外的全部土匪。大经堂高大坚固,大门结实,一时冲不进去。经商量,在机枪的掩护下,军队用一包炸药炸开了大门,战士们怒吼着冲进大经堂,俘虏了十多个土匪。集中清点俘虏时,发现大黑彝奴隶主胡阿鲁子漏网了。原来,这个匪首非常狡猾,他晚上睡在寺庙对面的树林里,看我军包围寺庙,就悄悄钻山林逃跑了。

解放军38团一个营、丽江民警大队和基干连等平叛部队连续作战,痛击盘踞在木里县二区、盐源后所一带的土匪,经过多次战斗,特别是博瓦甲尔沟战斗,歼灭叛匪50多人,匪首胡阿鲁子走投无路,被迫投降,活捉大坝黑彝匪首米阿达子(后逃跑又上山为匪)。极大地打击了土匪的嚣张气焰。

第十二节
进军东朗二十八烈士血洒碧水
上层人士大义劝土匪缴械投降

东朗是藏族嘎咪人聚居的地方，毗邻稻城，历来是多事之地，也是木里土匪叛乱杀害工作队人员，打响武装叛乱第一枪，匪情最严重的地方。

该地头人东朗佃班（相当于汉地乡长）偏初取扎，在木里各头人中权势最大，桀骜不驯。其舅是稻城地区有名的头人次洛班；其妻的父亲是国民党时期稻城县县长，又同次洛班有姻亲关系。

1953年建政时，这几个叛乱头目都被政府安排了职务，瓦尔寨衙门的头人姑擦聪古为三区区长，东朗佃班为副区长，帕兴降别为东朗乡乡长，八楚扎巴为副乡长。自叛乱四个多月来，他们气焰嚣张，到处烧杀抢掠，欠下累累血债。

1956年7、8月份，木里县平叛指挥部决定进军东朗，成立东朗工委，统一指挥三区境内的平叛工作。县委副书记张西峰任工委书记，公安局局长张文奎、3828部队团长王贵章任副书记。

民族上层人士、县长项培初扎巴、活佛甲央旨古、工商科科长夺取荣品、活佛的弟弟甲央巴丁等也随部队参加东朗工作队，负责劝降争取工作。

部队在途中与叛匪发生多次激战，经过四天的艰苦行军，终于在8月30日开进了东朗乡政府所在地——绒扎。

部队刚住下，就被千余名土匪（这些土匪除东朗的叛匪之外，还有稻城、理塘、乡城等流窜来的，稻城大土匪头子次洛班也在其中）包围。我进剿部队不足500人，此时双方兵力悬殊，地形、民情都不熟悉，土匪又占据了有利地形。村里的百姓也跑光了，根本找不到部队所需口粮和马匹所需饲料。村外的水源全部被截断，唯一能取水的东朗河也被敌人封锁。我军处境越来越艰难。被困四五天后，部队伤员也只能喝到一点尿，其他人员处在极度干渴之中。我军干部、战士，除忍着饥饿的煎熬外，还要日夜防备敌人的进攻，情势十分危急。书记张西峰把夺取荣品等上层人士叫来，对他们说，我们只有宰杀群众的羊子充饥，用羊皮口袋夜里去取水，你们好好记清楚宰杀牲畜的人家，以后好照价付款。通过几次夜间的强行取水，基本解决了饮水问题。后来，我军通过电台与乡城部队联通，约定时间，采取"围魏救赵"之策，联合攻打叛匪巢穴折英村，以解绒扎之围。9月5日，我军一个排前去接应乡城部队，因夜间行军，误闯入敌人大本营，发生遭遇战，村子里有敌人，山坡上有敌人，我军腹背受敌，处境万分危急。敌我双方展开了激烈的拼搏。我军战士英勇顽强，数次打退从碉房内冲出的敌人，在强大火力的掩护下，我军战士用炸药包和手榴弹炸开敌房门，冲进房内和敌人展开肉搏战，有的战士拉燃手榴弹与敌人同归于尽。这场战斗十分惨烈，持续到9月6日上午9点钟才结束，共消灭土匪38人，我军战士28人全部壮烈牺牲。青山悲鸣，河水低咽，年轻的生命为木里的解放事业流尽了最后一滴血，如今他们静静地躺在绒扎烈士陵园中。几棵青松，半截土墙，28个土堆，没有墓碑，分不清姓名，只给我们留下无尽的回忆和哀思。

解放军在折英村的英勇战斗、大义凛然的牺牲精神，极大地震慑了土匪的嚣张气势，瓦解了土匪斗志。乡城部队又于第二天及时赶到绒扎，与东朗部队里外夹击，解除了东朗绒扎之围。经过一个月十多场的英勇战斗，我军击溃了东朗一带大部顽匪。匪首东朗佃班、麦色嘎绒、帕兴降别、交兴格丁为首的50多名土匪逃进深山。东朗工委决定组建乡自卫武装，留下工作组，继续开展东朗的民主改革和平叛工作，其余大部分人员撤回了县上。

大部队撤走后，东朗匪帮又猖獗起来。

东朗叛匪和稻城叛匪相勾结，到处散布谣言，煽动群众说：地主、富农成分划了一次两次不算完，今后还要不断划的，稍有钱的都跑不脱。不明真相的群众产生了疑惑和顾虑，又有200多人跑上山当了土匪。

1957年9月底，木里民主改革工作队再次进入东朗，开展民主改革和平叛工作。

在我军有利形势下，活佛、项培初扎巴、格弟甲初、夺取荣品、甲央巴丁、唐央小经堂的达瓦绒布（又称瞎子活佛）、朗丕活佛等组成劝降团，随同部队到东朗、唐央等地，长时间地做争取规劝叛匪投诚的工作，并取得显著成绩。上层民族人士向土匪严正指出：我人民解放军威力强大，几个县的叛匪都不堪一击，何况东朗这小股土匪？告诫他们，只有向人民政府投诚，才是唯一的出路，我党的政策是宽大为怀，既往不咎。

他们跋山涉水，深入叛区，耐心说服，规劝群众回家生产。他们甚至不顾个人安危，与匪首面对面严词规说，反复宣传党的政策，取得了积极的成果：

东朗甸班、偏初取扎（学习中再次逃跑叛乱，后被活捉）、帕兴降别、巴楚扎巴、麦色甲央等匪首和叛匪骨干分子阿松根久等缴械投诚；

以壮久为首的叛匪30余人投诚；

唐央以嘎绒其皮为首的叛匪30多人投诚；

麦日乡以鲁绒其皮、谷古为首的叛匪缴枪投诚。

随后，活佛、项培初扎巴等民族上层人士又对水洛联保依丑巴丁进行规劝；对大坝米阿达子等匪首进行规劝。

公布次尔，以前是茶布朗的甸班，建政时被任命为东支乡乡长，叛乱后，他积极宣传党的政策，稳定群众，参加东朗平叛，为部队带路，发挥"语言通、情况熟"的特长，动员叛属上山规劝家人向政府投诚，取得很大成绩，民主改革后仍任沙东乡乡长，是建政时安置的乡长（头人）中唯一一位继任的。

舒元远是木里四大把总之一，大喇嘛家有名的"外交官"，建政时被任命为民政科副科长。后舒元远参加平叛工作，经常深入群众中调查敌情，向叛属宣传党的政策，争取了两名土匪骨干投诚。在欧尔战斗中，险遭枪击，他毫不在乎；牙英一战，同道的麦初扎巴中弹牺牲，他毫不畏惧，继续战斗，受到大家的好评。

从此，东朗的局势日趋安定。

第十三节
为大局动员活佛脱离匪窟
张文奎劬劳为民血染青山

进入木里时的张文奎

张文奎，1928年生，男，汉族，山西洪洞县人。1943年，刚满15岁的张文奎就参加了八路军，1946年加入中国共产党。1947年进军华南，1949年进军大西南，到西康省宁属地区盐源县公安局参与当地"清匪、肃特、反霸"的民主革命运动。1953年，张文奎任木里藏族自治区（县）第一任公安局局长，1956年任中共木里县工委常委，平叛剿匪副总指挥。

东朗平叛战斗结束后，张文奎回到沙东继续指挥三区的平叛和民主改革。叛匪对他恨之入骨，多次阴谋杀害他。

由于宗教在木里的历史影响，木里的第九世活佛甲央旨古在叛匪心目中是他们的精神支柱，也是他们拉拢的对象。同时，活佛也是我们争取的目标，做好活佛的工作和保证他的安全，对当时的平叛斗争至关重要。动员活佛离开瓦尔寨，脱离叛匪、脱离叛乱之地，到县城瓦厂居住，是平息叛乱的最佳方案。区（县）工委领导问："谁到茶布朗、瓦尔寨大寺（茶布朗区政府所在地，当时是土匪集聚的地方）做活佛的工作？"张文奎毅然决然地说："我去！"他知道此行凶多吉少，但仍然临危受命，将生死置之度外。

出发前一天，张文奎接连三次到与他一起南下的战友许进家说："我如有不测，请照顾我的家人。"直到临走时，他才对妻子说："这次下乡，我如果回不来了，你就带上三个孩子回山西老家。"妻子始终无法想象当时局势紧张的状况，只是嗔怪张，希望他不要说那些不吉利的话。

1957年11月3日，是个可怕而血腥的日子。张文奎带着通讯员皈登志从县城瓦厂出发，前往茶布朗同部队首长研究平叛工作后，就动身前去瓦尔寨大寺面见活佛，转达县工委领导的意见。张文奎说："你是政协名誉主席、副县长，有名望的活佛，这一带土匪活动频繁，为有利工作和保证你的安全，请活佛到县城居住。"经过张的反复动员，活佛同意当天从喇嘛山小路马上返回县城。

张文奎和皈登志在回程中来到沙东的扎延村时，叛匪苏班赤乃、打兴降别、卡则降别、鲁绒达瓦等七八个土匪早已埋伏在路边密林中，叛匪乱枪齐发，张文奎和皈登志顿时身中数弹，壮烈牺牲。年仅29岁的张文奎和通讯员皈登志为了木里人民的翻身解放情注青山，血流碧野，献出了他年轻而宝贵的生命。张文奎留下了年轻的妻子和三个嗷嗷待哺的孩子。

杀害张文奎和皈登志的匪首在平叛结束时被逮捕法办，处以死刑。张文奎后被追认为中华人民共和国烈士。

张文奎（左一）1948年在山西与战友合影

张文奎（前排右一）入木里前在成都与战友合影

第十四节
三个月龚依匪患终肃清
两面攻水洛叛匪皆投诚

三区龚依乡与稻城、理塘相连，也是匪患活动十分猖獗的地区之一。1956年底，由张茂林、董殿清带着基干五连及董正坤率领的工作队进驻龚依乡天尔村，负责开展全乡的民主改革和平叛工作。

进军东朗时，为形成掎角之势，上级决定由部队转业的连长潘志仁率领基干三连从瓦尔寨出发，计划配合基干五连突袭叛匪巢穴坑古，消灭龚依降初扎巴匪众。

基干三连翻过高山到达央刚梁子就与叛匪发生了遭遇战。山高寒冷，机枪冻住打不响了，潘志仁焦急地拿过机枪，脚踏枪柄，手拉枪栓，反复多次，摩擦生热，机枪终于打响了。潘志仁亲自端着机枪开路，战士们边打边向天尔村方向急进。部队冲过六个山垭口，突破敌人六道封锁线，于下午三时，冲杀到天尔村外。通过侦察，基干三连发现土匪已攻占村外五个山头，将乡政府所在地的天尔村团团包围。

这股装备较好的土匪是由唐央乡匪首卡则降别与理塘匪首底阿丑、木拉西相勾结的匪众，共二百多人。他们妄想打下龚依基干连，然后再攻打县政府。此时，天尔村的防守是很空虚的，驻扎龚依乡的董殿清基干五连多数战士已到坑古剿匪去了，村里只有一个基干民兵班和工作队队员杨武军、苏朗次尔、黄治安三人，他们以坚固的碉堡和民房据险固守，与土匪激战，基干连一战士和一名群众已被土匪打死。叛匪多次攻击，终未将碉堡和住地攻下，疯狂的匪徒们正将大量的木柴堆集到碉堡和民房周围，准备放火烧房。

情况十分危急，潘志仁当即命令部队投入战斗，向叛匪发起猛烈的进攻，战士哈日哈古一枪将叛匪前线指挥官击伤落马。此时，敌人的火力也很猛，两挺机枪轮番扫射，打得战士们抬不起头来。

天尔是一个高山村落，空气稀薄，战士们又累又饿，疲惫不堪，但枪一响，个个像猛虎一样，有的还光着膀子，端着枪，边打边冲，怒吼着向土匪猛扑过去。潘志仁在机枪的掩护下，机智地带领战士，时而卧倒，时而迂回冲锋，经过三个多小时的激战，攻占敌人五个山头，将围村土匪击溃，解了天尔之围。

经过三个多月的清剿，基本平息了龚依乡的土匪叛乱。

联堡土匪叛乱后，水洛乡自卫武装严阵以待。水洛乡干部动员全乡群众砍伐木料，在洪水到来之前抢修新藏桥，保证水洛到县城的交通命脉。乡长阿拉巴杂公布带领一个排到乡政府后背的熟都梁子构筑工事，镇守桥头要道，保卫乡政府。

当时，地主、富农的枪没收了，但老百姓每家都有步枪或明火枪。在买尼仁青旦珠的裹胁下，不但男人参叛，连女人都跟着上山捡石头，只要剿匪部队从联堡的岩路上经过，就滚几个石头进行攻击。因此，这股土匪十分疯狂嚣张。

工作队队长余尔银带着一个基干连和民兵去攻打联保土匪，在途中与土匪交战，虽打死了几个土匪，但却牺牲了一个民兵队队长。悬崖绝壁，山路羊肠崎岖，通过实在困难重重，最后不得不无功而返。

县剿匪指挥部统一部署，从宁朗调马春林一个基干连顺冲天河而上到水洛，从东朗麦日调一个排的解放军到水洛共同围剿土匪。

一个基干连从水洛到联堡沿山路佯攻，稳步而进，吸引土匪注意力；解放军一个排和另一个基干连翻越4000多米的嘎里降山、草苦降山，经过两天的艰苦行军，来到联堡村背后的大山上居高临下发起了进攻。神兵天降，土匪惊慌失措，仓促应战。在我军强大军事实力的打击下，土匪抵抗不住，四散逃窜，躲进深山。经过反复清剿，打散了匪众，俘虏了二十多个土匪骨干，押送外地收监改造。几十个胁从土匪，经政治教育后从宽处理，释放回家。还有十多个顽固分子逃进了深山继续顽抗。

木里大寺喇嘛依丑巴丁，平时就是一个调皮捣蛋、不务正业的人，这时他跑到联堡大山里参加了这伙土匪，并成为这伙叛乱分子的首领。他们熟悉本地山势人情，盘踞在深山密林，不时下山四处杀人抢劫，十分顽固。经夺取荣品动员，叛属多次上山劝其投降。依丑巴丁顽固不化，竟持枪威胁参叛同伙，谁要下山，立即枪杀。我军和工作队采取攻心策略，让匪众亲人继续上山喊话，要土匪下山投降，与亲人团聚。土匪的活动环境和生活日趋艰难，在强大的军事压力和亲人们的说服动员下，匪众感到大势已去，再不投降，将是死路一条。几个部下密谋后，趁依丑巴丁睡觉之时将其打死，余下12人全部向政府投诚，受到政府的宽大处理。

另一股东朗佃班土匪和云南东尼土匪勾结，在嘎洛山上活动，群众举报后，武工队长魏明光带领一个基干连突袭嘎洛大山上的土匪巢穴，只见四五顶白帐篷、一顶黑帐篷里，二十多个土匪正在呼呼大睡。魏明光一声大吼："打！"枪声响彻四野，土匪"哇哇"乱叫，二十多个土匪全部被俘。

此外，嘎洛的头人巴丁昂翁、阿江擦里等土匪在木里与东尼交界的扎米脚纠结作乱，他们有牦牛、有马匹，时常抢劫牧民财产。群众报信后，魏明光又带一个基干连经过两天两夜的急行军,悄悄来到土匪住地,包围了他们的木棚,几种武器一起打响,打死一个土匪,其余全部伏地缴械投降。其中还有几个女人(土匪头子的女人)。

至此,水洛匪患平息。

木里县原县委书记、州人大常委会副主任八一仁青说:"当时我17岁了,当了民兵,站岗放哨,参加过保卫水洛乡政府的斗争,攻打联堡的战斗也参加了,只是没有到前线。魏明光带队伍两次参加剿匪战斗,大获全胜,后在水洛担任指导员,威信很高,群众很是敬重他。"

第十五节
运筹帷幄打好平叛最后一战
政策攻心活捉匪首米阿达子

  米阿达子是木里县大坝乡的大奴隶主，建政时，政府委任他为一区副区长。这个顽固分子坚持剥削阶级立场，企图阻止历史前进的步伐，1956年初，民主改革刚开始，他就煽动、纠集不法奴隶主胡阿鲁子、胡毕母子等人在大坝、后所一带组织了反革命武装叛乱。为了进剿大坝叛匪，保卫民主改革顺利进行，木里平叛指挥部派遣武装基干民兵第五连进驻大坝。连长是从部队转业下来的张茂林，副连长是董殿清。

  这个连共有60人，分3个班。每个班配备轻机枪一挺，冲锋枪四五支。战士实行月薪，12元交伙食，12元作津贴。限于当时的条件，连队衣着五花八门，有穿红、黑、白藏袍的，也有穿麻布衣服或披羊皮褂的。

  一到大坝乡，基干连就在踞乡政府约80米左右的两个山头连夜连晚抢挖战壕、修碉堡，防备土匪的大规模进攻。兵力布置两个班各守一个碉堡，一个班为后备机动，驻守乡政府。

  在队伍抵达大坝的第四天，战士们正在准备开饭时，土匪向我军发起进攻，从对面山上开枪射击我正在排队的战士，但我军无一人伤亡。枪响后，我基干连战士丢下饭碗，即迅速奔向碉堡，进入阵地。在我军刚进碉堡时，土匪已攻到仅距碉堡20米的地方。若不是我军行动迅速，如果迟到一分钟，被土匪抢先进占碉堡，居高临下向我攻击，连队必将付出重大伤亡。连续几个昼夜，土匪将基干连团团包围，每到夜晚，就向我军进攻，男的在前打枪，女的在后面打火把呐喊助威："啊——依啊——嘿嘿——"枪声、尖叫声，响彻大地。但基干民兵们沉着冷静，采取待敌仅距四五十米时用机枪猛烈扫射的战术，打退了敌人连续四五个晚上的进攻。敌人害怕了，丢在我阵地上的十余具尸体都不敢过来拉。基干民兵初战告捷，战士们斗志高涨，敌人嚣张气焰才有所收敛，不敢再向我军进攻，逃进了深山。

  基干连在碉堡上坚守半月余，未见新的敌情。于是，找了几个家在博瓦村的彝族战士伍马锥、马三斤、苏马衣等化装成大凉山流窜到木里的奴隶主模样，去叛匪胡阿六子大婆子家中侦察敌情，几位侦察员机巧地向胡的大婆子说，我们是在昭觉叛乱的大黑彝，在那里被解放军打得站不住脚了，想跑来投奔胡大黑彝，准备和他一起干，反对共产党和人民政府。由此，侦察员取得了胡大婆子的信任，谈话中透露了胡阿六子住在竹林湾他老房子后面的山堡堡上的底细。

得知情报后，张茂林率领两个排奔袭竹林湾，将胡阿六子包围，当晚活捉胡匪，缴获胡匪抢掠群众的粮食、衣物、用品计70余驮，胜利返回大坝。

米阿达子叛乱后，党和政府以宽大的胸怀，争取教育他悬崖勒马，曾数次派进步上层人士夺取荣品等到他的住地屋脚瓦坪劝降他。然而他置若罔闻，拒不投降。后来在解放军、基干连强大的军事进剿下，他走投无路，才被迫向政府投诚。米投降后，党和政府对他进行了严肃的教育，指出他组织叛乱的反革命罪行，望其认罪伏法，重新做人。同时按照民改平叛的特殊政策，继续让他担任副区长，政治经济待遇不变。政府领导还设宴招待他，给他作耐心细致的思想教育工作。我人民政府对他如此宽容、优厚，可以说是做到了仁至义尽。但米阿达子"狗改不了吃屎"，宴会次日，他不辞而别，又跑回家组织了第二次叛乱。米匪纠集叛乱武装，潜伏山野，烧杀抢掠；恫吓娃子，威胁百姓，不准他们与人民政府接近，扰乱社会秩序，破坏民主改革。

米匪人熟地熟，习惯在深山老林潜伏游动，有个别受骗的群众还给他送粮送物。尤其是他的一个"贴心豆瓣"还混入我大坝乡政府当了临时干部，经常向米匪送粮食等物资、通风报信，因此我军和基干连几次翻山越岭、风餐露宿，在深山老林中搜捕米匪一年有余，多次扑空，都没有将他捕获。

1959年7月，西昌军分区廉建功副参谋长来到木里，他亲率木里县委副书记张西峰，武装部部长郭天金来到大坝乡，决心尽快把木里这股最后的顽匪剿灭。

首先，加强清剿力度，缩小米匪活动空间。我军与叛匪针锋相对，利用基干连战士也是土生土长，熟悉木里地形的特点，组成几个战斗小组，只带轻机枪和冲锋枪，以糌粑和腊肉为食品，轻装游击于各高山密林、深涧大谷之中，侦察和袭击土匪。小分队战士不分白天黑夜，在山林搜索，饿了，在水泉边喝碗糌粑汤充饥；困了，倚着大树打个盹儿。由于各小分队分散在各处搜寻，土匪被我们撵得鸡飞狗跳，招架不住，只得东躲西藏。

同时，我军大张旗鼓地宣传"坦白从宽，抗拒从严，立功受奖"的政策，并严正申明，米匪若能自动投诚，政府仍将宽大处理；对曾给米匪通风报信，送粮送物，隐藏过叛匪者，今后能与米匪划清界限，认识错误，转变立场，既往不咎；得知米匪情报能及时报给解放军或乡政府的，给予奖励；对继续通匪的，一经查明，从严惩处。米匪在乡政府当临时干部的内线，听到政府宣布的政策和奖惩规定后，思想有了触动，心生畏惧。他知道木里的土匪基本剿灭，米匪时日不多，要为自己找一条好的出路了。第二天,他回到屋脚瓦坪家中,向其弟布置说:"现在不站在共产党一边不行了,若知米阿达子行踪,要想办法稳住他,及时告诉我,由我报告解放军,争取立点功劳。"

一天晚上,米阿达子带着随从潜回瓦坪,内线之弟知道后,热情地把米匪迎进自己的家中,不但给他吸食鸦片,还杀羊宰鸡招待,稳住了米匪。瓦坪至屋脚不远,内线得到其弟之情报,快速跑到屋脚向解放军报告了米匪的情况。我部队立即派出一个排的兵力奔袭瓦坪,为防伤亡群众,部队埋伏房屋四周,待米匪酒足饭饱一出房门,战士们以迅雷不及掩耳之势,猛扑上去把米阿达子活捉了。

米匪被捉,群龙无首,余下土匪惊恐不安,深感只有向我军缴械投降才是唯一的出路。于是,十多名叛匪携带枪弹向政府投诚,三名盐源叛匪交盐源县公安局处理,余下的经教育后全部释放回家生产,以示党和政府的宽大。

胡阿鲁子、胡比母子、米阿达子这几股匪患,终于剿灭。米阿达子几次叛乱,打死打伤我干部群众多人,罪恶累累,民愤极大,在广大人民群众的强烈要求下,对这个不杀不足以平民愤的反动奴隶主,于1960年4月在瓦厂召开公审大会后,就地正法。

第十六节
浴血三年武装平叛彪炳史册
上层人士平叛有功受奖获勋

从1956年3月12日东朗叛匪打响第一枪，到1959年9月米阿达子为首的20多个顽匪在大坝乡被歼，历时三年半，木里平叛斗争取得完全的胜利（漏网的三名土匪从基旦珠、扎仓撒打、仓苦仁争躲匿深山，前两名于1963年被民兵击毙，仓苦仁争通过各种争取工作，于1975年11月15日向政府投诚，受到宽大处理，让其回家生产，与亲人团聚）。总共歼灭叛匪4251人，其中击毙432人，击伤403人，俘虏1040人，投诚2376人；其中击毙匪首33人，击伤6人，俘虏匪首27人，政治争取叛首投诚84人。缴获各种枪支3087支，子弹24305发，手榴弹8枚。

参加平叛战斗的中国人民解放军3828部队，稻城部队68团、36团、11团，以及丽江民警大队、木里民警中队，共1215名战士。木里武工队及我县干部400人与民兵参加了战斗，他们为木里平叛斗争的彻底胜利，为各族人民的翻身解放立下了不可磨灭的功勋。在整个平叛战斗中，我军牺牲军官8人，战士55人，伤49人；地方干部牺牲14人（县级1人，区级2人，一般干部11人），民兵牺牲23人，基干连战士牺牲26人，民工牺牲4人。他们的英名将永远载入木里史册，木里人民将永远怀念他们。

作为木里最后一代大喇嘛、第一任县长的项培初扎巴和木里的主要上层人士林甲央、项扎巴松典、活佛甲央旨古为首的民族宗教上层人士始终听从党和政府的号召，站在人民一边。木里叛乱后，他们共献交机枪9挺，冲锋枪23支，步枪1571支，子弹63750发，火枪400余支，武装了基干民兵和国家干部；平叛中，解放军入木里参战，木里粮食供应一度紧张，项培初扎巴积极献卖粮食支援平叛斗争，仅1957年5月22日粮食科开具的一张收条，即记有收到项培初扎巴卖出粮食花荞1884斤，玉米1922斤，大麦2738斤，苦荞3148斤，共计9689斤。项培初扎巴、林甲央、项扎巴松典、格弟甲初、韩甲央、夺取荣品等37名民族、宗教上层人士在平叛中起到特殊的作用，受到人民政府的嘉奖。林甲央被评为平叛模范，荣获一等奖，并和格弟甲初同获西昌军分区奖旗各一面。

民主改革中，项培初扎巴主动向党和人民辞去土司职务，向木里县人民政府上缴了所有印信号纸，退出剥削所得，主动解放奴隶，退出土地、骡马。经查，县档案馆保存有财政科1957年3月27日开列的一张收条：项培初扎巴交出的存款及白银和钢洋折合人民币1045元。从此，末代土司项培初扎巴与木里推行了300多年的"政教合一"封建农奴制彻底决裂，走上了社会主义的康庄大道。

林甲央自动交出全部土地，解放奴隶，交出多余房屋耕地和农具，献交黄金17两，白银223两，大洋191个，银锭78个，钻锭6个，钢洋441个。

项扎巴松典自愿交出全部土地，解放奴隶，交出多余的房屋，把苦巴店别墅献交给国家作为粮库，把在县城瓦厂的一套四合院住房（瓦房）献交政府作为幼儿园。他跟随妻兄阿仲文在县上搭建木棚居住。献交粮食4000余克，黄金210两，白银918两，大洋557元，钢洋2947个，人民币19000元，骡马20多匹。同时捐献七万元人民币在桃坝建成木里第一座小水电站。

在项培初扎巴、林甲央、项扎巴松典等进步上层人士的帮助和影响下，有27名中上层人士自愿献交黄金计602.32两，白银57977两，大小银元18204元，人民币37500元，解放奴隶482人，献交牦牛1270头。交出多余的房屋、土地和牛马工具。

1959年7月，木里农区和牧区改革顺利完成，彻底摧毁了残存的封建剥削制度，成立了19个乡人民政府，9个国营牧场。广大的农牧民获得了真正的解放，当家做了主人。

第十七节
开展"四反"斗争打击寺庙宗教特权
发动寺僧检举揭发砸烂封建枷锁

　　木里藏族自治县政治协商会议关于在喇嘛教中开展"四反"运动的决议中说：我县喇嘛教中，存在着极不合理的宗教特权和压迫剥削制度，严重地阻碍了各族人民的进步和发展。特别是近五六年以来，部分反动的上层喇嘛不愿放弃残酷的压迫剥削，阴谋策划、组织武装叛乱，反对民主改革的种种罪恶行为，给国家和人民的生命财产造成重大损失，激起了广大僧俗人民群众的极大愤慨，普遍要求废除一切不合理的制度，肃清宗教内部的反革命分子和坏分子。

　　根据中央"保护宗教信仰自由，充分发动群众，彻底打击宗教界的反革命分子，取消宗教特权和宗教剥削，坚决和宗教界的坏人做斗争；同时继续团结、教育、改造宗教界的一切爱国守法人士"的宗教工作方针，在木里喇嘛寺中开展反特权、反叛乱、反

"四反"工作队队长杜锦田（左图后排左二，右图后排右五）　　杜锦田　提供

违法、反压迫剥削的"四反"运动，势在必行。木里政府提出彻底打垮反动地主、奴隶主、富农分子的政治威风和进一步削弱其经济基础的政治口号，贯彻争取、团结开明地主、奴隶主，鼓励其投入社会主义建设；对反动者坚决打击和区别对待的政策。充分发动群众，揭露少数不法封建主、地主、奴隶主向人民反攻倒算的罪行。

木里全县三大寺十八小经堂（也叫小寺）1953年建政时，共有喇嘛1140人，到1959年"四反"时不到1000人，广大寺庙下层喇嘛强烈要求进行改革。运动中揭露出寺庙中不法喇嘛的一系列破坏活动：在叛乱时有的喇嘛寺成了土匪据点、叛乱窝子，有的喇嘛头人成为叛匪的耳目和骨干，寺庙内仍然存在着残酷的统治压迫，违法犯罪事件不断发生。广大下层贫苦喇嘛对寺庙统治者的反抗也越来越激烈，反对统治压迫，求生存求解放已是他们的强烈愿望。

1959年5月，木里政府将全县3大寺、18个小寺的所有喇嘛集中到木里大寺、瓦尔寨大寺、博瓦三个点学习"四反"政策。已安排工作的上层头人集中在县城进行正面学习教育。

"四反"开始，首先学习区域自治、民族团结当家做主等民族政策，学习"四反"的内容、意义、目的。举办阶级教育实物展览，发动喇嘛群众进行新旧对比忆苦思甜，揭发坏人坏事、违法户，经济上搞退赔处理。在瓦尔寨举办了有附近群众和全体喇嘛参加的六七百人的大会。大会上将上级批准的死刑犯、血债累累的东朗叛首麦色嘎绒宣判死刑，并就地正法。群众无不拍手称快，感谢人民政府为民撑了腰，为木里人民除了大害。

实物展览上，将寺庙保存的近百件残杀人民的凶器，进行了展览。展品有土司衙门对"犯人"掏心、挖眼、砍头、割耳、剁手剁脚的各种刀、钗、枷、脚镣、手铐、木棒、皮鞭等刑具；还有用被害人的头盖骨做成的卜郎鼓，用人的小腿骨做成的鞭子把；有盘剥百姓用的大秤小秤，大"克"小"克"等衡器、量器。展览时，由苦大仇深的下层喇嘛当解说员。参观的群众见了这些东西，听了解说，激起了阶级仇恨，想起了各自的悲伤事、辛酸史，使得全场数百人放声大哭。

木里喇嘛寺庙既是宗教组织，也是政权机构，历史上明清政府对其的评语均为"土政自擅，俨如王国"。喇嘛寺内有宗教、政权两套严密组织。宗教组织中有活佛、拉擦、翁则、谷古等大小负责人；政权机构中有大喇嘛、门公、大仲依（秘书长）、大苏班（内务大臣）、姑擦（政务大臣），以及下级官员。在地方有佃班（相当于汉区乡长）、麦色（有的地方又称伙头，相当于保甲长），在彝区或杂居区，有大喇嘛派出的甲马官人分片负责。分工细致，统治严密。户户有头人管束，人们说"木里的天是大喇嘛家的天，木里的地是大喇嘛家的地，两条腿的是大喇嘛家的娃子，四条腿的是大喇嘛家的牲口"。老百姓没有人身自由，稍有不服管束，轻则鞭子、棒子；重则入狱、充军、挖耳、割鼻、剁手、抽筋，甚至杀头丢河等。经济上33种不合理负担，支不完的劳役"夫差"，压得人民抬不起头来，苛捐杂税多如牛毛，高利贷剥削又重，"九斗八年三十石"。人民生活在土司严酷的统治之下，过着水深火热的日子。

中华人民共和国成立前，木里喇嘛是采取"抽丁"的方式强迫群众入寺当喇嘛。规定在藏族中三丁抽一、两丁抽一，连几岁的小娃娃也得送去当喇嘛。贫苦人家的小孩，往往成了寺庙内的奴隶与娃子，成为喇嘛头人或所谓师傅的苦力和佣人，整天担当砍柴、背水、煮饭、烧茶等繁重劳动。有的甚至被师傅、师兄性侵或毒打奴役，不堪忍受逃跑者一旦被抓回，不打成半死也会打成残废或遍体鳞伤。木里建政初期，下层喇嘛遭受凌辱迫害和压迫奴役的事件比比皆是。

如1953年夏，木里大寺有个十五六岁的小喇嘛叫丁争，因受不了其师巴丁的残酷折磨，在逃跑回家的半路上被抓回，师傅把他打得气息奄奄，伤痕累累。过几天他实在无法忍受了，又趁机逃出木里大寺。他本是宁朗人，本应翻过4000多米的宁朗山回家，但他知道翻高山走三四天回家无论如何是办不到了，只有顺下坡往其他方向无可奈何地逃去。哪知他身体太弱，满身伤病走不快，半天时间才走到桃坝下边的小河边，又被其师追来抓住，其师一路上手拿木棒凶狠地毒打丁争，把他往大寺赶，惨无人道的师傅还嫌对徒弟折磨不够，竟给这个奄奄一息的小丁争背上捆了一块大石头，爬那又陡又长的大坡。这就是身强力壮的人也很吃力，要流几通大汗才能上得去，不要说这个生命已经垂危的小丁争了。他几次跌倒又被师傅毒打着站起来继续走，结果还未走到大寺，就口吐鲜血，倒地不起。可那个所谓的师傅还不停地拳打脚踢，最后用脚踩在丁争的肚子上，残忍地把丁争活活踩死在大寺路边。

这是木里藏族自治区成立以后发生的事，又是发生在县政府所在地大寺面前的事。这样一件命案，喇嘛家看来不如死了一只鸡，根本没有过问处理。在工作队一再催促，多次与上层头人进行协商，土司衙门在不得已的情况下，才勉强同意将那个喇嘛小头人巴丁（喇嘛家专管土牢地狱的头人）关押（以后判刑18年）。这是木里建政后依法关押判处的第一个犯人，震动很大，给人民群众撑了腰，给违法犯罪的头人及上层喇嘛敲了警钟。

再如瓦尔寨寺庙的鲁绒丁争，因受不了其师傅的毒打折磨，几次逃跑都被捉了回去。有一次被抓回后打得死去活来，其师傅还不解恨，把丁争吊在沙湾下面木里河的伸臂桥上，脚上吊着一块大石头，准备把他折磨死后砍断绳索丢入河内让大水冲走了事。结果吊了大半天，天黑了还没有把他吊死，打他的人累了回家吃饭，准备第二天再来折磨他。鲁绒丁争见无人监管就拼命挣扎，磨断绳子掉进河里，后被人救上岸，虽保住了一条命，但一条腿已被吊断，成了终身残疾的瘸子。其师知道他没有死，又把他强拉回寺庙，继续当牛做马。直到"四反"，才把鲁绒丁争解救出来。鲁绒丁争千言万语，一再感谢共产党，感谢工作队，给了他人身自由。当鲁绒丁争一家得知工作队即将离开瓦尔寨回县城时，早早地来到路边等候，强拉工作队的几个人到家里，招待了一顿酥油茶和便饭后，才千恩万谢地把工作队送出家门。

　　通过"四反"彻底废除了寺庙特权。愿留寺庙的继续当喇嘛；不愿当喇嘛的可还俗回家与家人团聚。从此强迫群众当喇嘛的情况再未发生，宗教信仰自由的政策得到了真正的体现。全县喇嘛要求还俗回家与亲人团聚的就有一千多个，最后只有37人自愿留下住寺继续为僧。

欣欣向荣的杉树苗

第六章

项培初扎巴喜结良缘
参加大生产经风沐雨

第一节　项培初扎巴喜结良缘　参加大生产经风沐雨

1960年7月，木里县第二届政协会议在瓦厂召开，项培初扎巴被选为政协副主席。后又兼副县长和四川省人民代表大会代表。

1962年，党和政府为了培养他，保送他到西南民族学院学习深造。

项培初扎巴这时已经快30岁了，也长成了一个英俊剽悍的藏家汉子。随着形势的变化，一些还俗的喇嘛或是参加政协会工作的中上层喇嘛人士都已娶妻成家，有的还有了孩子，看着同事们出双入对的家庭温情，看着人家享受其乐融融的天伦之乐，项培初扎巴青春萌动，感到由衷的羡慕，看着自己还是一个单身汉，又有些莫名的孤单。很多同事和朋友都建议他该找一个伴了。项培初扎巴开始动心了，是呀，以前大喇嘛不准结

西南民族学院读书时的项培初扎巴　本人　提供

年轻时的泽仁珠玛　项培初扎巴　提供

婚是木里家的规矩，是有教规的约束，现在不当喇嘛了，是国家工作人员了，该结婚找个伴了。但是，谁才是我的知音，谁才是我的至爱，谁才是我的伴侣呢？项培初扎巴心想，虽然自己曾是木里显赫的大喇嘛，又当过县长，现在也是县政协副主席，在木里也算是一个名人了，但是自己的封建主家庭成分是不容改变的，谁愿意嫁给我这个封建主呢？当时家庭成分不好的青年男女找对象、找工作是个大问题，唯成分论，不知害了多少有情人。

这时有一个人映入他的眼帘，泽仁珠玛，舅舅林甲央的二女儿，也就是项培初扎巴的表妹，是青梅竹马的儿时伙伴。在项培初扎巴被选为候袭大喇嘛时，朦胧中珠玛有一丝孤单和失落。两人逐渐长大，项培初扎巴在珠玛的心中越来越高大，令珠玛倍感高兴的是，项培初扎巴从20岁快到30岁，还一直没有结婚。是木里教规的约束，或是项培初扎巴始终把自己当成过去的木里大喇嘛了，想守规矩要单身一辈子？

珠玛在家读了小学三年级被保送到县完小读五年级，后来读了初中和西南民族学院，毕业回来后被分配到县人民银行工作。1960年4月，她的父亲、木里第一任政协主席、"八尔老爷"林甲央逝世，木里"人种"衙门的大厦轰然倒塌，八尔家炫目的光环逐渐消退，在那以阶级斗争为纲的年代，珠玛淡然地承受着世人略带歧视的目光。

照理说，泽仁珠玛人长得漂亮，工作单位也不错，虽说受了封建主这个家庭成分的影响，也曾有几个白马王子追求过她，但是不知什么原因都被珠玛一一回绝了，似乎有当老姑娘的架势，泽仁珠玛的心在表哥项培初扎巴身上。转眼，美丽的珠玛27岁了，还在等待着项培初扎巴。

1963年藏历年，项培初扎巴寒假回家，牵着一匹马准备回老家八尔地看看，在擦尔瓦梁子歇息时，山下的林中小路上传来"叮当，叮当"的马铃声，走拢一看，骑马人竟是表妹泽仁珠玛。两人都感到一些意外，又感到有些惊喜。"珠玛——""扎巴——"由于骑马时间长了，脚麻不听使唤，珠玛下马时竟站立不稳，一个趔趄差点扑倒在前来扶她的项培初扎巴怀里，项培初扎巴拉住卓玛的手说："卓玛，你到哪里去？"卓玛说："我回八尔地看看。"项培初扎巴说："我也是。"巧极了，两人顾不得海拔四千米高山吹刮着凛冽的寒风，在路边忘情地侃侃而谈，有说不完的心里话，有隐藏在心底的久久思念，有对家人的别后离情，有这么多年冥冥中的相互期许。27岁的珠玛，仍然是那样的美丽，只是少了几分少女的天真和顽皮，多了一些成熟女人的端庄和稳重。

"珠玛，你也不小了，为什么还没有成家啊？"

"我的家庭成分不好，嫁不出去啊！你呢，你可比我大两岁啊，我的县长表哥，你为什么还没有找到心爱的女人呢？"

项培初扎巴傻傻地看着卓玛说："珠玛，你好像五月间的格桑花越来越漂亮了。"

"我哪里算漂亮啊，你不嫌我是癞蛤蟆，我就心满意足了。"

"八尔家的珠玛永远是我心中的仙女……"

"啊哟——，你嘴上抹了蜜，话说得好听，既然是仙女，怎么平时看都没好好看我一眼啊！"珠玛说完心里竟有酸酸的感觉。

由于各方面的原因，项培初扎巴忙于工作，忙于民改平叛，忙于读书，两家少了些来往，他觉得这十多年来似乎冷落了这个表妹。他歉意地对珠玛说："'风大吹不落帽子，溪水流不断亲情'，我心里一直装着甲央舅舅和你们全家的恩情，更忘不了珠玛妹妹对我的关心。"

珠玛知道扎巴表哥是一个忠厚善良的人，也埋怨自己碍于自尊，少了些主动，要不然可能早就是一家人了。看着英俊的表哥，珠玛拿出脖颈上一根红丝线挂着的玉珮。"表哥你还记得这个玉珮吗？"

"玉珮？"项培初扎巴捧着雕刻成玉观音的一个晶莹的碧绿色玉珮。"这不是我当大喇嘛前送给你的玉观音吗？这么多年了，你还留着它。"

"这是我的宝贝，十多年了，它一直挂在我胸前，肌肤相亲，看见它就想……想起……"

"啊——"项培初扎巴看着晶莹透亮的玉观音，看着珠玛健美的身姿，看着她红扑扑的羞赧，心好像不由自主地快速跳动起来，呼吸急促起来。最后呆呆地看着珠玛，竟说不出话来。

珠玛被看得不好意思了，站起来说："这里山高风大，天气冷，我们还是快点走吧。"

下山不骑马，是木里家的规矩。两人把马缰绳拴在马鞍上，任随马儿自由顺路前行，有伴不觉累，他们两人跟在马后面说说笑笑地来到白碉八尔地。

过完藏历年回到县上，项初初扎巴几次想向珠玛表示爱意，由于害羞硬是说不出口，无可奈何地回到西南民族学院，回到学院又后悔不迭。表妹珠玛的倩影一直在他的脑海里晃动。他下了几次决心，终于提笔给珠玛写了一封求爱信：

珠玛：

你好！我回校十多天了，心里十分难受，你知道是什么原因吗？这都怪你，怪你！你我在擦尔瓦梁子上的邂逅，勾起了我们儿时的很多回忆，在我的印象里，你是一个瘦弱的小女孩，这次一见，令我大吃一惊，想不到你竟是一个端庄文静的大美女了（这不是恭维话，是从心里冒出的实在话），这一段时间，你的笑容在我脑海里挥之不去，你甜美的声音在我苦涩的心里不时回响，我才学到一句成语叫"寝食难安"。你知道吗？在擦尔瓦梁子上我就想，是不是菩萨安排我们相遇，是不是我们缘分到了，当时就想向你表白，但我心怯嘴拙，说不出口，重要的原因还是怕你看不上我，拒绝我！

今天，我在操场上来回走了几十圈，终于下决心给你写了这封信，先给你说清楚，同意不同意都请你保密，如你不愿意，或是另有意中人了，就当我什么也没说，就把这封信丢进火塘化为灰烬吧！否则，我可是无地自容了。

珠玛，我爱你！嫁给我吧！

项培初扎巴
1963年3月15日于西南民院

真是度日如年，焦急地等待了半月之后，令项培初扎巴激动无比，珠玛回信了！信写得十分简单：

傻表哥，我也才学到一句成语"鲜花插在牛粪上"，我这朵格桑花就想插到你那坨营养丰富的牛粪里，你回来，我就嫁给你！

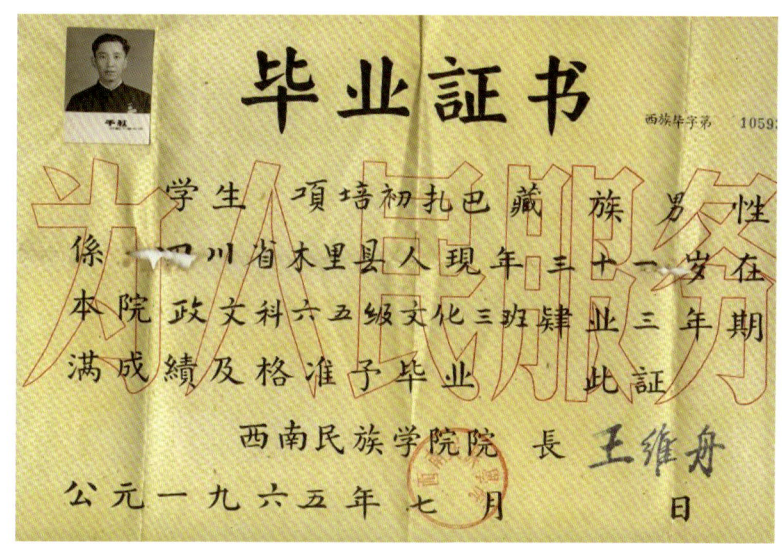

西南民院发给项培初扎巴的毕业证

末代大喇嘛心里像吃了一坨蜜，甜透了。整天是春风四溢，笑容满面，浑身像有使不完的劲，希望暑假早点到来。

1963年7月，暑假终于来到了，他急匆匆地赶回木里，第一件事，就是来到舅舅项扎巴松典家里，很不好意思地对他说："我要娶林甲央舅舅家珠玛为妻，请舅舅给我作个介绍人好吗？"

"好呀，这才是'宝刀配英雄，好马配金鞍'，木里家的大喇嘛配八尔家的仙女娃。你们真是郎才女貌，门当户对，早就应该结成连理，亲上加亲才是啊！"

其实，项培初扎巴的婚事，县委领导和统战部早在关心着，经项扎巴松典向县委一汇报，县委书记吉生秀马上批准了他们的结婚申请。

当时各种物资比较缺乏，处于票证时代，买粮要粮票，买布要布票，买糖买酒要票，买酥油茶叶要票，买个自行车、手表、缝纫机更要票。幸好县委书记、政协主席吉生秀特批了个条，县民贸公司供应了10斤腊肉，10斤酒，5斤水果糖，项培初扎巴邀请亲朋好友、同事一起在县委机关食堂进行了简单朴素的婚宴，婚宴虽然简单，婚礼却是热闹非常。来祝贺的不但有项培初扎巴的亲戚朋友，政府、政协的同事，还有县委书记吉生秀，活佛甲央旨古、政协副主席项扎巴松典，韩甲央以及他的藏文老师鲁绒格丁等。

末代土司项培初扎巴在木里人大会主席台上

吉书记还为项培初扎巴和珠玛证婚,讲了热情洋溢的证词:

今天是个吉祥的大喜日子,我们木里的最后一代大喇嘛、第一任县长、如今的副县长,政协副主席项培初扎巴和木里第一届政协主席林甲央的宝贝女儿,美丽的珠玛姑娘喜结良缘,真是天上一对,地上一双。我们大家用热烈的掌声向他们表示衷心的祝贺。

各位亲朋好友、同事、嘉宾和我一起见证了项培初扎巴和卓玛喜庆典礼,他们婚姻合理、合法,是一对革命夫妻。我希望这对革命夫妻,在革命的日子里,互相帮助,互相支持,互相尊重,互相提携,不断革命,永远革命。在今后革命道路上,多生几个小革命来!

谢谢大家!

"哈!哈!哈!"会场响起热烈的笑声、掌声。

1965年,项培初扎巴中专毕业了,成为一名既有藏文知识又懂汉文的领导干部。

项培初扎巴和珠玛徜徉在爱情的甜蜜里,在政协苹果园里自己动手修建了两间土坯房,高兴地住了进去,其乐融融地经营自己的小家庭。

1968年12月,木里县"革委会"成立了,

项培初扎巴在庆祝大会主席台上(前排右五)　　张治状 摄

他和县委、县政府的大多数领导一起进了设在农场的"五·七"干校，进行劳动改造，跟着书记、县长、局长、科长们种地植树，养羊喂牛，两年多的时间，学会了果树和农作物的栽培管理，还学会了用牛耕地。作为一个过去饭来张口、衣来伸手大喇嘛，在生产劳动中得到了锻炼，得到了乐趣，得到了身心的健康，他没有怨言，心态平和了很多，因为和他一起劳动改造的校友，好多人工资还没有他的高。他说，我对"知足常乐"含意有了理解。

1978年，党的十一届三中全会召开，拨乱反正，落实了政策。1981年2月，召开了第四届人民代表大会第一次会议，选举产生了常务委员会，余文学任主任；同期召开了政协木里第五届委员会第一次会议，中断了15年的政协工作得以恢复。扎拉被选为政协主席，项培初扎巴又担任了政协副主席，这是党和人民对末代土司再次给予了正面的肯定。

1983年，木里举行了

县领导迎接天宝同志（中为天宝，左二为县委书记八一仁青）　张治状　摄

县委书记八一仁青（右一）、县长余文学（右二）、宣传部长鲁绒日丁（左一）陪同天宝参观纸浆厂时留影　张治状　摄

县委、政协人员与天宝合影留念（二排左二为项培初扎巴、前排左四为天宝，左五为政协主席扎拉）　张治状　摄

庆祝建县三十周年的庆祝活动。藏族老红军、中国共产党中央顾问委员会委员天宝、西藏自治区民族事务委员会副主任雍批，中央民族歌舞团、四川省杂剧团等到场祝贺。党和人民没有忘记项培初扎巴，他又坐上了大会主席台，和其他领导一起观看大会庆祝盛况。

会议期间，项培初扎巴还和其他县领导一起与四川老领导天宝合影留念。更令他想不到的是，天宝和县委书记八一仁青还专门到项培初扎巴家里喝酥油茶，天宝语重心长地勉励他，放下包袱，好好工作。

当年进入木里的工作队队长周立志已经六十多岁了，他也来参加庆祝大会，两人见面十分亲切。周立志拉着项培初扎巴的手开玩笑地说：

"大喇嘛、项县长，你现在还这么年轻力壮，英俊潇洒，我可要退休了，正如毛主席他老人家说的'世界是你们的，也是我们的，但归根结底是你们的'，真是岁月不饶人啊。不过回想起在木里那段风雨历程，仿佛就在昨天，好多人和事都还历历在目。我的人生值了。"项培初扎巴热情地邀请周书记到家里喝茶。珠玛打了浓浓的酥油茶，熬了香醇的强丁酒，端出牦牛肉、油奶渣，青稞糌粑等藏家美食招待周书记。周书记高兴地说："你们的酥油茶、强丁酒味道就是好，我可是好多年没有吃到这么地道的藏家美味了。"

第一届木里县工委书记周立志（右一）、州民委副主任穆文富（右二）于1983年到木里县城首次参加木里藏历年　张治壮　摄

第二节
绿色木里木材储量全国第一
开发森林资源支援国家建设

1954年,八尔老爷、县政协主席林甲央当选全国人大代表,向中央和毛主席提请开发木里丰富的森林资源,支援国家建设。项培初扎巴说,此事林甲央和他商谈过好多次,认为木里的树,树龄长,再不开发就会变成空心树,白白浪费实在太可惜了。

国家对木里丰富的资源非常重视,西康省林业厅、国家林业部对木里林业资源进行了几次大规模普查,1954年还邀请了两位苏联专家季诺维耶夫、布雷良科夫参加普查

挺拔的博窝乡云南松原始森林

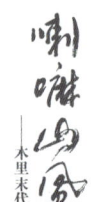

丰富的原始森林

指导。普查结果显示，木里总面积13252平方公里，有树种（不含木质藤本植物）81科200属627种，林业用地占总面积的59.2%，森林覆盖率为40.2%，木材蓄积量1.049亿立方米。木里被世人誉为"绿色宝库""天然动植物乐园"。

1958年10月，西昌专员公署批准建立了木里藏族自治县伐木场（1959年改名"县第一林场"）。

1966年6月，国属森工企业木里林业局在木里正式成立。1966年8月，林业部西南施工总队第七工程处调入木里。东北的工人来了，川西北的工人来了，各地招收的年轻工人来了，一批批支援三线建设的队伍来到木里安营扎寨，一时间，银斧翻飞，油锯轰

索道集运木材　　张治状　摄

鸣，推土机声，筑路放炮声以及汽车运材的马达声伴随着伐木工人的号子声，汇成一首首交响乐，使原本冷清、寂静的茫茫林区变得热火朝天，一片繁荣。

1983年2月，四川省雅砻江水运局"木里水运处"成立。

1993年，木里万吨纸浆厂建成投产。

木里森工企业从无到有，规模不断扩大，到高峰期，木里辖区内建起森工企业5个，采伐场11个，林业职工总数达到8300多人。县松香厂、农机厂、铁机综合厂、纸浆厂、电力公司、国营建筑公司、二轻建筑公司等县级企业，以及博瓦、列瓦、固增、李子坪、下麦地等乡镇企业也都投入到木材采伐加工的行业中，油锯隆隆，刀斧翻飞，全民搞木材，乡乡搞采伐，处处搞加工。木材成了木里十分重要的龙头产业。

到1998年国家实施天然林工程为止，木里为国家生产了609.6万立方米优质木材，按1990年木材综合不变价计算，达185.94亿元，实现利润总额1.39亿元，木里森工企业和相关行业提供给木里的税利1998年达6800多万元，占县财政收入的94%，木里成了典型的"木头财政"。

木里森林资源的开发利用，促进了县内工业及乡镇企业的发展，对支援国家社会主义建设做出了巨大贡献。

在森林开发建设中，国家和企业投入资金1.32亿元，修建支干公路1414公里，大中型桥梁12座，为改变木里人背马驮的历史、繁荣木里地方经济建立了不可磨灭的功勋。

木里万吨纸浆厂

第三节 洪灾泥石流特大灾害肆虐全境 项培初扎巴参加抗灾心系黎民

三十多年的采伐，虽然也进行了迹地更新造林工作，但终究难以使大面积的高山杉林采伐迹地得到及时的植被恢复，采伐比例严重失调，加上森林火灾的破坏，导致木里生态环境严重失衡，县域水土大量流失，自然灾害频发。

1998年，一场洪灾席卷长江沿岸，肆虐的洪水吞没了沿江许多人家的美好家园，老百姓的生命财产蒙受了巨大损失。这是老天爷对过度采伐、破坏生态环境给予的沉重惩罚啊。

木里从1998年6月到8月三个多月时间里，不是暴雨倾盆就是细雨绵绵，好似银河决堤了，天锅砸漏了，雨是白天下，夜晚下，滴滴答答，淅淅沥沥下个不停，降雨量超过历史最高水平，小溪暴满，江河横溢，山体发酥，超出了最大负荷量，引发了木里各地有史以来最大的泥石流和洪灾。

山坍了，树倒了，路断了，屋毁了，地冲了，自来水没了，电厂被淹了，电话不通了，木里县城前后通车公路不足两公里，木里成了一座孤城，木里大地千疮百孔，干部和人民群众处在危急之中。

洪灾导致木里县城一万多人断了自来水，唯一的一处泉水处人群涌动，拥挤不堪，老人小孩、男女老幼，拿着形形色色的各式盛水用具，挑水、提水、端水，成了一道畸形的热闹风景。有的居民楼高又无劳力，就只有三元一挑，两元一挑地买水吃。

洪灾，使木里辖区内所有公路严重损毁，路基垮塌，桥梁变形，有的地段甚至没有人、马落脚之处。西木路从9月1日到11月20日整整断了81天，和省、州联络中断，信件往来唯有靠步行翻山越岭拽着树枝茅草艰难通过。

四川省委、省政府派省委常委刘绍先和民政厅一位女厅长到木里察看灾情和慰问，从绵垭到木里县城50公里的路程走了整整三天，第三天擦黑时才一身泥泞，一身雨水，疲惫不堪地到达木里县城。

在博瓦乡公里店，房倒地毁，灾情严重的彝族群众拉着领导们的手痛哭流涕地说："我们以后的日子怎么过啊？"

刘绍先和女厅长流泪了。他们坚定地对彝族群众说："乡亲们，不用怕，有党的领导，有社会主义大家庭的帮助，有我们吃的，就有你们吃的，我们一定能战胜灾害，重建家园。"

洪灾，使木里两台五十万千瓦机组的三级电站被彻底损毁，三层楼高的机房被泥沙淤积了两层半；通信电杆、电缆倒毁大半，李子坪小学操场和教室淤泥高达两米多，五米高的电线杆只看到一米多的矮桩桩。木里和上下级通讯联络中断。

这是在原水毁电站处重新修建的羊棚子电站

洪灾，使木里学校、行政单位、农村群众住房损毁12000多间，占全县房屋的三分之一。三分之一的土地被毁，36000多亩庄稼绝收。

洪灾，使木里物资严重匮乏，物价飞涨，油盐米面卖光，生活日用品售罄。2元一斤的猪肉提高到十多元一斤还无处购买。当时0.8元一斤的大米卖到2.5元；3元一斤的鸡蛋卖到15元；从盐源背到木里的菜籽油由4元一斤提高到25元一斤；电池脱销，蜡烛脱销，日用品脱销；由于物资告罄，买不到蔬菜肉食，商店、餐馆、饭店无法营业，只有关门大吉。

1999年9月8日，国务院总理朱镕基在四川阿坝茂县召开"天保工程实施情况汇报会"，特别安排木里县委书记付建祥作木里灾情专题汇报，限时20分钟，实际汇报了

鸭嘴山上的"天窗"和"大字报"

半个多小时。付建祥说：1998年自然灾害经济损失1.6亿元，1999年自然灾害损失480万元。

特大洪水泥石流灾害使木里工作环境和生活环境日趋恶化，严重影响干部的工作积极性，但全县职工、各族群众的思想稳定。特大自然灾害使木里山川一片狼藉，大地百孔千疮，使新兴的木里藏族自治县元气大伤。

时任凉山州人大常委会副主任的项培初扎巴看着美丽家园被毁，人民衣食无着，十分痛心，他不但积极向上级反映木里的严重灾情，还不顾年迈投入到抢险抗灾的实际行动中，在电厂和西木公路的抢修现场都能看到他忙碌的身影。同时他带头捐出现金1000元和十多件衣物，以表示对受灾人民的赤子之情。

朱镕基总理视察凉山时说："我们要少砍树，多栽树，把森林老虎请下山，把砍树人变成种树人。"

"'木头财政'不行了……把山砍光了，给全国造成灾难性恶果，是得不偿失的。我朝卧龙保护区走，越走越高兴，是山清水秀。朝阿坝走，越走越伤心。不能跑到山顶上种粮食了，山上到处都是'大字报'，'开天窗'是不行了，绝对不行了。必须改变'木头财政'的状况。"

朱总理对木里实施天保工程进行了表扬："木里的付建祥说得好，'实施天保工程，尽管木里付出了沉重的代价，做出了较大牺牲，但为了全国的大局，为了子孙后代的利益，我们县付出一点代价，做出一点牺牲是应该的，也是义不容辞的'，这是共产主义风格，是共产主义精神（他伸出了大拇指）。但是光有精神是不行的，这个牺牲不能由县上出，这个代价要由国家来补偿。"

1998年8月20日，国务院发出了《关于保护森林资源制止毁林开荒和乱占林地的通知》，四川省政府颁发布告，决定"从1998年10月1日起在全省范围内所有天然林资源一律停止采伐"。

为确保"天然林资源保护工程"和退耕还林,"退牧还草"在全县顺利实施,木里成立专门的领导小组。一场"再造木里秀美山川","恢复天然动植物乐园"的群众运动在木里大地上轰轰烈烈地兴起。

斧锯入库,锄头上肩,昔日砍树人变为今天的种树人。森工企业变成了营林队,数千绿化大军开进深山,为大山创造绿色,为迹地书写绿茵。农民退耕还林,牧民退牧还草,用树苗植补"天窗",用绿色涂抹"大字报"。经过十多年的努力,恢复了植被,全县造林48.29万亩,所有采伐林地得到了育林更新。天更蓝了,山更青了,水更绿了。"绿色木里"——这颗镶嵌在祖国西南部的绿色明珠,又绽放出绚丽的光彩!

茶布朗林场职工精心管理苗圃

第七章

佛风民情神秘奇特
仙景胜地无限风光

第一节
山城乔瓦展新姿　万绿丛中明珠城

木里藏族自治县县城所在地——乔瓦镇（乔瓦，藏语意为放猪的地方）位于中米山麓，博瓦河西岸二三级缓坡台地上，海拔2300米。四周高山雄峙，山峦叠嶂，奇峰林立，林海茫茫，自古为咽喉锁钥之地。

木里县城曾三易其地。

1953年建县于木里大寺。木里大寺位于全县的中心地带，寺内有房数千间，喇嘛400多人，附近有3家商行，还有铁、铜、银铺及加工业，周围群众较多，是当时木里政治、经济、文化的中心，为县址较理想之地。而一些民族上层人士对在此建城有所忌议。经多次协商，县政府暂借木里大寺办公。经四处查看，在离木里大寺五公里，有一个草坪子，是大喇嘛家的跑马场，名叫它欢，坝子较宽敞，和上层人士反复协商后定为县城所在地。

1953年9月开始建设县城。过去说木里土质不能烧砖瓦，因而全境没一个砖瓦厂。在支援木里建设

木里县城乔瓦镇远眺

县城乔瓦镇之夜　王强　摄

的盐源技工师傅们的精心操作下，砖瓦一次烧成，而且质量很好。此后，县城所有机关单位的砖瓦都出自这里的砖瓦厂。人们为了不忘记这一创举，就自发地把它欢跑马场称为砖瓦厂。后来"瓦厂"这一地名便出现在中华人民共和国地图上，并成了木里县城所在地。县政府机关由1954年从木里大寺搬到瓦厂办公。因交通不便，经上级批准，1961年7月，木里县治从瓦厂迁址到博瓦，1984年建镇，改名乔瓦镇。

乔瓦原本只有几户农民土木结构的木板房和一座小经堂，是一处乱石累累，荒草萋萋，野兽出没的荒凉山野。经过几代建设者们的艰苦奋斗，如今县城乔瓦镇已达三平方公里，人口两万余人，房屋总面积四十多万平方米。扎倡街、龙钦街两条主道为南北通衢，五条支街延展八方，高楼林立，车水马龙，市容清新，辉煌美丽。大小商店鳞次栉比，物资充盈，市场繁荣。电灯闪亮如繁星万点，广播电视家家齐备，光缆程控电话、移动电话落户县城四乡，拉近了藏乡和内地的距离。雪域清泉甘甜爽冽，流进千家万户。乔瓦这个美丽的新兴城镇，形成了以森林开发、水力发电、野生动植物产品、畜牧业、黄金及药材为优势的商贸物资集散地，堪称喇嘛山上的一颗耀眼明珠，一座具有浓郁藏族建筑艺术风格的藏乡新镇，一座现代化功能齐备的高原"袖珍山城"。

回国省亲的藏胞看到木里县城的巨大变化，十分惊奇，用藏话大声赞叹：

俯瞰瓦厂（1954年）　　杜锦田　提供

1954年建的瓦厂大街　　杜锦田　提供

老县城瓦厂（1983年摄）

1954年在瓦厂建成的俄式县委大楼（现为一区政府驻地）

俯瞰县城（乔瓦镇）（2011）

"格底亚火曲尔！格底亚火曲尔！"（不简单，了不起！）

2006年，县城又添新景观，投资近千万元的"民心工程"木里文化公园建成开园。公园回廊彩画，曲径通幽，树木掩映，花香鸟语。吉祥塔高耸入云，转经人络绎不绝；音乐喷泉，平时为群众舞场，节日则霓虹彩雾，喷水百尺，如梦如幻；老年活动中心人头攒动，笑语喧哗。公园不但有老年人，还有青年人和少年儿童光顾。或打拳，或挥扇，或唱歌，或起舞，或弈棋，或打麻将扎金花，那是各得其所，各有其乐。在林间小道散步，拂清幽绿情；在花草丛边赏花，拢一袖素馨；在池塘水岸观鱼，任情思挥洒。在木里县城中心的文化公园是木里人民最惬意的场所。一进公园你就会感到其乐融融，快意潇洒。

一到木里，就可领略藏乡风光，一到木里大寺

文化公园一景

便可饱览藏传佛教风情。

有一首山歌这样唱道：

> 过去阿妈放牧的地方
> 如今是高楼林立的天堂
> 森林布满山冈
> 牛羊撒满草原
> 各族人民的生活哟
> 像醉人的强丁酒香甜的蜜糖
> 我们用激越的舞姿装点青山
> 我们用甜美的歌声歌唱家乡
> 我们用哈达和美酒
> 感谢恩人毛主席
> 感谢救星共产党

公园舞场音乐喷泉

第二节

木里藏族历史悠久　风俗奇特原始浓郁

藏族是一个有着悠久古老历史文明和灿烂文化的民族。《木里县志》称：木里藏族属康巴先民，汉文献称之为羌。其族源属于古代游牧民族的"羌人"。羌人繁多，秦汉以前，诸羌活动地域多在西北（甘肃、青海）一带，后来向西南迁徙，与西藏的本地居民融合而发展成为"蕃"。隋唐以后，中部又出现了附国、嘉良及一些较小羌人的部落。汉时以笮人、徙人为基础建立的沈黎郡（今荥经）和汉初雅砻江流域的笮国（今盐源、木里），以及汉武帝元鼎六年（公元前111）所设越嶲郡（今西昌），辖区均包括今木里地区。这些古老的附国人、徙人、嘉良人、冉人、笮人、陇人，实为木里先民。

吐蕃赞普松赞干布兼并诸族部，统一了藏族地区，建立了奴隶制王朝，并逐步向东发展。东女、附国为其所灭。藏族进入木里地区是唐代初、中期。唐贞观十二年（638），吐蕃统治白狼、党项各部。唐肃宗至德二年（758），吐蕃曾一度占领嶲州（今西昌地区，含昆明县即今盐源、木里）全境。当时吐蕃势力曾东达唐王朝的松（今松潘）茂（今茂县、汶川）、维（今理县）、雅（今雅安）、黎（今汉源）、嶲（今西昌）诸州，木里境内诸羌遂归于吐蕃，成为属部之一。吐蕃民众与当地居民融合，逐步发展为这一带的藏族。

具体地说，木里藏族来自西藏、青海、云南中甸、甘孜、阿坝等地。木里藏族有嘎

吉祥塔

木里藏族服饰

米、普米、旭米、里汝等支系，语言稍有差异，生活习俗大同小异。

多姿多彩的藏族服饰

木里藏族服饰既保持了西藏藏族服饰、康巴藏族服饰的共性，又有自己的特点，可以用色彩艳丽、富丽堂皇来形容。喜用白色、水红、枣红、大红色镶嵌天蓝、黄色布料，水獭皮和金线绣制的各种花卉，图案的金饰布条等，设色大胆，对比强烈，喜佩戴黄金、白银、珠玉饰品。

男子头带"甲哈狐窝"（博士呢帽）、四耳或三耳藏帽、狐皮帽等。狐皮帽系用整张狐狸皮缝制，头尾交叉，狐尾垂脑后，耳前垂两只狐爪。狐皮帽不仅能御寒保暖，雨淋不湿，更有防止过雪山时雪光烧灼眼睛的特殊功效。

男　装

男子留长发，编成若干小辫，下端合为一根粗辫，用象牙或牛骨圈子束住拖于脑后，称"纳饶"，也有不留长发而剃光头的。内穿高领偏襟短衣，外套藏袍（楚巴），其显著特点是袍服袖子宽肥长大，袍长于身高。穿袍服时，将袍领顶在头上，下摆放至膝部，后腰折几条皱褶，左襟斜腰叠于右襟面上，用宽边红色腰带系住，将袍领放下，自然形成一个囊袋，可以装载物品甚至兜抱婴孩。穿左袖，右袖让其自然下垂；或两袖相交束扎在前腰际。楚巴底边多加装饰，缀以氆氇、豹皮、虎皮、水獭

盛装的嘎米藏族男子

皮等。腰别一把藏腰刀，纯银打造的刀鞘、刀柄雕刻精美图案，甚至镶嵌宝石，十分美观。"楚巴"也有防寒、一衣多用的功能，木里地处高原，相对较寒冷，可以白天当衣，夜晚当被。富有的男子腰间还束一条缀以30颗银花并用4根银链串连的银钱包。左肩背挂银制或金制"嘎乌"（护身盒）。下装宽肥。脚穿"支康宝""甲秧"或"秧"。支康宝靴做工精巧考究，喜庆节日才穿。靴底用牛皮制作，用皮线密密缝钉，厚达寸余；靴帮色彩鲜艳，分别用红、黄、绿、蓝等多种丝线绣花边和图案，用黑氆氇做靴腰，长腰与靴面间用红绿毛呢相接，靴腰上方开一约十厘米的长口，便于穿着和提携。穿靴时裤脚扎入靴内，用精制靴带在膝盖下处扎紧。中华人民共和国成立前，"支康宝"靴富贵人家才有，民间较为普遍的是"甲秧"靴，牛皮作底，靴底钉钉，靴帮用三层氆氇或用马鹿皮缝制而成，后帮开五寸剪口，口边分别用染红羊皮加固，便于穿提，靴后跟和靴尖缝上黑色牛皮，靴面用染黑牛皮拉条及金丝镶边，使之美观。"甲秧"靴的特点是鞋尖朝上耸起，宛如木船前端（狗鼻），穿上则显威武大方。"秧"属一般的鞋。鞋底用牛皮包

藏族便装：四耳藏帽，博士帽，甲鞅靴　　温珠　摄

木里嘎米藏族男子服饰

起来缝制，成为一种圆头包鞋。

女　装

藏族妇女着装分为短衫配长裙和连衣裙两种，女子无论穿何种类型的长袍，均在腰前系一块图案美丽、颜色鲜艳、用三块氆氇制作的"帮典"（围裙）。

藏族服饰　艳丽的嘎乌和帮典（围腰）　苗杰　摄

水洛、东朗、麦日等地嘎米、旭米藏族妇女和未婚的妇女头发则编成百余根小发辫，每根小辫之间用线连成网状，分两块，分别覆盖于头顶两侧，披于脑后。头顶中部两侧各挂一个较大的黄色"比石"（黄蜡珠），前额两侧各吊一颗较大的以银皮包着的绿松石珠子，两鬓拖有两根小发辫，辫端各挂一个银制的圆形或花瓣形"嘎乌"（佛像盒）。双手戴象牙或银制手镯及嵌有绿松石的银制戒指。

藏族女子的着装在不同季节和不同地区而有所区别。有"纳竹""盖礼"（无袖藏袍）、"夺显""空"（长裙和衬衫）等。女子上装短衫用印花绸布作衬衫，右边开襟扣纽袢，并用金银丝布绳衣边。穿"盖礼"时，里穿衬衫多翻领，袖子长，平时卷起，跳舞时放下，长袖飘飘，以增姿色。女子藏袍"夺显"，制作考究，用紫色毛布、咔叽布或黑色、青色布料为主要原料，高领、宽大。领子和袖子绳有红、黑、绿、紫等布边。下摆绳有五寸左右的绳边；后腰多皱褶，后背系腰带处缝有三根不同颜色的横条。后肩至两袖臂膀处用三寸宽的红绸布作底，再以黄、白、黑、绿、蓝绸料制作成三角形状重叠压缝，以色布绳边，似一条彩虹横挂肩背处，肩至中袖处接宽约四寸左右的红或蓝色绸布绕一圈，下摆到脚背。腰束红色毛布带子，佩挂用银制的桃

里汝藏族姑娘　周朝东　摄

形圆盘，连接成三角形坠子，下吊银串铃（卡壶八壶），用银链悬挂于右腿膝盖部位，约三寸宽、二尺长的麻布作垫底层再加红布镶面，嵌十多颗螺片竖挂于前腿右侧。腰部带子上加系两块较大的方形多图案银质的"恰典"或在五寸宽的布带上嵌有30多颗白海螺片的"古热"，腰际右侧挂一把小刀，脚穿"支康宝"（藏靴）。真是高贵典雅，婀娜多姿。

普米姑娘

"盖礼"以绸布作料，后腰无皱褶，左襟大，右襟小，长到脚背，色彩鲜艳，腰束红、血青、绿色等绸缎或平布的腰带，适宜夏秋穿用。

"空"为女式有袖藏袍，类似"夺显"，只是下摆无色布装饰，绲以红布压边。一般以青、黑、绿等布料，制作不如"夺显"考究。

木里的普米藏族妇女留长发，加青、红头绳编成两条长辫盘于头顶，发圈上穿洞嵌上约二十个银元，另加四串彩色小珠绕于头额。上着红灯芯绒或白布作料，衣领滚有金、银丝布边的衬衫。下着白色长裙，裙长及地，用棉布或麻布制成衣裙相连处，束红色毛布或红、绿丝绸腰带。腰带上挂有精制小吊刀和绣花荷包。双耳垂刺孔带银质耳环，双手戴手镯、戒指，颈项上佩戴各色珠子穿成的项链，真是珠环玉翠，耀眼夺目。

在木里建县五十周年的服饰比赛现场，藏族服饰更是异彩纷呈，富丽辉煌，艳压群芳。男女选手头上、项上挂满了各色宝石、绿松石、珍珠、琉璃珠、珊瑚珠、蜜蜡珠，甚至还有价值昂贵的天珠。过去戴一个银质护身盒，而现在戴黄金护身盒，最多的带有五个；原来一个直径一两寸，现在大到六七寸，不但有圆形的，还有方形的；盒中央还镶嵌有贵重的红宝石、玛瑙石等，一身的黄金饰品重达一二十斤。藏族女儿一身的佩戴价值少者数万元，多者数十万元甚至达百万元。藏家有句俗话：不要问谁家最有钱，一看女儿的打扮就知道。

男子全副武装而上，手握银壳、金壳腰刀，豪迈潇洒，剽悍威武，庄重沉稳；女子笑移莲步，只见浑身珠宝琳琅满目：宝石生

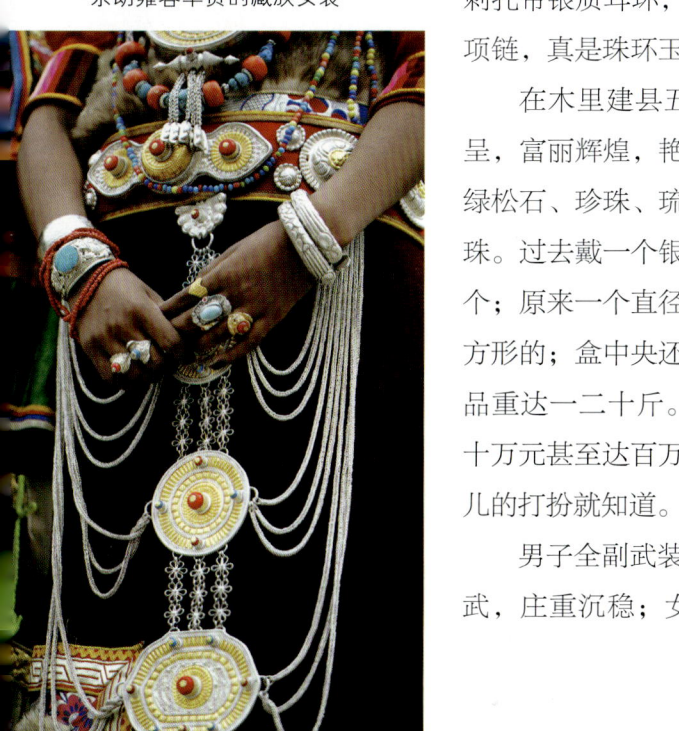

东朗雍容华贵的藏族女装

藏族女服饰　帮典，首饰　周朝东　摄

第七章　佛风民情神秘奇特　仙景胜地无限风光

用黄金打造的藏家女服饰

盛装

麦日小伙(一)

大寺喇嘛乐队

麦日小伙(二)

藏女头饰 狐皮帽

嘎米妇女头饰

盛装剽悍的藏家小伙　刘仁勇　摄

便装的藏族女孩也十分阳光美丽

水洛藏族姑娘

辉，珠玉闪耀，玛瑙溢彩，金银放光；裙裾摆动，环佩叮当，金花银链垂垂。昂首挺胸，点头弯腰，长袖挥舞，步履轻移，前进后退，整齐划一。高贵典雅，富丽堂皇的藏族服饰令在场之人无不惊叹叫绝。

木里藏族还有一种特殊的服饰技艺——堆绣，用各色丝线在绸缎上绣出虎、鹰、狮、龙、豹等图案，然后缝制成跳神衣供跳神人员使用。跳神服装制作十分精细，色彩对比强烈，鲜艳美观。

民族服饰文化是民俗旅游资源的重要组成部分，木里藏族服饰文化是藏族同胞生活智慧的结晶，是中国服饰百花园中的奇葩，是具有广阔开发前景的旅游资源。

住宅建筑，工艺精湛

"棒康"（碉房）。接近稻城、理塘县的木里东朗、麦日、博窝、水洛等地藏族住房比较集中，均为"棒康"（碉房），以块石砌墙，墙厚4～5尺，可当碉堡防御敌人。碉房木头作柱，柱子密集，每四平方米便有一柱，富有人家第二层有四五十根柱头，一般人家也有二三十根。柱子上方用方木铺排作檩，楼层铺装木板，柱子之间用木板间隔。整幢碉房下部大，上部略收，高大威武，坚固美观，艺术水平高超。房屋普遍分为

美丽壮观的麦日曲公藏寨石碉房　温珠　摄

三层，下层关牲畜，中层住人，设有仓库、伙房、寝室，可容纳百人以上集会和跳舞。楼面铺木地板，设火塘。火塘呈长方形，安置铁三角，煮茶、做饭均在火塘之上进行。火塘上方墙壁正中用石膏、石灰泥塑有象征鱼、鸟、兽、花、海螺等的"藏巴纳"（神台），高约一尺五，供放香炉、供神物品。进屋面向火塘，左边为女子和主人座位，右边为男子座位和客座。火塘周围为全家活动中心，白天做饭、吃饭、议事、接待客人，夜晚则供住宿，卧时须头向火塘。

碉房上层多为土掌，用于打晒粮食。富有人家设置雕梁画栋的经堂。窗户多朝向阳处开，每两根

藏族人家的经堂　温珠 摄

藏族人家的客厅　温珠 摄

柱头之间开一窗，窗子为黑色梯形条窗，小而牢固，有挡风御寒和防止偷盗之用。楼层之间用木板做楼梯或以独木梯上下。这种房，柱头、房梁装饰绘画，十分华美。房顶上插一根直径约5寸，长四五米的木杆，顶端装有三角铁叉，称"卡钟"，上悬挂印有经文的红、黄、白三色布幡（店），用以驱邪避鬼，每年过年时要更换一次木杆。土掌上设有"塔松"（烧香台），每日清晨都要以加少许糌粑、清水或酒烧香，吹海螺三次，以求神灵保佑。现在好多新建的房屋已改独木梯为宽大的板梯以方便生活；为卫生起见，人与牲畜同一屋门进出改为人畜分门进出。

土掌房　为木里藏族的一般建筑，土石为墙，架木于上，覆以泥土，在木支架上搭檩木，成人字形，盖以房板，压石其上。房顶用泥土抹平夯实，可晾晒粮食。房顶立"卡钟"。内屋住人，外院围圈关牲口。

东朗亚英藏寨　　牟光学　摄

木楞子房　墙壁用圆木扣榫重叠垛成，工艺差者用牛屎或泥土勾缝，中央立一根大方柱，四角竖圆柱，搭房檩，用木板盖人字形房顶。屋内设火塘，中支铁三角，后方设神龛。墙外堆码柴禾以护墙壁。大门内另建偏房关养牲口。这种房屋既防地震又冬暖夏凉。

帐篷　为木里牧区特色住房。用牦牛毛纺制成粗毛布，缝制成长方形幕帐，中央支木杆，外面用绳索拉开钉在四周地上，一方开门，帐内设土石灶或铁三角火塘。这种帐房，牛绒捻线，质地粗厚，不怕风雨大雪，也便于牧民随时搬迁，逐水草而居。中华人民共和国成立后，牧区又建起了冬夏定居点。定居点多为木结构的木楞子房。现在在国家的关心下，各国营牧场都建起了砖木结构的牧民新村，饮上自来水，通了电灯、电话，安装了卫星电视，儿童进了学校，老年人安定生活，颐养天年。现代化的牧民新村成了藏区一道亮丽的风景线。

独具风味的藏族饮食

每一个民族或每一个地区，都有一些特色食品，构成这个民族或地区的饮食文化特点。木里藏族很多特色食品、饮料，令人难以忘怀。

糌粑（类似汉区的炒面） 无论农区和牧区的藏民，糌粑都是不可缺少的食品。将青稞、大麦、燕麦、玉米或豌豆洗净晒干后炒熟，磨成细面过筛即成糌粑。藏族吃糌粑，大都把糌粑放在碗里，加点酥油茶，用手指不断搅匀，捏成团送进嘴里；或把干糌粑舀一匙放进嘴里，然后喝一口酥油茶用舌头搅拌吞食；也有把糌粑和酥油在碗中和匀紧按碗中，倒入酥油茶，喝完茶后，用舌舔食，再斟酥油茶，再喝再舔，如此反复，直到把碗中糌粑舔食干净。有的在糌粑中加白糖、奶酪，更加香甜可口。糌粑营养丰富，携带方便，出门只要怀揣木碗，腰束"糌古"，有水就行，不用生火做饭。

虾答 是藏族特别喜欢的一种食品，也是待客佳品。"虾答"不能用家养的猪、鸡为原料，而是选獐、麂、马鹿、岩羊等野生动物精瘦肉制成。加工时，把肉剁细，再用

高原牦牛　刘仁勇　摄

牧民使上了牛奶酥分离器　温珠 摄

茶具

吸取苏里玛酒

石臼舂为泥，加木姜子、海椒、大蒜、盐、花椒等调味品盛入盆中，再加凉开水搅拌均匀成生肉汤，营养丰富的美味食品"虾答"便做成了。"虾答"以獐子肉做的为最好，其余为次。如有的客人不想喝生肉汤，便把"虾答"煮熟了再喝，也是十分美味可口的。

酥油从牛奶中提制。先将牛奶加热，倒入奶桶（高约一米，直径三四十厘米的木桶），用力抽搅，来回数百次，上面浮上一层淡黄色的脂肪，把它捞出放入冷水里，再搅拌，又捞出，直到把油质取净，用手捏出水分、奶汁，冷却即成酥油。藏民逢年过节油炸"卡赛"（点心）用酥油；姑娘们还用酥油擦面，抹头发，对于滋润和保护皮肤有独特的作用；酥油还是产妇、老人、儿童的重要补品。把提净酥油的剩余汁水倒入锅中熬煮加温，再倒入奶桶搅拌，捞出奶酪装入布袋或竹篓滤干水分，就是营养丰富的奶渣，最后将奶渣水熬干水分，剩余的便成了藏区绿色食品固体醋——脚堵。

现在好多牧民已有了酥油分离机，不用奶桶，减轻了牧民繁重的体力劳动。

酥油茶　酥油茶是藏区男女老幼离不开的饮料食品。有"宁可一日无食，不可一餐缺茶"的俗语。酥油茶的做法是，先将"甲"（金尖茶、金边茶）一小撮放进"甲布"（土陶罐）里，加水熬煮成浓汁，倒入木制"甲董"（茶桶）里，加进酥油和盐用力抽提上下搅动，使水乳交融后，倒进茶罐里，用"甲擦"（竹漏斗）过滤，倒入茶碗便成可饮用的酥油茶了。酥油茶营养丰富，风味独特，有提神醒脑、去疲消乏、解饥除寒、茶饭合一的妙处，是藏族人民日常生活中必不可少的上乘饮料，也是款待客人的必备饮料。客人喝酥油茶时，有"茶三酒四"之说，每喝一碗，要在碗中留上少许，主人再给你加满，边喝边加，如客人不想喝了，就一口饮干，倒掉茶渣，主人便知你不喝了，不再给你加茶。如没有菜肴，酥油茶泡饭也是一道美餐，有"好吃不过茶泡饭，好耍不过少年郎"之戏说。酥油茶要在木制茶桶里用力上下抽搅，所以藏族同胞不说烧茶或沏茶，而说"打酥油茶"。

酥油茶配以糌粑面、奶渣、牦牛肉，再加上滋补香甜强丁酒，这些藏家饮品，今天声名远扬，走俏都市酒吧。

酥里玛（黄酒） 又叫青稞酒，有的地方又称为"炊"或"宏"。是木里藏族男女老幼十分喜欢的饮料，也是节日必备和待客之饮料。其制作方法是，先将青稞（也有用大麦、苞谷混合的）洗净蒸熟，待温度冷却，拌上酒曲装入大木桶或锅内，令其发酵。三天后装入陶坛密封。存放时间越久越好。一般一个月即可饮用。饮用时加入清水，半个钟头后用"宏哑"或皮管吸出便是酥里玛酒。酒精度有十多度。有头道、二道、三道之分。喝酒时，先在香炉里烧上柏香，滴少许于柏香上敬奉祖先和菩萨，再敬锅庄，然后才开始喝酒。到藏家作客，生人习惯将酒杯倒满，你先喝一口，再给你添上，再喝一口，再添上，主人家总是"一点点，一点点"，把客人劝得酩酊大醉。好的酥里玛酒（密封半年以上）色如玛瑙，黏稠似蜜，浓香扑鼻，香甜可口，真乃琼浆玉液。

青 木里藏族的一种特殊食品，藏语叫"青"。就是将新收割的麦粒淘净加少许清水放入石臼中捣烂舂成米粒状，去掉麸皮，加牛肉、猪骨等熬煮，再进花椒、食盐。"青"既可当菜肴，又可当主食，其味清香可口。

强丁酒 木里高级酒饮。强丁酒的做法如下，取适量酥油一坨，入罐内熬化，加蜂蜜（无蜂蜜，也可加白糖、红糖）熬煮，后加入白酒边搅边熬，等到油、糖、酒完全交融，滋补醉人的强丁酒便做成了。酒量差者，便加水同熬，稀释成低度酒。有的还加入鸡蛋同熬，营养更加丰富，味道更加可口。

"砸杆"（猪膘肉） 其形似琵琶，故又称为琵琶肉。"砸杆"是藏族、摩梭人的一种具有独特风味的腌腊肉。每到冬季宰杀过年猪时，家家都要做猪膘，有的一年就要做七八个。杀年猪做猪膘时，先设香案，焚柏香，摆上酥油、水果、粮食等供品。喇嘛或达拔要念诵经咒，拜祭祖先和神灵。做猪膘时，先是去毛，除去内脏四肢，剔除骨头和较多的瘦肉，把盐、花椒等佐料放入猪腹内，涂抹均匀，然后用线缝合，平放地下，用木板盖上覆以重物，压上十天半月，猪成扁形，靠墙倒立，滤去血水，晾晒风干，猪膘就算做成了。食用时，切下一圈，或蒸或煮，都有一股浓郁的香醇味道，吃起来肥而不腻。猪膘便于保存，几年十年不变质，时间越长，颜色越红润，味道越好。

藏族还喜食灌猪肺和灌猪肝。

灌猪肺时，先将辣椒面、大蒜泥、香樟子、花椒、食盐等调料加温水搅匀过滤，做成汤料，再用空竹管与洗净的猪肚口和肺管连接扎紧，用猪肚将汤灌入猪肺内，待肺胀满后用线扎其口，放入锅内稍煮即可分食。其味辣、麻、香俱全，十分可口。有的在猪肺内灌荞面汤，也另有滋味。灌猪肝也用同样方式，但调料为"脚堵水"、芫荽和盐，煮熟可食用，其味酸香，别有风味。

保存多年的猪膘肉

石片烙馍 藏族的主食是麦面和玉米面，食法多为烙馍。烙馍时选用一块厚约一二厘米，不易炸裂的石板为锅，石片烧烫时，不用油，放上火塘里的火灰，用笤帚刷匀，把调好的面倒在石片上，烙成两面黄，再放在火塘温度很高的"紫母灰"内焖烤透熟。吃时佐以酥油茶、辣子汤或肉汤、酸菜汤。石烙的饼，不容易糊，外皮香脆，内里酥软，清香可口，别有风味。石片烙的馍几天不坏，是出门便于携带的食品。酥油茶泡

康坞牧场在长海湖畔的牦牛群

馍、肉汤泡馍更是藏乡一道美味佳肴。

"阿纳"或"儿基" 此为用青稞或大麦等纯粮酿制的低度白酒。这种酒色清味醇，甘洌可口，饮后不上头，不伤胃，深受饮君子们青睐，被戏称为木里县的"五粮液"。可惜此酒多为乡间农家土法酿造，自烤自饮。如能扩大规模，形成批量生产，定有广阔的市场前景。

绿色食品牦牛肉 牦牛生长在海拔3000米以上的高原山区牧场，木里草原宽广，草食充足，绿色植被十分完好，空气清新，饮水优良，又没有工厂废料、废气、农药等污染。因此，木里所产牦牛肉确实是货真价实的绿色食品，深受藏族人民喜爱，也越来越受到汉地消费者的青睐。牦牛肉可做牛肉干，四季皆可食用；鲜食时，无论是做"虾答"生吃，还是卤食、炒食，皆是美味。

在冲天河流域还有一种藏香猪，家庭喂养，野外放牧，生长半年，最大者达十斤左右。其肉瘦肉多肥肉少，其味细嫩香醇，是难得的肉中珍品。

欢乐藏历年

藏历年，是木里藏族的传统节日，也是最为隆重快乐的节日。过年藏语称"俄喜"。

藏历年与藏历的使用有密切的关系。藏历的正式使用是在公元980年前后，随着藏族

县城藏民唱歌跳舞，欢度藏历年

水洛旭米庆藏年　扎什旦珠　摄

搏项——牦牛坪乡举行各种体育活动庆祝藏历年　党瓜租　摄

藏年上兴高采烈地抛洒"隆达"（经文片）　刘仁勇　摄

尼珠村群众唱歌跳舞庆藏年

牦牛坪乡庆藏年举行的体育活动——赛马和摔跤　党瓜租　摄

地区与中原文化的交流，自宋仁宗天圣五年（1027）开始，藏历与农历逐步统一。从元朝起，藏历确定一年为12个月，大月30天，小月29天。每千日便有一个闰月，以调整历法和季节的关系。同时，藏历仿照汉族农历的天干、地支相配推算，用阴阳配以五行和属相来纪年，这与农历的干支纪年法相似。藏历以12年为一小循环，60年为一大循环，称为一个"饶迥"，第一个"饶迥"从公元1027年开始。如1990年是第十七饶迥的第三年，其五行为土，地支为午属马，故称为土马年。

"俄喜"（过年）年初一，一般为农历的腊月初七。相传在很久以前，西藏、云南的八个藏族支系，迁徙到木里一带较富庶的地方，定居那天正是农历的腊月初七。

中华人民共和国成立前，八尔家族在腊月初七过年，百姓要在初七以后过。届时，身着鲜艳民族服装的藏族人民，吃年饭，跳锅庄，举行赛马、射击比赛，为节日增添欢乐气氛。年十五，有的地方还有转山的习惯，祈求来年风调雨顺，五谷丰登。

1980年12月13日，木里恢复藏历年，全民欢庆。当地政府特别邀请了穆文富、周立志等老同志回木里参加县城隆重的庆祝活动。

木里过藏历年，未严格按照藏历12月30日过年的习俗，而是根据当地习惯在腊月初七过年。1980年，木里县人大发文，规定每年的腊月初七为木里藏历年。

每年一进入农历十二月，藏族便开始为除夕、过年做准备。过年前家家户户要杀猪，做猪膘，煮黄酒。除夕前两三天清扫房屋，贴上新年画，做"卡赛"（点心），选一面墙壁涂上白粉，在灶房正中墙上用白粉画上"八宝吉祥图"，在大门上用白粉画上象征吉祥、永恒的"卐"字符；有的在自家房梁上和柱头上画很多白圆点，祈求人寿粮丰。此外，还要在屋顶烧香台上涂上白灰，更换"卡钟"，挂上新的印有经文的布幡，在插香台上插上竹叶、松枝等，并悬挂各色布条和经文彩纸旗。

除夕前一天，各家要吃面团"土巴"，面团里包有石子、辣椒、木炭、羊毛等物，吃饭时，全家围坐火塘，看吃到什么东西。吃到包有石子的面团，预示心硬，木炭表示心黑，辣椒表示嘴快话多，羊毛表示心肠软。吃到这些东西的人，都要当场吐出来，引得全家笑声满堂，其乐融融。

摔跤　党瓜租　摄

钢珠舞　苗杰　摄

信教群众的匍伏礼（磕长头）

除夕晚上，地面铺青松毛和卡垫，摆"卡赛"核桃、水果等供品，点酥油灯，烧香，吹海螺，敬祭天神和祖先。全家吃丰富的团年饭，有牦牛肉、羊肉、鸡肉、猪膘肉、血灌肠、"虾答"汤等菜肴，吃米饭、麦糕，喝黄酒、白酒。晚饭时，家家吹响海螺，点燃桑烟，整个村子沉浸在浓郁的节庆气氛之中。

讲究礼节　注重礼貌

藏族一般憨厚、直爽、诚实，敬老爱幼，注重礼貌，热情好客。中华人民共和国成立前，藏族尊卑之间的礼节，讲究甚严。

让道敬礼。平民如遇衙门官员、政教头人时，立即让立路旁，脱帽、弯腰、吐舌或揭下套头，将头上发辫解开放下，俯首躬腰表示敬意。带刀者，必须把刀拿在手上；骑马者，要赶快下马站立道旁，而且要用草塞在马铃内，不使发出声响；坐于路旁者赶快起身躬立道旁；袒胸赤臂者，必须马上整衣；妇女让道斜立于后，双目下垂。若遇大喇嘛（土司）、活佛，皆合掌俯地，屈膝躬腰，待土司、活佛走过三四十步才敢起行。

农奴见头人，小头人见大头人时，均无座位，行脱帽礼或鞠躬、伸手后，垂手站立或跌地而坐。

亲朋好友久别重逢时，拉手贴于脸颊以示亲热；见到敬重之人，则将袒臂之袖搭于肩上，屈腰双手平伸或竖大拇指以示尊敬；平常相见，伸舌头也属敬礼，亲朋远行或初到，要替他牵马以示敬意。

磕头也是常见的礼节，一般是朝觐佛像、佛塔和活佛时磕头，也有对长者父母磕头的。磕头分长头、短头和响头三种。磕长头时，两手合掌高举过头，自顶、至额、至胸拱揖三次，再匍匐于地，双手直伸，平放地上，划地为号。然后，再起立如前所做。过去，有些虔诚的佛教徒，从木里各地磕长头到拉萨朝佛，三步一拜，一磕几年，即使死于途中，也觉得自己已尽诚意，毫无怨言。

在寺庙里，也有一种磕头方式。不论男女老少，先合掌连作三揖，然后拱腰到佛像脚下，用头轻轻一顶，表示诚心忏悔之意。

鞠躬。过去遇见长官、头人和受尊敬的人，要脱帽，弯腰45度，帽子拿在手上，低放近胸。对于一般人或平辈，鞠躬只表示礼貌，帽子放在胸前，头略低。也有合掌与鞠躬并用的。对尊者，要合掌过头，回礼动作亦如此。

献哈达是藏族最普遍的一种礼节。婚丧节庆，拜谒官长，进拜佛像，迎请客人，探亲访友等社交活动，都有献哈达的习惯。哈达是一种丝织品，稀松如网，也有用丝绸做成的优质哈达。哈达长短不一，长者一二丈，短者三五尺。献哈达是对人表示纯洁、忠诚的意思。自古以来，藏族认为白色象征纯洁、吉利，所以哈达一般是白色的。也有蓝、白、黄、绿、红的五彩哈达。蓝色象征蓝天，白色是白云，绿色是江河，红色是空间护法神，黄色象征大地。五彩哈达一般是献给菩萨和活佛的，只在特定时使用。在较为隆重的迎送仪式上，主人向客人捧献哈达，表示敬意，祝贺吉祥，客人向主人回敬哈达，也是敬意，祈祷万事如意。

藏族群众把藏传佛教作为心灵的寄托，一切思想无不染上宗教色彩。朝夕念经，祈求菩萨保佑；事无巨细，都要求神拜佛；家家供佛像，人人佩戴"嘎乌""松丁""学

鸭嘴吉祥塔

恰"（装有活佛头发、布片和柯子等香料，以及奇花异草缝制而成的布袋，传说打仗时"刀枪不入"）等护身符；房前屋后悬挂经幡，路旁山口修建"恰顶"（佛塔），堆置"嘛呢堆"，婚娶、病痛、离家远行、修房造屋等均请喇嘛打卦念经；有的人每天早晚向西方磕头礼拜；有的人每天早上都要烧松毛、吹海螺、磕头，祈求菩萨保佑；每次喝酥油茶、黄酒和吃饭前都要敬锅庄，都要念出贡嘎及诸山名、山神和自己祖先的名字，祈求它们保佑家人平平安安，六畜兴旺，五谷丰登。

念"嘛呢"是藏族信教群众认为有助于积"功德"和"来世"投胎的主要途径。许多老年人在家中一手摇转经筒，一手捻动佛珠，循环往复地念诵"嗡、嘛、呢、叭、咪、吽"六字真言。每逢农历初十、十五，村中长者集中到一个地方念"嘛呢"，一月两次，由有威望的长者领诵。他们认为只有这样，人才能"功德圆满"。

念"准玛"和"肖松卓娃"经，是信教群众日常生活中必不可少的。在清晨和晚上，老人们至少念诵两遍"准玛"经。"准玛"经共42行，84句，每句八九字不等，句末押韵。藏族信教群众还在每晚就寝前念"喇嘛拉肖松启，松吉拉肖松启，屈拉肖松启，格顶拉肖松启"之"肖松卓娃"经入睡，有祈祷喇嘛、佛祖释迦牟尼、阿弥陀佛保佑世人平安、幸福之意。

藏族人民对于亲朋好友、宾客，乃至素不相识的人，接待都十分诚挚热情。客到家中，首先起立拉手，道以"嘎里哦"（"辛苦了""你好""稀客"之意）表示欢迎，让客人坐下，然后摆放茶碗（富有者放镶银木碗），他们喜欢当着客人的面用清水冲洗茶碗，以示对客人的尊敬。喝完茶，敬青稞酒，再以好饭相待。晚间常劝以"尼苏诺"（早些安睡吧），早晨起床则问以"色布阿惹"（睡得好吗）。离别时，帮助客人收拾行李，代备鞍马，送到门前，并给客人牵马扶镫。有的甚至送一程，道声"嘎勒着"（慢慢走）而返。

藏家禁忌

如家中有病人，在门口放一撮柴火灰，烧上糌粑面烟表示谢绝探望；出远门时，忌家中人在当天扫地；客到家时，碰到鸡生蛋、产羊羔、水沟里水头与客人同至，是吉祥的征兆，主人对客人的款待就更加热情；脚踏锅庄是对菩萨不尊重；忌往火塘内吐口痰、丢骨头和敲打火钳；母鸡啼鸣、狗号哭、乌鸦叫、狼夜嚎均视为不吉利；途中遇双蛇盘结或树上盘结为不吉利；客人将碗口朝下扣在桌子上，视为对主人家的挑衅；进村后打"啊嘿嘿"，视为挑战；摸别人的头、帽子和下巴视为不礼貌；单手接、递东西视为不礼貌；在家里吹口哨认为会招鬼来；忌女子爬树；忌女子穿膝盖裸露的短裙；忌男女混杂而坐；忌食水牛、马、狗、蛇、猴、老鹰、乌鸦、青蛙等肉；忌反手给客人倒酒添饭。

奇特的藏家婚礼

1959年，木里民主改革和平叛胜利结束，广大农牧民当家做了主人，开始过上安宁的生活。县委书记周立志和县长项培初扎巴到茶布朗检查工作，恰遇家住茶布朗然缅村的基干连战士鲁绒次尔和本村的美丽姑娘达瓦卓玛结婚，两人盛情邀请周书记和项县长参加他们的婚礼。周书记和项县长欣然应允。举行婚礼这天，周、项二人买了两条茶（每条15斤）作为贺礼，并专门到区政府找了红纸，写了礼单贴在贺礼上。周书记写的是"鲁绒次尔、达瓦卓玛新婚大喜，周立志贺"。项县长用藏文写了同样的内容。周、项两人随着参加婚礼的群众早早地来到新郎家。

茶布朗然缅村是一个典型的藏族村寨，一色石块砌成三层平顶碉房。新郎家大门两旁各栽着一棵青松，青松上挂着洁白的哈达，门楣上贴着"喜庆盈门"的藏文红帖，门扇上汉文大红喜字（帮忙的汉族干部的杰作）。四面八方的山间小路上，不断涌来参加婚礼的人群。身着节日盛装的男女客人熙熙攘攘地穿过院坝，爬上独木梯，来到藏族家的主要活动场所——客厅兼厨房。进门的左边，是一个一米见方的木框围着的大火塘，一个大大的铁三角上，安放着一口大铜锅，锅内的羊肉正翻滚飘香。在火塘靠右边的墙壁下设一神龛，神龛正中挂着白布经幡和班禅大师的彩色画像，两边拴着青松枝，青松枝上拴着黄色哈达和红、黄、绿、蓝等经幡。神龛上点着酥油灯，摆着七碗水，一碗黄酒，酥油茶、奶渣、水果和用酥油捏成的"措"（喇嘛念过祝福咒语的面团）等祭祀供品。火塘左边为主位，放着主妇烧茶煮饭的炊用之具；火塘右边为客位，铺着氆氇和准毛毯，一排长茶几上摆着苹果、黄酒、糌粑等待客食物。

项县长对周立志书记说，藏族儿女从定亲到结婚，要举行比较复杂的礼仪。主要程序是这样的：男家看上某一个姑娘，其父母就请一个"尺卡米"（媒人）带上茶和酒等礼物到女方家探口气，如女方家父母不同意就作罢。如女方家父母高兴地收下礼物，并将酒倒出来祭了锅庄，请在场者共饮，这时"尺卡米"心中有数

迎亲路上

了,只要吃着酒,就表示女方同意这门亲事了。

第二次由男方的父亲或叔叔和尺卡米带上一罐白酒,一罐黄酒,一根哈达和三个银元(如果没有银元可带现金)到女方家,女家完全接收了礼物,并将黄酒打开先祭锅庄再分与在场者共饮,这就表示双方已经订婚了。如果不同意这门婚事,女家父母只收白酒,不收其他礼物。

第三次,男家的长辈带上一罐黄酒(20斤)、一罐白酒(10斤以上),哈达一根,酥油、鸡蛋、牛羊肉、大米或麦面(3~50斤),银子一锭(或现金100元),到女方家商定结婚的大体日期,同时招待女方亲属。

男方父母回家后,就请喇嘛或"汉规"(巫师)打卦,算算双方属相是否相合(猪、牛、羊合,鼠、龙、猴合,虎、马、狗合,鸡、牛、蛇合),再算出具体的结婚时间,由男方通知女方。双方开始做结婚准备。

迎亲前一天,女方要宴请同村人和亲朋喝喜酒,告别时,拉着新娘围着火塘跳起"钢珠舞",唱起一问一答的藏歌。

有一首歌是这样唱的,一方唱道:

小树长成了栋梁
小鸟长硬了翅膀
阿妈最心爱的"门足里"(藏族少女)
终于要离开她的亲娘

另一方接唱:

白雪依恋青翠的山头
骏马依恋宽广的草场
出门在外的"门足里"
做梦也在想念自己的家乡

留念惜别的对歌声将人们带到久远的回忆中。

迎亲这一天,男家请一属相与新娘相合的女子牵上装饰一新的几匹马,带上少量黄酒和白酒,同时带上新娘穿的一套衣裙,到女方迎娶新娘。

新娘穿着红灯芯绒偏襟上衣,下着及地白色长裙,头发加上青红色丝线,编成两根粗粗的辫子高高盘在头顶,上面挂着银链和珠饰,胸前挂着银质护身盒——"嘎乌",腰上带着一把略为弯曲的小藏刀。新娘显得十分健美朴实。

新娘首先和父母兄妹依依惜别，再和亲朋好友惜别。虽是喜事，但也是人生的一大转折点，新娘和亲人们都是泪流满面，相互低语叮嘱，舍不得分开。终于要出门了，"汉规"（巫师）举着"达得儿"（吉祥幡）和香炉引路，口里念着吉祥的颂词将新娘送出门，骑上新郎家牵来的打扮一新的骏马。接亲的女子在前，新娘的弟弟牵马，另一人端着娘家的"嘎得纳"（礼品盒），礼品盒内装一截猪膘、几斤青稞、一根哈达、一团毛线（象征长寿）和几张人民币，这表示娘家把吃的、穿的、用的都给姑娘了。新娘的父亲和舅舅（是男方家请的正客）也骑着骏马，带上黄酒、白酒、哈达，一起加入送亲队伍中。一路上，不时有村人向新娘敬献黄酒，依依惜别。

听说新娘快到了，周书记和项县长都随着人群到楼顶观看。只见七八匹骏马组成的送亲队伍从山坡下的小路上前呼后拥地走上坡来，新娘骑在一匹高大俊美的白马上，十分潇洒美丽。看热闹的小孩，参加婚礼的人群，争先恐后地跑向马队迎接新人。

男方家人手持香炉，点上柏香，吹响海螺，把新娘迎上二楼客厅和新郎并排坐在氆氇上，"汉规"给新娘、新郎献上哈达。"宏玛"（斟酒少女）斟满酒，新郎的舅舅代表男家，端着酒杯一步一鞠躬，共行三步三鞠躬，将酒送至新娘和送亲人的手里，每个客人喝一口，再由"宏玛"斟上，连喝三口，再添满以示敬意。稍后又如前仪敬酥油茶三碗。接下来，新郎的母亲手执一根燃烧的木柴故意在新娘面前熏绕一下（表示你从此要吃苦了），接着将新娘的手拉到铜瓢、茶罐、茶桶等炊事用具上按一下（表示这些煮饭烧茶的事以后就由你承担了），随后新娘和新郎并排坐在氆氇上，新郎家的人向他们献上黄酒和酥油茶，新娘家陪送的"嘎得纳"放在火塘上方的神台上。

婚礼开始，男方端出早已准备好的"达纳"放在小方桌上。"达纳"就是用一个量粮食的冲子，装满青稞，插上三支箭，箭杆系上红、黑、白三种颜色的绸布条（象征哈达）的礼器，冲子下铺一块白羊毛毡。男方设置的"达纳"，必须由女方家的护送人——哥哥、弟弟或舅舅，在婚礼上以桌子、垫毡、冲子、青稞、箭头等物品说出一段顺口溜来。如女方家哥哥、弟弟、舅舅中没有能说会道者，就请一个口齿伶俐、能言善辩的男性代替。要求说唱人语言流畅，寓意深刻，幽默诙谐。这种婚礼上说唱顺口溜的形式，藏语称"色洛"，意为调子或引子，每个说唱者说的内容尽管不尽相同，但都以"色洛"开头，然后自问自答，引入正题。

女方家早有准备，请来了茶布朗能言善辩、会说唱格萨尔故事的鲁绒格丁老人来说"达纳"。

鲁绒格丁老人六十多岁，虎背熊腰，穿着新楚巴，带着新博士帽。他精神焕发，声音洪亮，一上场就得到一阵热烈的掌声。老人手舞足蹈，说起"色洛"来：

　　色洛色洛那几色洛，

足洛足洛那几足洛。
色洛那松郎波,
郎波普米根郎波。
足洛那松郎波,
郎波普米根郎波。

歌儿好唱口难开,
和准调子唱起来,
为啥先要说色洛,
打个比方就明白。

色洛那松郎波,
郎波普米根朗波。
舍麻若鲁几朗波,
郎波普米根朗波。

好比今天喝喜酒,
讲究礼貌先敬神,
再敬长辈和亲朋,
自己方可把酒饮。
好比热情主人家,
已把钥匙拿出来。
打开库房门上锁,
吃的喝的端出来。
纳丛(这家人)今天办喜事,
宾客来往挤破门。
诸位胸中装满歌,
只等喉头把门开。
按照规矩我先唱,
"达纳"已经面前摆。
快把喜酒满斟上,
歌儿伴酒酒更香。

接着将方桌、垫毡、冲子、箭、箭杆的来历、用处,编成说一段顺口溜或四言八句。接着,又称赞新郎年轻英俊,勤劳勇敢;称赞新娘美丽漂亮,能干持家,等等。

最后这样说唱:

> 青年男女交朋友,
> 各种方式都会有。
> 有的亲朋作介绍,
> 从中撮合双方喜。
> 有的就像打雀儿,
> 无意之中碰上的。
> 有的父母来做主,
> 迎进家门才知道。
> 楼房有高低,
> 火塘有大小。
> 花有多样红,
> 药都一样苦。
> 有的男女像酥油,
> 柔柔和和成一坨。
> 有的男女像猛虎,
> 互不相让各走各。
> 一座楼房九根柱,
> 根根都要把力出。
> 男女青年成一家,
> 和和睦睦过日子。
> 双方如有心里话,
> 对着达纳说出来。
> 众位父老来祝福,
> 敬请大家敞开怀。
> 色洛色洛就到此,
> 拉索拉索阿拉索。

鲁绒格丁老人幽默风趣的说唱获得了在场人员的阵阵掌声。项培初扎巴县长一边听一边向周立志书记翻译,周书记不断点头称好。

收贺礼唱出送礼人

说唱完毕，就开始赠送礼物。主持人、新郎的舅舅鲁绒扎什将送礼人和礼物数量做了一番介绍，比如说今天是个吉祥的日子，尊贵的周书记和项县长在百忙之中来参加新郎和新娘的婚礼，还各送来了我们藏族家最喜欢的金尖茶一条；说某某人煮了一坛黄酒，自己舍不得喝，走了几十里，翻越两座山，不辞劳苦送来新郎家；说某某人家庭经济困难，但为了向新人表示一点心意，也特意赶来送现金10元等。

送礼结束，新郎母亲扎西布尺端着"达纳"在前面引路，新娘端上烧有柏香的香炉随后，另一人端着装有礼品、钱、哈达的盘子，再有一人吹海螺，依次排定，然后五男五女唱婚礼歌，这一行人边唱边走，绕男柱、女柱三圈之后，新郎母亲带着新娘等进入"吉"（储藏室）齐声高呼："喀叶喀叶雍喀叶"（财富拥来了）。这也表示新郎家把什么权利都交给新娘了。然后新郎母亲敬献每人一碗最好的白酒或黄酒。

结婚仪式完成，便举行新娘到新郎家后的第一顿午餐。

午餐只摆一桌，新郎陪新娘及送亲人首先用餐。按当地藏族的规矩，新郎和新娘对角而坐，而不是并排坐一根凳子上。他们用餐完毕，才请宾客入席。新郎和新娘在男方长辈的带领下，一桌一桌向客人敬酒致谢。

用餐完毕，宾客和新郎、新娘一起围着火塘跳起了欢乐的锅庄舞，唱起激情四溢的藏歌，迎接新娘的到来，祝福他们新生活的开始。

晚上，在宽敞的场坝上，烧起熊熊篝火。全村人都来参加舞会，一边饮酒，一边跳舞，直至通宵达旦，婚礼才算结束。

纳西古寨——俄亚大村

第三节
走进纳西古寨　领略东巴风情

四百多年前，俄亚地区原是一片"无主荒地"，森林茂密，飞禽野兽众多，几乎无人居住。丽江木氏土司（木天王）有一管家叫瓦赫戛加，每年都要从宝宝山到俄亚打猎几次，收获颇丰。打猎时，他常住在龙达河边"艾惹阿纳窝"（纳西语，意为山上的岩包，后为木官衙门所在地）搭棚吃住。有一天，他想，这个地方土地这么肥沃，可能会出产好庄稼。于是，他把淘米时捡出的几粒谷子种在了住地的泉水边，当他秋天又到这里打猎时，惊喜地看见这几颗稻谷在泉水边结着沉甸甸的金色谷穗。他回去后，即带领四户纳西族迁居这里。

最早落户俄亚的四户人家：木瓜家（领头人）；东巴家，作为祭天时的念经人领来的；俄马家，作为牧马人领来的；简黑家，作为牧羊人领来的。随着时间的流逝，人丁逐渐繁衍增多。人们推选瓦赫戛加及后人为俄亚地区的世袭头人，称他为木官（木天王的管家）。后来，其家名"木官"渐变为"木瓜"，瓦赫之家名再没有用过。

木里土司为了控制这一地区，授俄亚木官姑擦衔，代理土司管理俄亚地区的百姓，代收租税，征派劳役。俄亚木官家从一世祖瓦赫戛加到民主改革前最后一任木官苏拉达吉，共传十九代，约380余年的历史。

2004年10月，为庆祝俄亚纳西族乡成立二十周年，笔者有幸随木里、云南丽江、中甸等祝贺团及四川日报社、凉山摄影采风团一行50多人踏上了这块风水宝地和人间净土。

独特的民居建筑

驱车经云南丽江、迪庆，到达香格里拉县的洛吉乡，从洛吉乡到纳西古寨，或骑马，或步行，艰难跋涉十多个小时后，我们终于走进川滇交界的万山丛中，来到水草丰美的龙达河畔。从河畔仰望心仪已久的纳西古寨，我的心激烈地跳动起来，在这几乎与世隔绝的大山深处，竟然有这样一座举世无双的独特村寨，尚有一块未被大众认识的人间璞玉，一处真正的世外桃源。这就是四川省木里藏族自治县俄亚纳西族乡大村。这里的民居依山而建，鳞次栉比，一式的三层土掌房。远远望去，一片蜂窝状的建筑群在夕阳的照射下，金黄耀眼，宏伟壮观，素有"纳西古城在丽江，纳西古寨在俄亚"之说。有人称这是"世界上最后一块净土"。全村190多户，1400多人，相互尊重，和睦相处，保持着浓郁奇特的古朴民风，极富旅游开发价值。

小巷

进入大村，纳西人家每一堵墙都由石料和黄泥堆成，高墙壁立，形成了一条条纵横交错的小巷，四通八达，蜿蜒曲折。

到纳西人家作客，我们跟随主人来到屋前，房屋共三层，第一层是畜圈。我们爬上一根用圆木砍成缺口的独木梯来到第二层的主屋，主屋门厅向东，无

古寨家家相连，户户相通　温珠 摄

墙，像是阳台，鸡鸭也饲养在这里。除正房外，还有粮仓、储藏室和宿舍。正房是一家人的主要生活和活动场所。右角是一个大火塘，火塘上架着一个大铁三角，火塘的东面和北面，有两尺高、三尺多宽的木板座位（晚上也可作为睡觉的地方）。太阳光从屋顶的烟囱照进来，成了正屋的采光源。三楼是屋顶，又是晒坝，晒坝两边有几间供人居住的小屋——客房。上三楼屋顶一看，一房一顶，错落有致，从这家屋顶的独木梯可到另一家的房顶，从另一家又可到其他家，彼此相连，贯通整个古寨。古寨从山脚到山腰，依山攀缘而建，一家挨着一家，一户靠着一户，家与家之间，户与户之间，形成了一个完整的体系，而且家家户户从不锁门，进了

81岁的大东巴

一家的门就可以走遍全村。据东巴说，纳西古寨建筑奇特集中，主要是为了防止外敌入侵。2007年，纳西古寨已被列入四川省文物保护单位。

时值金秋十月，达足山郁郁葱葱，拥翠凝碧；龙达河玉浪翻滚，一泓清流绕村而过，淙淙流向远方。河畔两岸，稻田成片，金谷飘香，山坡上梯地层层，玉米饱满，在夕阳的映照下，金光闪烁，如织锦披缎。好一片丰收景象，好一个富庶之乡！

在漫长的历史长河中，勤劳、聪明、善良的纳西人民创造了丰富多彩的纳西文化，如今世界上唯一在使用的象形文字——东巴文字就是其中一个瑰宝。

东巴，纳西话为智者，他们多数集歌者、舞者、经生、书法家、史学家、画家、医生为一身，是纳西族最高级的知识分子。东巴文字共有1300多个，有千余年的历史，纳西人自称东巴文为"斯交鲁交"，也就是木迹石印，是写在木石之上的记号或文字。现存用东巴文书写的经书有两万多册，内容涉及天文、地理、历史、战争、宗教、农事、医药、家庭、婚姻、文学、艺术等，内容丰富，几乎是无所不包。东巴文集书画于一体，线条流畅，笔法简练，色彩艳丽，很受当今旅游者的青睐。专家称东巴文是"世界上唯一活着的象

古老的东巴文经书　　苗杰　摄

大东巴

东巴祭天舞

形文字",是人类社会文化起源和发展的"活化石"。东巴说,这些文字有鱼,有鸟,有花,有草,有牛羊,有太阳、月亮、星星等,包罗万象。这些画,有的一幅画就代表一个意思、一个典故或一个故事,有的几个

东巴丰收舞

心心相印

风雨同舟

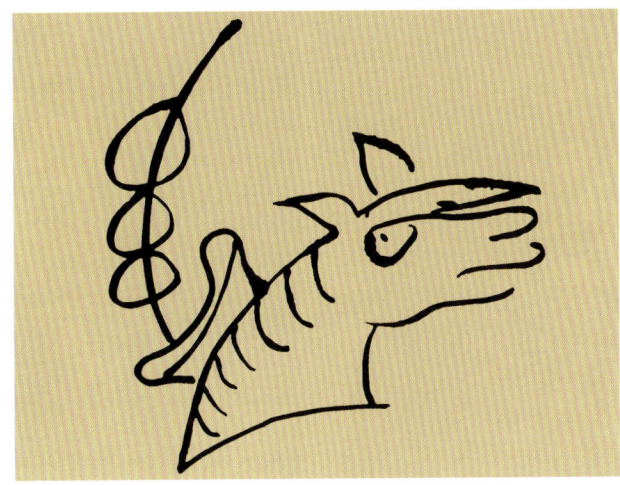
马到成功

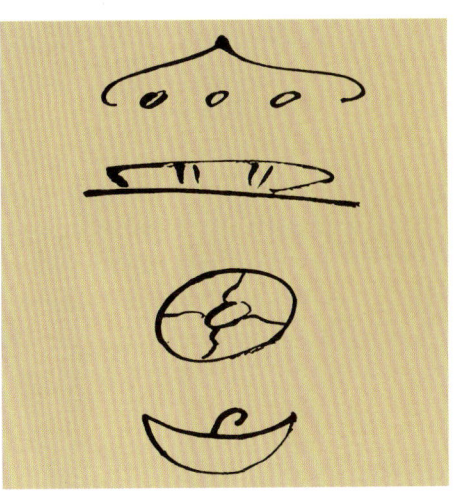
天地日月

第七章 佛风民情神秘奇特 仙景胜地无限风光 | 231

连在一起才是一个意思、一个典故或一个故事。

笔者羡慕它的隽美和意趣，特请当地东巴为我书写了几幅作为珍藏。现在附几幅图与大家共同欣赏（图见上页）。

俄亚大村德高望重的年近八十岁的东巴甲若戴上五凤冠，穿上东巴服，手摇法铃，口诵经文，显得十分神秘和肃穆威武。据他说，这套服饰已传了十代，平时不穿，只有重大节日和送葬时才穿戴。

奇特的纳西服饰

纳西族男人上穿长袖短内衣和"楚巴"（长外衣），下着宽脚裤，系腰带，头带"次里斤哥"（金边帽）或"明古古木"（盘盘帽），脚穿布鞋或靴子，小腿裹绣有图案的脚布，插"子萨"（腰刀），子萨柄上镶有珠宝或玛瑙，手戴"拿布尔"（戒指）、"拿究"（手镯），胸前挂"嘎乌"（护身盒）。纳西男子的穿戴彪悍威武。

纳西族女子常穿七星装。上穿长袖短衣，外套"打哥"（短褂），下穿"咻哢"（百褶裙），系绣花腰带，手戴戒指，胸前挂"嘎乌"，与男子同，佩戴"喊尼"（珠串项链），头戴"古鲁吴胚"（银盘帽），用银元或银戒指串成一圈"古鹅"饰于额前（头饰带），头帕宽约七寸，长约四尺，顺后脑勺垂于背后，头帕两边红色，中间黑色，上镶刻有花纹的七个银质圆盘，也叫背上七星。戴耳环，耳旁吊长脚耳环。身披"及撒"（外套），及撒里面有个三角形的包包，是妇女走亲访友时送礼、接礼的工

身着麻布服装的纳西米（姑娘）

纳西米（姑娘）（一）

纳西米（姑娘）（二）

身着麻布服装的纳西同胞在舞场也很潇洒

纳西瓦玛塔舞

具,又是劳动时的风衣或雨衣。"及撒"一般为黑色或天蓝色,两边和尾部用各色丝线绣有精美的花纹和图案,从中可以看出高超的刺绣技艺。

俄亚纳西族服饰与丽江的纳西族服饰差别很大,是国内最古老的纳西服饰。

纳西婚礼

男方家长看中某纳西米(姑娘),就请东巴占卜,算男女双方的生年属相,东巴根据经书《青蛙八卦图》和《精威五行》,看是否匹配。如双方属相相合就由家长和说亲人到女方家说亲,开黄酒招待东巴和女方家亲人。定亲时要杀一只羊,泡上几坛黄酒,宴请全村的人。举行婚礼时,一要请东巴念经,二要请属相相合的伴郎和伴娘,新郎家要准备三百件(匹)左右的衣服(麻布),所有的亲戚和朋友一人送一件(匹)。杀牛,宰羊,泡上七八坛甚至更多的黄酒作为婚宴所用。全村人都会来参加婚礼,送钱送物,并表示祝贺。

迎亲当天,进行"苏库"(念祝福经),由东巴二至三人从鸡叫时就开始念诵。念经告一段落,东巴就在灶上角的神龛上和锅庄上倒上一点黄酒,吼一声"悄咄哦——哦",纳西语叫"日秋巴贝"。随着这一庄严悦耳的长长的唱音之后,东巴又念一段祭天神、灶神和祖宗的经。然后,户主和主妇就要请事先安排好的人给所有帮忙的人上饭上菜,吃完饭后就去迎接新娘。这时新郎和新娘早已在自己的家里穿上崭新的服装和戴上金银珠饰。伴娘牵着新娘,由媒人带着送亲队伍走向新郎家。快到新郎家门口时,男方家人出来迎接,以表谢意。新娘接到门口时,要进行"哭过"(又叫唱过门歌),新娘方由米粒布(媒人)唱,新娘由媒人牵着站在大门外,还有一人敬酒;新郎方由男方家请能言善辩者唱,新郎由伴郎牵着,也同样有一人敬酒。这样双方边敬酒边唱歌。外面的女方唱道:

山茶花开放了

> 百灵鸟飞来了
> 好的姑娘领来了
> 请把你家的门打开
> ……

里面男方唱道：

> 领来的姑娘好在哪儿啊？
> 美在哪儿哟？
> 勤劳善良吗？
> 收割能手吗？
> 织布能手吗？
> 体贴父母吗？
> …………
> 说得多好听啊，
> 门儿还是不能开！

女方家唱道：

> 织的麻布似白云，
> 绣的腰带似彩虹，
> 酥里玛酿得浓又香，
> 酥油茶先敬父母亲。
> …………

对一会歌后，男方打开大门，把新娘和伴娘请进屋里。新娘到屋里后，东巴又作一次"悄咄哦——哦"的"日秋巴贝"，然后给新郎和新娘倒黄酒，上饭菜，媒人还引导新郎、新娘互换碗筷，以示相互扶持，白头到老。吃完饭，新郎就到新娘家去向岳父、岳母拜礼。拜礼回来后，东巴又念"看堆看撒"经，然后给新郎和新娘戴上洁白的"卡达"（哈达），接着就要"巴麻把"（拜堂）了。拜堂完成，表示双方已是正式夫妻了。

举行婚礼这天，东巴要念三四本"苏库"，男女们边喝边唱，整天都沉浸在欢乐气氛之中，人人都会被悦耳的歌声和优美的舞蹈以及浓香味美的酥里玛酒所陶醉。晚上唱歌跳舞，欢乐通宵。

每户纳西人家都有织布机，他们上山扯来火草和着大麻皮织成柔和耐用的麻布用品，非常经济实用。麻布服装是纳西人的特色，就是在舞会上也能大显风采，别具韵味。

激动人心的纳西歌舞

皮鼓声声，锣钹铿锵，海螺长鸣。盛装的七个东巴手执法器跳着节奏沉重的蛙步进场，举手投足，苍劲有力。古朴原始的敬天祭祀舞，把人们带进这个古老民族无限的神秘和梦幻之中。

端着桑烟缭绕的香炉，在海螺和皮鼓的伴奏下，八十一岁的大东巴率领另一组东巴跳起了丰收舞，祈求神灵保佑寨子四季风调雨顺，人民平安。大东巴舞步沉稳，动作优雅，面容肃穆。一个面戴羊皮面具的"康班"（小丑角色），做出各种滑稽幽默的动作，招惹观众，令人嬉笑捧腹，和严肃认真的大东巴们形成鲜明的对比。

身着一色麻布服装的纳西男女手拉手围成一圈跳起了瓦马达舞，优美的舞步，深情的歌声，让人们体验到纳西人民千百年来与自然抗争的辛酸和胜利后的喜悦。

麻布服装也潇洒

身着麻布服，跳起纳西舞，别具韵味　　温珠 摄

俄亚纳西族乡成立二十周年　县祝贺团领导杨克若（左四）、宋平（左二）与民同乐

　　远方的客人啊，纳西人民欢迎你，请饮三杯美酒吧，你带来了吉祥和友谊。

　　远方的客人啊，来了就别走啦。纳西人民想留你，纳西古寨想留你。

　　跳起瓦马达舞，所有的人都成了朋友，不说三声好，叫我怎能放手呢？

金唑左舞

瓦玛塔舞　温珠 摄

再跳一曲瓦马达舞吧，这里相逢就是一种缘分，明天天亮的时候，或许我们就各奔东西。

瓦马达舞由一个德高望重的大东巴即兴作词领唱，众人随声附和，歌声低沉，像在叙述久远的历史，又像在讲述为人处世的哲理，又似在回味生活的酸甜苦辣。在笔者听来，具有一股沉重凄美的韵味，把人们带进无际的思绪之中。

纳西姑娘穿上鲜艳的彩衣和长长的白褶裙，跳起了欢快的达里子舞，唱起了迎宾的歌曲：

住在高山的客人啊，请你快来吧，纳西儿女酿好了酥里玛（酒），等候你的品尝。

住在城里的客人啊，请你快来吧，纳西儿女煮好了独特的臭鱼汤，等候你的品尝。

纳西姑娘跳起了金唑左舞，舞步轻快，歌声嘹亮：

远方的客人哪，纳西姑娘为你搭好了云桥，请你快快踏上云桥吧，走进吉祥的纳西古寨里。

远方的客人哪，纳西姑娘为你搭好了云桥，请你快快踏上云桥吧，走进纳西姑娘的人群里。

远方的客人哪，纳西姑娘为你搭好了云桥，请你快快踏上云桥吧，美丽的纳西姑娘欢迎你。

古朴的古寨，独特的服饰，优美的舞蹈，动情的歌声，丰富的文化底蕴，让人们沉醉，让人们心动，让人们感叹不已！

熊熊的篝火烧起来了，映红了山川大地，映红了喜气洋洋的纳西儿女。美酒端上来了，主客共饮，一碗碗饮进纳西人民的欢乐，饮进纳西人民对客人的深情厚谊，饮进了纳西

俄亚马帮　贾谟 摄

古寨的无限风光,饮进纳西人民对现实生活的舒心惬意。主人和客人翩翩起舞,兴高采烈,激情洋溢,醉了山,醉了地,一曲又一曲,共同庆祝纳西人民的吉庆节日!

纳西人民是好客的民族,无论走进哪一家,老阿妈、纳西米(姑娘)都会端出浓醇的酥里玛酒和香喷喷的酥油茶招待你,喝了一口又给你斟上,总是说:一点点,一点点,最后让客人酩酊大醉。那淳朴的待客深情让人感动。

热闹的烧香节

每个村寨都有自己的神山。在大村古寨的神山上举行的烧香仪式,更让我们开了眼界。纳西米穿着节日盛装,一个个光彩照人;纳西惹(小伙子)精神焕发,骑着鞍辔一新的骏马齐集烧香场地。桑烟袅袅,海螺长鸣。东巴们向山神敬酒献茶,念经诵咒,祈求风调雨顺,不让五方恶魔进村作乱,保佑村子平安,人畜吉祥。东巴为每个到场之人念颂吉祥咒语,拴赠"卡达"(避邪的红布条),祝福你万事如意。姑娘们虔诚地跪着,逐一向来宾敬酒,让客人深深地感到无法承受。东巴向每个人赐酒送福,大家争着向东巴敬(喂)酒,姑娘们,小伙子,所有到场之人无不兴高采烈地相互喂酒,你一口,我一口,那盈盈的笑意,那激情的话语,那深深的祝福和着那浓浓的酒香飘荡山野,笼罩人群。人们在东巴的率领下转麻尼,随手抛撒五谷杂粮敬奉山神、水神,祈求来年五谷丰登,六畜兴旺。

烧香节上群情激奋,相互喂酒赐福

仪式结束,东巴们敲着皮鼓,唱着经文,潇洒敏捷地跳着各种动作的祭祀舞蹈顺山而下。姑娘们是一个民族的灵气,是一个村子的灵气,她们在苍翠的山野小路上姗姗而行,显得那样清新耀眼和婀娜多姿。小伙子们则进行了赛马比赛,他们一个个精神抖擞,鞭笞着骏马在岩路上你追我赶,风驰电掣,在村人和姑娘们面前尽显纯熟的骑技和优美的身姿。

烧香节上东巴向人们喂酒赐福

俄亚是一杯香醇的美酒,让我品尝不够;纳西古寨是一幅独一无二的不朽画卷,让客人流连忘返;那美丽的东巴文字,那动人的纳西歌舞,时时在人们的脑海中盘旋;纳西人民勤劳、善良、淳朴和待客的诚挚之情,在客人心灵中留下深深的烙印。

传说,俄亚大村是一只仙鹤降临福地羽化而成,那高高的木府衙门是仙鹤的头,山脊两侧相连的民宅就是仙鹤的双翼。这个古老的民族,古老的东巴文化,宏伟的纳西古寨,正蓄积力量,不久将展翅飞出大山,飞向全国,飞向世界!

第四节

菩萨山下神奇少年　十世活佛隆重坐床

木里十世香根活佛边玛仁青　　刘仁勇　摄

1992年11月19日,出生于木里藏族自治县牦牛坪乡叶村,时年14岁的英俊少年边玛仁青被确认为木里第九世活佛昂翁降别·扎巴嘉措(即甲央旨古)的转世灵童,取法名鲁绒益西·扎巴翁秋。从此,他成为木里人民心中所崇敬的香根活佛。

藏传佛教格鲁派传入木里是15世纪末,由三世达赖喇嘛索朗嘉措的弟子却杰·桑吉嘉措到木里传播黄教,弘扬佛法,于1584年主持修建了木里第一座黄教寺庙拉顶噶丹达吉林(瓦尔寨大寺),从藏历木猴年(公元1584年)到中华人民共和国成立前夕的370多年中,木里建成三座名刹古寺,十八座小寺,鼎盛时期喇嘛多达3000人。木里大寺规模最大,有金汁书写的《大藏经》,有闻名遐迩的镇寺之宝、世界之最的高26.73米的甲瓦强巴鎏金大铜佛;房屋数千间,成为木里"政教合一"的土司衙门,是中华人民共和国成立前木里的政治、经济、文化中心。却杰·桑吉嘉措成了木里第一世活佛,共转九世。九世活佛昂翁降别·扎巴嘉措在1953年木里建政时被任命为第一届政协名誉主席、政府副县长,后来还担任过县政协副主席,西康省人大代表。1973年9月,昂翁降别·扎巴嘉措因病医治无效,在西昌地区人民医院圆寂,享年67岁。

边马仁青活佛的父亲撒打与母亲卓玛

边玛仁青童年时居住在菩萨山下牦牛坪乡叶村这幢木楞房里

1973年正值"文化大革命"后期，党的宗教政策得不到落实。寺庙的宗教活动完全停止。喇嘛回家，寺庙颓圮。活佛转世的工作也根本无从谈起。

边玛仁青出生在山清水秀、状如卧龙的菩萨山脚下的牦牛坪乡叶村。父亲撒达是牦牛场工人，母亲卓玛是一位贤惠的农村妇女。当地的一些村民说，边玛仁青从小就有一些与众不同的地方，他性格沉稳，喜欢佛事，还能预测一些吉凶，当时他父亲、母亲认为他是中邪了，还请巫婆、喇嘛为他做法事祛邪撵鬼，想不到他竟是活佛转世。

1990年，时任中共四川省委副书记的冯元蔚到木里视察，县委书记八一仁青向他反映了木里群众要求寻访转世灵童的愿望。冯书记说：可以。八一仁青带着政协主席杜天云、县委副书记、宣传部长鲁绒日丁、统战部部长王朗衣前往宁蒗、丽江、中甸、稻城等毗邻藏区通报木里进行活佛转世工作的情况，并专程到迪庆州德钦县奔子栏乡的竹林寺，面晤在此休养的木里籍人士、四川省佛教协会副会长居里活佛，商定木里活佛转世灵童的寻访认定事宜。在他的指导和亲身参与下，经过寻访领导小组、僧俗人众两年多的寻访，前后找到四个灵童，经过居里活佛一系列的考察辨认和藏传佛教仪轨认定，经凉山彝族自治州政府（1992）234号文批准，时年14岁的木里县中学初二藏族学生边玛仁青为第九世活佛昂翁降别·扎巴嘉措的转世灵童，成为第十世藏传佛教木里香根活佛，于1992年11月19日（农历十月二十五，即黄教创始人宗喀巴逝世纪念日）在木里大寺举行了隆

十世活佛乘坐法座入场　　张治状　摄

十世活佛边玛仁青（前排右三）坐床后与居里活佛（前排右一）、县委书记八一仁青（右二）、县人大副主任项培初扎巴（前排右四）、副县长马衣母（右五）、宣传部部长鲁绒日丁（右六）及群众合影

重的坐床仪式。政府向边玛仁青颁发了《活佛证书》。

甘孜藏族自治州祝贺团、凉山彝族自治州祝贺团、盐源县祝贺团和各地专程前来朝觐的各族群众五千余人参加了隆重的坐床仪式。真是人山人海，热闹非常，会场上坐不下了，山坡上、围墙上，都挤满了观看典礼的群众。

大寺周围布满了星罗棋布的帐篷，炊烟缭绕，骡马成群，铃声叮当，成了一道靓丽的风景线。

在僧人的拥簇下，边玛仁青乘坐特制的八抬大轿前往会场，桑烟袅袅，法号齐鸣，旌旗飘扬。边玛仁青坐上了活佛法座。

众多的信众虔诚地来到活佛座前顶礼膜拜，敬献礼品。

欢庆热闹的"跳神舞"开始了，"阿杂拉"（小丑）风趣幽默的表演，使观众愉悦欢笑；庄严法王、金刚的威武气势，让人感到强烈的心灵震撼；潇洒的神鹿，优雅的舞步，让人感到山河的美好，人生的幸福。

居里活佛为信教群众摩顶赐福；边玛仁青活佛为信教群众摩顶赐福。

不愧是小活佛，真有佛性，年仅十四岁的一个少年人，在法会上一坐就是四个小时，一直神采奕奕，沉静端庄，稳坐法台，毫无倦疲之色，令到场之人无不赞赏称奇。

小活佛在党和政府的关心培养下，经过甘孜藏文学校四年、北京高级佛学院活佛班二年的学习，获得了大专文凭证书，成了即有汉文知识又懂藏文的年轻活佛，担任了木里县政协副主席、凉山彝族自治州政协副主席、凉山佛教协会副会长、四川佛教协会常务理事。

在木里大寺的会客室里,活佛风趣地对我们说:"请喝我们木里的高级饮料——酥油茶。"僧人们打的酥油茶特别香,我们品尝着雪白的奶渣、糌粑,感到别有滋味,称赞不已。

如今,边玛仁青已是年界不惑的沉稳中年,他睿智聪敏、温文尔雅、知识全面,说话不急不躁,轻言细语,和蔼可亲,在僧俗两界有崇高的威望。

我们向他了解学习和生活情况。他说每天六点起床,洗漱后念一个小时经文,然后用早餐(酥油茶和糌粑),休息一会儿,再学习经文到十一点,中午十二点吃中午饭。他的茶饭都是由一个叫扎西的俗家藏族小伙送到他的寝室,小伙子还负责活佛的生活起居。午餐后休息一到两个小时,再学经文,或者看其他书籍。他喜欢看《成吉思汗》和《三国演义》等历史片。我问他遇到同学怎样交往,开不开玩笑等。他说,到县上开会什么的,从来没有到同学家吃过饭,只到亲戚家去,有的同学也开玩笑,但是会分场合,总之,同学们很尊重我。说到娱乐活动,他说会骑自行车,在北京佛学院参加过篮球队,还与民族学院篮球队进行过藏历杯的比赛。他自嘲地笑着说,自己技术水平不是很好,常会带球走步和二次运球。在木里寺庙时,他很少外出散步,因为群众看见他就要向他叩首礼拜。

活佛的汉语水平很好,我们采访木里大寺70多岁的堪布鲁珠甲初时,全是他一个人翻译。活佛说他家有两柜书,《三国演义》《水浒》《聊斋志异》《红楼梦》都有,有的书看完了,有的还没有看。我说,有人说你是现代活佛,你怎么看?他说:"活佛也在社会中生活,也有七情六欲,也要跟着时代走,但我要遵循佛家戒律,向大德大贤学习。我在学习藏文经典的同时,也在努力提高汉文水平,学习历史知识和其他知识,知识是越多越好嘛。"

边玛仁青佛学院学成归来,主持木里三大寺、十八小寺的佛教工作,显示了他独特的才能和聪明智慧。在木里县委和政府的领导下,党的民族、宗教政策进一步贯彻执行,建起了大寺爱国爱教培训中心,对已开放的十四座寺庙住持和负责

四川佛教协会副会长居里活佛(右二)与坐床典礼时的边玛仁青(右一)

边玛仁青活佛与堪布鲁珠甲初

甲瓦强巴铜佛恢复重建奠基仪式在木里大寺隆重举行　　苗杰　摄

奠基仪式当晚木里大寺上空出现奇异天象——佛光　　边玛仁青　摄

人进行了培训。这些培训提高了僧人和管理人员的思想水平和觉悟，增强了爱国爱教的观念。在十世活佛的倡导下，成立了木里鎏金甲瓦强巴铜像基金会，着手重建木里镇寺之宝——甲瓦强巴铜佛，重建大寺年降空大殿；集资400多万元重建了雄伟恢宏、金璧辉煌的康坞大寺措钦大殿；他花两年多的时间，走遍了全县各牧区和大小寺庙，弘扬佛教，讲经说法，协助政府和有关部门解决了各寺庙和牧场、农村的地界纠纷和历史遗留问题，增强了僧俗团结。

边玛仁青活佛爱国爱教，坚持国家统一，反对外来宗教势力的渗透，对稳定木里藏区，促进经济发展做出了很大贡献。他出色的工作、丰富的佛学知识、端庄从容的仪表受到了广大僧侣的爱戴和崇拜，也受到木里各族人民的尊重和拥护。

第五节

佛教古寺瓦尔寨 佛家盛会燃灯节

巍巍喇嘛山，绵绵杜基岭。

两座白墙金瓦、雄伟巍峨的佛教建筑，在林海翠微之中金光闪烁，熠熠生辉。这就是木里边玛仁青活佛今年驻锡之寺——瓦尔寨大寺。

我们有幸随同活佛到瓦尔寨大寺和木里大寺参加今年佛家盛会——燃灯节。宗喀巴大师于1357年藏历10月10日，出生在今青海省煌中县一个牧民家庭，苦修五十年，创立了藏传佛教格鲁派，俗称"黄教"。后来发展成为整个藏区占统治地位

晨曦中的仙宫浮屠（瓦尔寨大寺大殿）

的佛教派别。1419年农历十月二十五日在甘丹寺圆寂。后来，每到这一天，藏区寺庙和百姓点起万千永夜不熄的酥油灯，高诵"嗡嘛呢叭咪吽"六字真言来纪念宗喀巴大师，形成了传统的燃灯节。

在藏传佛教中，灯供和火供是具有供养与施舍的功德。点燃一盏酥油灯，也就点燃了自己内心的智慧。火除了能带来光明之外，也能通过焚烧供品、谷物、树枝、咒符等来供养神灵，称为"火供仪轨"，通常用于祈求吉祥、平安或除灾消难。火供仪轨的精神意义，可以用一句藏族的古话来理解："如果不能完全舍弃自我，就超越不了无尽的苦难。同样，不点燃熊熊烈火，就无法中断一切煎熬。"

古铜灯　刘仁勇　摄

悬挂五彩斑斓经旗和五色哈达的百多辆摩托车和小车组成的一条长龙蜿蜒行进在青山绿水之间，恭送活佛的宝

驾前往瓦尔寨大寺。寺前三根十余米高的藏语叫"嘎丁达旧"的大旗杆上挂着崭新的佛教教旗，以柱顶为中心，斜拉着挂满无数八宝吉祥图和五彩经幡的绳索拉向四方，成三个伞形宝顶，在艳阳照射下异常耀眼夺目，微风吹动，旌旗翻卷，猎猎作响，把瓦尔寨大寺装扮得更加喜气洋洋。

穿着节日盛装的信教群众和僧侣手持五色哈达，焚香吹螺，面带企盼和虔诚的神情恭迎香根活佛边马仁青。

骑马、乘车从四面八方赶来的信众在寺庙周围安营扎寨，熙熙攘攘，有的还在推销自己的土特产品，形成一个不小的集市，热闹非凡。

在大经堂门口挂着一幅精美的绣有396个释迦牟尼的巨幅唐卡从二楼直垂地面，庄严肃穆，佛气温馨，信教群众无不顶礼膜拜。

活佛高坐于富丽堂皇又庄严肃穆的法座上，与众僧一起诵经祈祷。诵经声时而高亢激昂，如清泉击岸，声震醍醐；时而低沉吟唱，似绕梁箫音，透人心脾。

大殿内，诸佛端坐，庄谐各异，喜怒各别；神台上铜灯锃亮，焰光摇曳，珠辉玉映，闪金耀银，灿烂辉煌，蔚为壮观。一进入佛堂，使人顿觉佛光照体，心旷神怡，灵魂似乎也随着这经声、螺声，随着杳杳桑烟飘向极乐世界。

信仰者参加燃灯节，到寺庙添油供灯，礼拜神佛，其最大的心愿是得到活佛的摩顶赐福，信徒们一个个虔诚地向活佛献上哈达、礼品，活佛将哈达和"桑丁"（避邪的丝线或红布条）挂在信徒的脖颈上，用经书或手在他们的头上抚摸一下，信徒便感到无比的幸福和满足。

更重要的一项内容是听活佛讲经说法。活佛登上法台，身穿法衣，头带黄冠帽，佛音浅吟高唱，在僧俗信众的心中引起强烈的共鸣。

他说佛光永照木里山川大地，菩萨永佑这方万事万物，无邪无灾，风调雨顺，人民安康，六畜兴旺。

他称颂党的政策好，要众生珍惜这和谐盛世，遵纪守法，勤劳致富，建设美好的木里藏乡；要寺僧遵循佛的教导，诸恶莫做，众善奉行，勤念经文，修持自身。统领木里三大寺十八小寺的边玛仁青活佛真不愧为一个受世人敬仰、知识丰富，具有现代进步思想、爱国爱教的好活佛。

法会结束，寺僧把辛苦准备了好多天的能避邪消灾的大小"搓白"团（用酥油、白

高僧在燃灯节上的火供仪式　刘仁勇　摄

供灯祈福

活佛为信教群众摩顶赐福

点灯的小喇嘛

点灯的小喇嘛

糖和糌粑面和成的食品），发给大众，信徒们兴高采烈，争相领取，不但自己抢着食用，还索取一些带回去给自己的家人和亲朋一起享受佛家的恩赐。

在经幡和法号、鼓锣的引领下，众青年争相抢抬着宗喀巴的法座转寺游山，都想沾一点大师的慈悲之气，保佑平安，赐予吉祥幸福。

十世活佛为信众讲经　　周朝东　摄

信众抢抬宗喀巴大师法座游寺

1984年修建的瓦尔寨大寺经堂

远眺瓦尔寨大寺（2010）

瓦尔寨大寺遗址

第六节
原始古朴跳神舞　别开生面辩经会

在奇峰连绵，层林烂漫的达牙尼布山腰，气势宏伟的木里大寺巍峨耸立，彩旗飘展，经幡飞扬，呈现出一派喜气洋洋的节日气氛。大寺僧众手捧五彩哈达虔诚地恭迎"仁波切"（对活佛的尊称）的到来。

活佛高坐法椅宝座，寺庙高僧列坐左右，集体高诵佛经后，跳神舞开始了。

跳神，木里叫"杜基嘎尔"，是西藏佛教舞蹈"羌姆"的传承和演变。木里跳神舞已被纳入国家非物质文化遗产，传承人就是现任木里县政协副主席、大寺管委会主任翁依偏初法师。

跳神的佛教教义是"驱魔逐鬼，祓除不祥"，跳神的喇嘛是经过翁依偏初专门训练的，跳神者抱着虔诚的心去做各种代表神暗示给人的动作。

木里大寺供奉的释迦牟尼白玉睡佛

大寺僧众迎接仁波切（活佛尊称）

怒发金刚　牟光学　摄

阿杂拉（小丑）

金刚与鹿神

翁依偏初法师（中）在教授跳神舞　扎西旦珠　摄

格古

"格古"手举一束藏香带领乐队和表演者鱼贯出场，绕场一周，集体展示各种佛法形象。

两个小丑"阿杂拉"带着满面笑容、充满喜感的面具，在场内玩乐戏耍，逗弄观众，时而拍一下小孩的头顶；时而取下观众的帽子，风趣的表演，滑稽的动作，不时引起会场上一阵阵哄然大笑，活跃了舞场气氛。

长号、唢呐吹奏起来，皮鼓、锣钹敲打起来。

背插彩旗的两名黑帽咒师出场了，步伐庄重，沉稳古朴，表演密法修行圣僧的艰苦历程。

长号悠鸣，气韵浑宏，锣鼓铿锵，震人心魄。

两个狮面牛首，头戴五骷骨帽冠的大威德金刚神上场了，只见他血红眼眶，三眼圆睁，法相狰狞，右手执金刚杵，左手执骨盖盂钵法器，威严愤怒地猛舞着，显示出护法金刚震慑妖魔鬼怪的威猛气概。

两个龇牙裂嘴，目陷鼻豁，白领白衣，腰系蓝带，下着红裙，足登藏花靴的骷髅倒退着出场了，舞步轻盈，有退有进，似乎告诉人们生死无常的道理。

面戴一黄一蓝面具，长眉阔耳，细长八字须，身着蓝黄衣饰，背插彩旗的和尚舞开始了。他们手中虽没有道具，却步态沉稳，时而穿插，时而对舞。其表情安详泰然，却显示出难以从苦难中解脱的神情。

神鹿

在节奏轻快的鼓点声中，两个神鹿跳跃出场，舞步轻盈，活泼多变，特别它用鹿角挑起哈达，洋洋自得，摇头晃脑，向观众炫耀他们的高强本领和非凡技艺时的天真表情，令人们感到无比的心旷神怡。鹿舞表示冥冥众生都生活在荒野中，暗喻诸法皆空。

辩经场上

头带骷髅面具，手足带锋利鹰爪长趾蹼，其貌可畏的死神舞开始了。舞者手舞足蹈，紧密配合，或屈或伸，或前或后，空翻跳跃，进退自如，让冥冥众生了悟人间悲苦的原因。

长号劲吹，锣鼓齐鸣。随着抑扬顿挫的节奏，所有演员

我输了！（堪布和格西辩经）

依次出场，跳起了一场热闹的集体舞，把整个跳神舞会推向了热火朝天的高潮。

古朴的音乐，华丽的服饰，奇特的面具；威猛的金刚，狰狞的阎王，天真的神鹿，可憎的鬼魅，风趣的小丑。观赏了藏传佛教跳神舞，使我感受到了强烈的藏传佛教文化氛围。有人观赏了跳神舞后感慨良深，情不自禁地朗诵起《诗·国风·关雎》毛苌序："情动于中而言于表，言之不足，故嗟叹之，嗟叹之不足，故咏歌之，咏歌之不足，不知手之舞之，足之蹈之也。"正是感情的层层递进，高调轻扬的人生态度，镌刻着人类试图超越一切的渴望。

在大寺，我们又看到了一场别开生面的辩经活动。

在曲拉显宗殿的花园里，艳阳高照，层林尽染，花木掩映，树影婆娑。讲经台前，清风徐来，白云悠悠，梵音佛唱，身披猩红僧衣的几十个僧人三五成群，或立或坐，参加佛学辩经。

一人席地而坐，称为立宗（也叫立辩者）面对对辩者一人或几人提出的各种问题，引经据典认真答辩。对辩方有时猛跺左脚用力击掌高声喝问，有时挥舞右手猛甩佛珠于左臂上，或挑衅性地拉扯立辩者的衣服，或轻拍其头顶，动作夸张，一反往日的温良举止和诵经时的严肃庄重，呈献出佛教徒也有争强好胜的人性来。

据寺僧介绍，辩经的每一个动作都有一定的含义：高举右手是说，文殊智慧就在身后；两手相击有三层含义：一是一个巴掌拍不响，喻示世间一切都是众缘合和的产物；二是掌声代表五常稍纵即逝，光阴短促；三是清脆的掌声提醒你的慈悲和智慧，驱除邪念。右手向下后又拉回，是希望通过善念和智慧把苦难中的众生救出苦海。

辩经时，答辩双方各不相让，都想从博大精深的佛学浩海中提出刁钻古怪的难题难倒对方。答到精妙处，众僧人齐声吆喝，拍掌示贺。答错了，众僧便发"哦擦，哦擦"

金光耀眼的木里大寺

新建成的木里大寺（2014）　　温珠　摄

的奚落声。对辩者盛气凌人，答辩者神情自若；对辩者疾言厉色，答辩者侃侃而谈；得理者，乘胜追击；词屈者，偃旗息鼓。击掌声，追问声，跺脚声，奚落声此起彼伏，气氛异常热烈。

佛学辩经，为世间独一无二者。辩经增强了僧人对佛经的真正理解，交流了学习心得，提升了胆气，锻炼了口才，也是寺院独特的寓教于乐的一项佛事活动。

寺院建筑，富丽堂皇；唐卡壁画，鲜艳精美；木雕泥塑，神形逼真。

参加完这次燃灯盛会，看见寺僧欣然，俗众欢心。我想这不正是木里藏区安定团结、社会稳定、和谐盛世的生动体现么！

笔者向佛陀顶礼！并深深地钦佩藏族人民的善良朴实、勤劳伟大，钦佩无名的藏族建筑师们的聪明智慧和高超技艺，钦佩藏族文化艺术的博大精深、璀璨绝伦！

藏传佛教僧众念经诵佛，闭关打坐，对自己选定的人生之路毫无懊悔，通过学习佛教经典和苦修历练，达到他们所追求的理想境界。

僧人的生活平淡，清静，安然，自在，享受温暖阳光的照耀和微风的吹拂，享受山川自然的恩赐，这难道不是令世人羡慕和追求的吗？

第七节
项培初扎巴盛赞木里风光得天独厚
木里县紧锣密鼓大力发展旅游工作

项培初扎巴常说，木里是一块得天独厚的风水宝地，有美丽的自然风光，独特的民族风情，他在职和退休后多次向县委、县政府建议加强旅游开发工作，挖掘旅游资源，造福木里，造福人民。

恰逢其时，2000年，川、滇、藏联合创建"中国香格里拉生态旅游区"的意见（草案）出台。

"中国香格里拉生态旅游区"是在国家实施西部大开发战略和全球经济一体化的时代背景下，川、滇、藏三省区提出的生态建设与旅游资源综合开发的重大合作项目，该项目包括生态建设、旅游综合开发、社会事业建设和配套基础设施建设项目，其目标是预计投资800亿元，通过十年的努力，将川西南、滇东北、藏东南建设成为山川秀美、人民富裕的香格路拉生态旅游区，实现该区域经济的跨越式发展和社会的长治久安。

各级政府乘东风立即行动。凉山彝族自治州很快编制出了包括木里、盐源、西昌、冕宁、普格、喜德等六县在内的《凉山彝族自治州创建香格里拉生态旅游区项目总览》，木里编制出了"优势在山，潜力在水，后劲在林"，"以生态大县和水电强县为目标，加快基础设施建设，大力促进旅游业发展和矿产资源开发，积极调整农业产业结构"的旅游规划。

木里浓郁的佛教风情，原始独特的藏族风情，纳西族风情，摩梭族风情，苗族风情；连绵群山，苍茫林海，奇峻雄

圣湖奇影　　刘仁勇　摄

林中小景

峰，深切峡谷，悬崖神洞，银瀑飞泉，高原湖泊，宽广草原，一幅幅靓丽画卷，一首首聤耳乐章，逐渐向世人掀开她神秘的面纱。

木里地处云贵高原结合部，是横断山脉在四川最典型的地带，地质、地貌复杂，地势西北高，东南低，地形为沟谷纷繁、切蚀深刻的残余高原。喇嘛山脉、宁朗山脉、贡嘎山脉纵驰全境。

木里是大山的王国，峰高岩秀，雄奇挺拔，远观巍巍矗立，峰插翠屏；近看一峰一景，一石一景，千姿百态。4000米以上的高峰就有900多座，到木里看山，是旅游的一大看点。

走进木里，就走进了绿色世界。森林资源极为丰富，原始林区，古木参天，浓阴蔽日，亭亭如盖的杉树林，高大笔直的松树林，密密匝匝的青枫林，填满了山头沟壑、峻岭幽谷。极目远眺，一望无际，群山翡翠，满目绿涛，浩浩荡荡涌向天际。"绿色木

如梦如幻的原始青杠林　贾谦　摄

原始森林

千姿百态沙棘树

林中小品

形态优美的沙棘树

营养丰富的沙棘果

里"名不虚传。全境森林覆盖率达67.3%，活立木蓄积量1.17亿立方米，占全省的十分之一，全国的百分之一，以县为单位居全国之首，是长江上游重要水源涵养林，是"大香格里拉"生态旅游区的森林大县和生态大县。走进木里，绿色就笼罩着你，绿色氧吧浸润着你，绿色给你无比的享受和愉悦。

莽莽的原始杉林，高山多处的万亩杜鹃林，黄黛相染的原始青枫林，虬干劲枝，形态优美的沙棘林，会给你强烈的心灵震撼。林中奇花异草，美味菌蘑，珍贵的植物药材随处可见，会让你感到"绿色宝库"名副其实。

山高林大，藤深草密，是野生动物的理想乐园。马鹿、香獐、麂子、野猪、岩羊、牛羚、盘羊、小熊猫、黑熊、水獭、斑尾榛鸡、绿尾虹雉、金雕、白鹇、锦鸡、红隼、白鹛等种类繁多的珍禽异兽数量众多，随时会在林中山间与人仓促见面，给你一丝惊诧，几分欣喜，感慨"天然动物园"绝非虚言。

云南堡瀑布

第八节
探幽神仙洞　观瀑云南堡

在大山深处的悬崖峭壁之中,有许多幽深的神秘溶洞,浅者数十米,深者数十公里不等,木里人民称它们为神仙洞。在众多的神仙洞中,地处沙湾乡境内的马楞山央珠峰神仙洞最为出名。木里有很多瀑布,最壮观的要数这个神仙洞下面的云南堡瀑布。

马楞山森林密布,山势峥嵘,峰形优美。最高峰是海拔4100米的央珠峰。靠北有一山脊,裸露着褐色山石,状如华山天险,一边是碧树苍茫的原始森林,一边是刀砍斧削的悬崖绝壁,神仙洞就在这半山绝壁之上。

由沙湾乡领导、当地村民、文广局采风组共十多人组成的探险队伍,为探察神仙洞的奥秘,抬着发电机、拿着手电筒之类的照明设备,穿过茂密的丛林,顺着岩壁天梯一步一步胆战心惊地爬上洞口。回头一看,好险呀,下面是万丈深渊,顿觉头晕目眩,脊背发凉,心惊肉跳。随同我们一道前往的一个妇女干部,实在心惊胆战,不敢攀爬上洞悬梯,就在洞前绝壁两尺宽的岩石上拉着一根小树,心惊肉跳地坐等我们三四个钟头。

走进神仙洞,只听水声滴答,凉风习习,虽是六月暑天,仍感觉凉爽怡人。洞内时宽时窄,有的地方像一个大厅,高大宽敞,可容纳上百人,有的地方又十分狭窄,就是一个人也要躺着才能滑进去。洞内有众多的石柱、石笋、石人、石乳钟、石桌、石凳,如雕似刻,栩栩如生;洞壁上菩萨影、罗汉像神态逼真,赤橙黄紫,五彩斑斓,让人目不暇接;这大自然鬼斧神工的绝妙景观,让我们惊叹不已!进洞三百余米,洞又分成两条,向导说,右边这个洞更加幽深,还没有人钻通过。他带领我们朝左边一个洞蜿蜒着

云南堡瀑布

神仙洞就在绝壁上

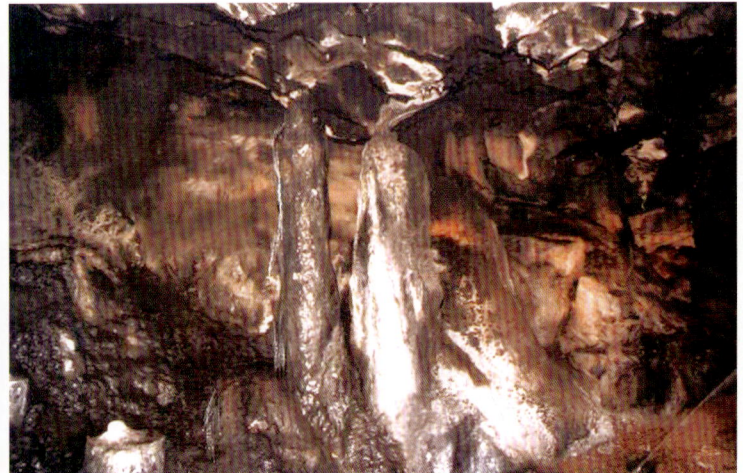
神仙洞中双鹿石

云南堡瀑布就来自这郁郁葱葱的林区里

奇峰耸立的鸡依山（喇嘛山脉）

鸡依公母山　周朝东　摄

顺势而上。滴水入清潭，叮咚作响，如丝弦奏鸣；暗泉涌出，细流汇集，淙淙流淌，似藏歌浅唱。一路上美石无数，奇景众多，我们小心翼翼地走了两个多钟头，前面的山洞又高又宽，似一大厅，几束光柱射进洞来，向导说出口快到了。我们高呼万岁，欢叫着快步来到洞口，这时我们已经来到距离入口上方五六百米高的悬崖上，往绝壁下一看，更是幽深胆寒！真是奇迹，我们又看见了来时对面山腰盘旋的公路，看见路上奔驰的汽车、拖拉机和人群牛羊。

我们顺原路返回。

神仙洞下行两公里便是美丽的云南堡瀑布了。

瀑布从万绿丛中奔涌而出，两级气势磅礴的水瀑从两百多米高的悬崖上飞泻而下，水帘如珠，如练，如银，腾起阵阵雾岚，真有"飞流直下三千尺，疑是银河落九天"的气势，煞是壮观！只听见涛声震耳，吼声如雷，扣人心弦。水质清澈明净，凛冽凉爽，这是神山中流出的琼浆玉液啊！受瀑布水气的浸润，周边土地上绿树茂盛，郁郁葱葱，瀑布四周的岩石上都长满了青青的水草、苔藓，就连那树干上都密布着绒绒的绿衣和青翠的藤挂，那绿色令人爱意缠绵心痒难耐，当地群众说，在这个瀑布里洗澡喝水能使人神清气爽，消灾除秽。

瀑布下的小溪名叫草灰沟，两岸浓荫蔽日，碧树连天，风光绮丽，溪水澄澈，纯净无染。溪河时宽时窄，窄时如银练穿林，玉带飘逸；宽时碧潭映月，翠湖倒影。奔腾急湍的溪流，泛着玉浪银波，淙淙欢唱，绕山而过，神似九寨绿水。在草灰沟上有一座石岩连接两岸，溪水从洞中穿过，形成一道天生桥的奇妙景观。

回程时，我坐在对面的公路上看着森林密布的马楞山，看着高耸入云的央珠峰，看着悬崖绝壁上的神仙洞和壮观的瀑布，心里设想：筑栈道以便进洞探幽；顺山而上，铺就石级小道，安上铁链扶杆，就是华山天险的美景再造；进入原始森林，修建步道，盘旋向上，登上4100米的央珠峰，看浩瀚群山，看万里林海，观日出日落，观佛光晚霞，享受一览众山小的豪情，岂不快哉！此处开发出来，就是一处集林、山、峰、洞、泉、瀑为一体的不可多得的风景胜地呀！

在央珠峰的南面，有一座石山，由许多小山脊组成，叫鸡衣山，山形优美，石姿奇异，泉水无数，溪、瀑顺山而下；山脊上披着一层碧绿的纱衣，龙鳞石纹隐约可见，似佛，似人，似兽，全凭你丰富的联想。山脚下面便是千曲百回的十二道拐，据说在山腹的神仙洞中能听见十二道拐马帮宿营时的马铃声和马脚子的吆喝声。

顺沟下行不远，有两片似巨硕荷瓣的岩石直指苍穹，高三百多米，山瓣一凹一凸，外凸者稍大，里凹者略小，近在咫尺，相依相偎，这便是木里的公母山。公母山周围山势峥嵘，岩壁险峭，树木葱茏，青黛怡人。凡路过者，在此都要驻足观赏，赞叹这奇山美景！

第九节
仙境西宁山　腊嘴神仙洞

西宁山连绵数十公里，山腰是莽莽苍苍的原始密林，在这天然氧吧里，吸一口清新的空气，清爽怡人。每到五六月间，山间万亩杜鹃林争相怒放，争奇斗艳，花枝摇曳，牵衣拽袖，浓香扑面。或红，或粉，或黄，色彩艳丽；或蓓蕾半卷，或花朵尽展，小花盈寸，大团如盆，真是千姿百态，惹眼醉人。林中偶尔会奔出几只马鹿、獐麂，会飞出一两群白鹇雏鸡，那更是让游人喜悦兴奋、激动不已！

山顶林间有五个海子，小者数亩，大者百亩，水流清澈，像五颗明珠宝镜，在绿涛花海间闪闪发光，湖水随着白云的流动，季节的变化，阴晴的交替而呈现不同的色彩，因而有绿海、白海、黑海之称，令人感到大自然的神秘莫测。更有片片野

西宁一峰

西宁山绿海

西宁山顶上有多个这样的五色海

西宁山白海

夕照西宁山

西宁山峰

远眺西宁山卧佛

花从山脚开到山顶，恣意怒放，艳丽妖娆。牦牛在湖畔悠闲觅食，羊群在山腰缓缓游动，还有牧羊女、牧牛阿哥那在山野中飘荡的高亢山歌，极富诗情画意，令人浮想联翩。

木里群山绵绵，奇峻高耸。有人说，九寨沟是温润优美，而木里是雄壮峻美。西宁主峰海拔4000米，大小峰峦数十座，形态各异，在莽岭翠黛中拔地而起，剑指苍穹，令人豪气顿生。

与西宁山比邻的腊嘴山半山腰有一神仙洞，据说是女神巴丁拉姆（吉祥天女）的道场圣地。洞内幽深曲径、石柱、石笋、石莲、石佛，应有尽有，令人叹服大自然的神工杰作。西宁山与木里大寺背倚之神山木子耶神山相依相连，距离20多公里，各显神姿，各呈奇景。

将来修建景区车道，游人看山观树，游湖探洞，游玩一天，实在是其乐无穷，不虚此行。

西宁山黑海

巍巍贡嘎山　周朝东　摄

第十节

情寄白水河　梦系贡嘎山

　　从水洛乡白水河到木里最高峰5958米的恰郎多吉神山风景区是木里重要的风景名胜。景区有穆天王古堡群、奇特的旭米风情、色如牛奶的白水河、神仙溶洞、原始森林、高原牧场、贡嘎雪山等著名景点。贯通全景区的泸左公路，南起泸沽湖，北达稻城亚丁风景区。冲天河（又称无量河、水洛河）像一条白色的哈达在万山丛中千曲百回，逶迤飘逸。美丽的白水河玉浪滔滔，蜿蜒湍急，在木里水洛乡境内汇入冲天河里。

　　一到白水河，只听见涛声阵阵，吼声如雷，两岸怪石林立，满河银光闪烁，浩浩汤汤，流珠泻玉。水流时而像一条银色巨龙，摇头摆尾，翻滚跳跃，飞腾起伏，张牙舞爪地逞威下山；时而又似万千小蛇嬉闹逗乐，东奔西窜，聚散相依，欢快而逝。上行几里，一块镌刻"唵嘛呢叭咪吽"六字真言的石碑倚靠着一棵百年古树，一棵巨大青杠树弯腰匍匐连接两岸，成了一道树桥美景。树干低头吸吮甘凉的奶水，桥下大波小浪不断涌动跳跃，欲与大树亲吻。

啊！一道百丈大瀑布从天而降，飞珠溅玉，雾霭蒸腾，水珠飞洒数十米，银瀑中，一群栩栩如生的石像男女在银链乳幕中尽情洗涤沐浴。瀑布中，宛若有一位妙龄女郎亭亭玉立于悬崖峭壁之上，忘情地享受这琼浆玉液的浸润亲抚，忘了时日，忘了年月，忘了春夏秋冬，忘了苦苦等待的男友……女郎下方十余米，似有一健壮男子翘首而望，生怕少女有什么闪失，一等就是百年千年，留下这永恒的银瀑奇观。

河水盘旋翻滚而下，河底似有千百无形的大锅，把满河珠玉蒸煮得沸沸扬扬，咕咕直响。白水河流的是银，流的是玉，流的是珍珠珊瑚，流的是洁白的莲花荷瓣。但是仔细观察，河水又不是纯净的白色，而是五彩斑斓。由于水底岩石颜色的变化，石花苔藻的衬托，河水的深浅，以及阳光的明暗，水流便会呈现出不同的颜色。在白浪翻滚中会有淡淡的兰玉，青青的翡翠；在水流回旋中又会有乳黄、蛋青夹杂其间，那么圆润那么柔和，同时还会涌出各种美丽奇幻的水纹。

在一块刀劈斧削的峻岩之下，河水从岩洞中汹涌澎湃而出，形成千层瀑布。无数粗粗的玉索，细细的玉针玉线，交织着、飞溅着，组成几层美丽的珠帘。帘幕中，一道险峻的冰峰玉林闪耀其中，任随水流横冲直撞，在瀑布中越显晶莹透亮。

再往上行，神话《西游记》中的水帘洞奇观顿时映入眼帘，水从百米高的峭壁上飞泻直下，从森林中滚滚而出，快的如箭，直射谷底，慢的如珠，徐徐滚落，水帘发出耀眼的光芒。水帘宽数十米，在青苍的树木、碧绿的水草的映衬下，更显明

白水河清澈明净

白水河流的是琼浆玉液

银瀑珠帘

丽壮观。

水帘洞前有一小河滩，泉水淙淙流淌，那么清澈，那么透明。磨去棱角的大大小小的各色卵石，经天长地久的冲刷洗涤，显得无比的洁净晶莹。阳光在水面留下万千奇丽的光影和波纹：似万千蝴蝶振翅，又似无数蜻蜓点水，又好似有众多蝌蚪聚散击水，力争上游。

隆冬时节，抬眼望去，银峰蜡树，茫茫林海铺天接地，群山之上耸立着贡嘎雪山的夏拉多杰神峰。白水河的水为什么这样清澈明净，原来它是从神山腹中流出的琼浆玉液！

顺白水河林区再往上行，便到了宽阔的嘎洛牧场。这里水草丰美，牛羊成群，湖泊澄澈，林带苍翠，形成了美丽的天山牧场风光。这里正是观瞻贡嘎雪山夏拉多杰神峰的最佳场所。降别勇、央迈勇、夏拉多杰被当地藏民称为"贡嘎三兄弟神山"。三座山峰终年积雪，银光闪闪，似是捍卫木里北边的坚强卫士。降别勇、央迈勇顶峰尖锐，唯有夏拉多杰是平顶。

传说贡嘎三兄弟神山原来是位于天山、昆仑山一带的山峰，因为山没有天山、昆仑山高，名气没有他们大，常受这些名山的欺侮，大哥仙奶日就带着两个弟弟云游天下，想找一个安身立命的地方。三兄弟来到木里和稻城交界的白水河，看见遍地洪水滔滔，房屋倒塌，人群在水中挣扎呼号，牛羊在水中艰难奔逃，其景惨不忍睹。原来是一黑一白两条孽龙喷云吐雾，兴风作浪，祸害百姓。三弟夏拉多杰侠肝义胆、怒火填膺，奋力拔起一棵百尺大杉树冲上前去和两条孽龙搏斗起来，只斗得天昏地暗，日月无光。最后打得两条孽龙鳞甲纷飞，鲜血淋漓，两孽龙斗不过夏拉多杰，一口恶水向夏拉多杰喷来，顿时大地一片汪洋，巨浪翻天，江河暴满，洪水即将淹没三兄弟，夏拉多杰往上一跳，用力过猛，头碰到天空，撞成了平顶。同时，夏拉多杰装金子的皮拉搭（皮口袋）背带也挣断了，金子全部倒进了河水里，这便是木里到处产金子及金沙江的由来。

白水河上游嘎洛村神仙洞，曲径通幽，怪石嶙峋。钙化的石头似菊花，似石塔、石猫、石狮，惟妙惟肖，令人叹绝！

银树蜡峰　　牟光学　摄

巍巍日松贡嘎　　周朝东　摄

洛日牛场是观看夏拉多杰神山的最佳场所　　温珠　摄

来到夏拉多杰山脚之下，只见碧空如洗，白云缥缈，雾霭蒸腾，银光闪闪，夏拉多杰神峰在阳光下时而雄姿挺拔，凌空矗立，时而披一层云衣雾裳，神秘莫测。

镜头拉近，夏拉多杰雪峰恰似一狮身人面像，栩栩如生地呈现在你眼前。山脚下的大瀑布夏则万卷银练，飞珠溅玉；冬则凝结不动，幻化为壮丽的冰川，晶莹闪亮，那么圣洁，那么有灵气，使人叹服大自然的神秘莫测。

当年，洛克发表在《美国地理》杂志上的文章说：

　　在探访木里"王国"的时候，我曾看到远处的一脉雪山，当地人告诉我，那是贡嘎雪山，是佛教王国的圣洁之地。在木里土司的安排下，我和21位纳西随从，从木器厂翻过理塘河向贡嘎岭地区出发，山路弯曲地穿过冷杉和栎树形成的森林，多种杜鹃散布在密林深处，青翠黛绿的各色树木和淡黄的树挂相映成趣，清新的空气和花开多彩的杜鹃，还有隐现在树丛里的牡丹花和报春花，真使得这里像是一个神仙游赏的花园。沿着水洛河一支源于夏拉多杰山峰的支流来到雪山脚下，此时云层骤开，显现出雷光电闪的守护者的真面目，一座剪裁过的金字塔，在它两旁的山壁像是一只巨大的蝙蝠所展开的双翼，这是一处没有人知晓的仙景胜地。

这是洛克考察游记中对夏拉多杰神山最激动人心，最生动的描写。

英国著名作家希尔顿深刻理解了洛克的游记，精心创作出了《消失的地平线》一书，向人们描绘了一个人间净土——香格里拉。"香格里拉"一词，来源于藏传佛教佛经中的香巴拉王国，是现代词汇中"伊甸园""理想国""世外桃源""乌托邦"的代名词。据说在青藏高原雪山深处的某个隐秘地方，整个王国被双层雪山环抱，有八个莲花瓣状的区域，中央耸立内环雪山，被称作卡拉巴王宫，宫内住着香巴拉王国的国王。

那里有雪山、冰川、峡谷、森林、草甸、湖泊、金矿及纯净的空气，是美丽、明朗、安然、闲逸、知足、宁静、和谐等一切美好理想的人间天堂。不难看出，木里有《消失的地平线》中所描绘的全部地理人文景观：高耸入云的夏拉多杰雪峰；喇嘛山脉的众多奇峰；险峻幽深，盛产黄金的蓝月山谷（木里河、冲天河峡谷）；闪烁着七彩光晕的高山湖泊群；茂密的原始森林；绿草如茵，野花盛开的高原草甸；庄严肃穆的喇嘛寺庙；恬静质朴的藏家风情；以及多民族、多文化、多宗教的和谐相处；等等；无不流露出那个隐逸在雪山之中的永恒、和谐、宁静的香格里拉神韵。

当年洛克从木里到稻城亚丁九百里的探险之旅，现已被旅游部门确定为旅游路线。丰富多样的山水景观所构成的良好自然生态体系和以康藏风情及藏传佛教文化为主的人文景观，让游客回归自然，返璞归真，亲身体验香格里拉中心风景名胜景区的厚重魅力。

白水河龙口水

第十一节
古碉铸巍峨　风雨历沧桑

在冲天河流域的村落制高点、交通咽喉要道或山梁上，残存着一座座四方形、六方形或八方形的土石碉房，碉房高耸挺拔，直插云霄，远远望去，宛若浮屠古塔，成了藏乡一道独特的风景线。碉堡遗迹尤以水洛乡南满村较为完好。

碉房高者四五丈（十余层楼高），低者二三丈（三四层楼高），碉房门户均开在村落一方，有的开在底层，有的则开在二楼，门口设一独木梯，当人们进入碉房后将木梯抽入碉房，要出碉房再放下木梯。各层碉房有木梯上下相通，四周墙壁留有内宽外窄三角形小窗户，作为观察敌情或射击的枪眼。有的外墙刷一层白土，在苍翠的群山中十分醒目壮观。碉房以石片、黄泥和木材为原料。墙体下厚上薄，墙内面与地面垂直，外侧则逐渐向内收敛，加强了碉房的稳定性。楼层架横木，再铺树枝柴块，上抹黄泥，俗称"土楼"或"土掌房"。碉房开间大者中间加支柱。修建碉房不绘图、不吊线，全凭建筑师目测和经验，信手砌成。也不立脚手架，石块黄泥由内往上运，砌墙者站在屋内操作，最上一层，四周砌短墙，上盖石片遮雨护墙，在顶面设一枧槽，泄水于外。整个建筑表现了藏族人民高超的建筑水平。

据各地群众说，碉房为"穆天王"所修。

明万历三十二年（1604）云南丽江土司木懿（木天王）奉明王朝之命，为统一明朝疆土，率军沿冲天河而上，占领了今木里、稻城、理塘等地。

木天王占领了木里后，兴白教灭黄教，

水洛残碉　牟光学　摄

建"噶举"（白教）寺庙五座；大灭初兴的黄教，杀戮僧人，捣毁黄教寺庙。声称谁敢送弟子皈依黄教，便断其子弟颈颅、四肢，由其父母背尸游行示众。为避其锋芒，木里二世活佛、大喇嘛降央桑布带领幸存的60余名黄教僧人退避"觉洛"（今盐源梅雨镇），另建了"扎西曲林寺"居住，木里初兴的黄教一度濒于灭绝。

木天王为保军需不竭，令部下开矿山，兴铁器，开垦荒山，兴修水利，筑埂造田，种麦栽稻，对木里农业生产起了一定的促进作用。如今水洛、东孜等地的水平梯田、梯地、水堰仍在造福当地人民。

木天王为防止对手的反扑进攻，在木里关隘要冲、村落制高点和驻地修建的这些碉堡，也就是报信的烽火台，屯兵驻防。如今冲天河流域尚有众多碉堡残迹，保存较好的有距白水河景区30公里的今水洛南满碉群。

清顺治四年（1647），汉军贾卢乍攻占丽江府，从根本上动摇了木氏土司数百年的一统江山。木里二世活佛趁机返回木里，在五世达赖和西藏地方政府的支持下，击败了木天王在木里的势力，确立了降央桑布为木里活佛兼第一代大喇嘛的地位，结束了木天王统治木里43年的历史。

古碉，如今成了川、滇、藏大香格里拉生态旅游风景区、洛克探险路线上的著名景点。

南满古碉　牟光学　摄

忠诚卫士　温珠　摄

水洛残碉　神采依旧　温珠　摄

古碉巍峨耸立，记叙了它昔日的辉煌；古碉经风沐雨，讲述着历史的沧桑，留给旅人无数沉思和联想。

古碉所在地水洛南满一带是木里旭米藏族文化园区，与白水河国家森林公园景区连接，是值得一游的名胜景区。

第十二节
美丽的水洛风光　奇特的旭米风情

旭米大家庭：后排是一夫三妻，前排为一夫一妻，中排为老夫妻。
刘仁勇　摄

和睦的旭米藏族一夫二妻家庭

在贡嘎山下，白水河畔的水洛乡境内，居住着一支旭米藏族，他们自称"诗亨"，有着自己的语言和独特的民风民俗，一直吸引着国内外学者的广泛关注。中华人民共和国成立前，旭米人的家庭，为了减轻"乌拉"差役和苛捐杂税，避免多支差，保持家业兴旺，形成了奇特、原始的一夫多妻、一妻多夫（据说还有三兄弟娶两姊妹）的婚俗。一妻多夫，两兄弟共娶一个妻子，一夫多妻，两姊妹共事一个丈夫。其目的是保证家庭劳动力的充裕，使财产不至分散。旭米藏族世世代代在这块土地上，繁衍生息，男外女内，男耕女织，相互谦让，相亲相爱，一切都是那样的和谐自然。不管谁生的孩子，喊母辈中的姐姐为妈妈，妹妹为嬢嬢，叫父辈中的大哥为爸爸，兄弟为叔叔。

在水洛乡东拉村，我们参加了两姊妹共招一个女婿的旭米婚礼。姐姐央宗，在家里排行老大，曾经读过几年小学，聪明能干，还在水洛河挖金的公路边修了间木板房开设商店，销售挖金工具、粮油茶盐，收入不错。妹妹曲珍，排行老二，高挑健美，朴实大方，在家里喂牲口，带孩子，是干活的一把好手。

女婿名叫杜基，是邻村人，刚从县城初中毕业回家。按照旭米人婚俗，央宗和曲珍的婚事没有媒妁之言，他们的父母早就调查了附近几个村子十多个小伙子的属相和生辰八字，请喇嘛打卦，推算了属相，最后确定杜基为最佳人选。经过双方父母的商议，定下了这门亲事。

接亲这天，全家人和帮忙的人便热火朝天地忙碌起来。新娘的父亲曲洛在大门上挂上青翠的松枝和洁白的哈达，大门上贴着喜气洋洋的对联。地上撒满松针柏叶，象征吉祥如意，家庭和睦。阿免（舅娘）和几个女人忙

旭米新居

着烤酒做饭，阿古和阿乌则在忙着准备在婚礼上招待客人的猪膘肉和虾答汤。

一个帅气的小伙子，是村里的赤脚医生，他的名字叫达瓦，由于属相相合，被请来担任迎娶新郎的接亲人。新娘的母亲准母为达瓦穿上盛装，新娘的阿布和达瓦备好鞍鞯，在新娘一家的簇拥下，出发到距离东拉五公里的甲撒村去迎接新郎杜基。在那里，达瓦还将参加杜基家隆重的送亲仪式。

从清晨起，几个姐妹就在楼顶为央宗和曲珍梳妆打扮。央宗的头发梳成百余条细辫，再用丝线联编成网状披于脑后两侧，上面挂满金银珠宝做成的饰品，这种费时费工的发饰，旭米人称之为"松古"。妹妹曲珍没有梳"松古"，而是戴上新做的、价值不菲的貂皮藏帽，再戴上金银珠饰。两姊妹穿着水獭皮贴边新"楚巴"，系红毛腰带，氆氇三角围裙，胸前挂着大大的一个黄金嘎乌，腰侧带着银链小刀，真是金光闪闪、珠辉玉映，显得十分雍容富贵，美丽典雅。中午时分，新娘家全家人都盛装打扮起来。

在等待新郎到来的前夕，忙碌了这么多天，全家人终于有一点闲暇坐下来品味央宗和曲珍给阿布和父母们端上的黄酒和酥油茶了。

山腰来人报信了，接亲队伍已翻过了东拉山梁。全家马上忙碌起来。捧上哈达，端着圣水，擎着桑烟，吹起雄浑的海螺。海螺声告诉村里人新郎即将到来了。乡亲们齐集村头，列队两旁等待。

马铃声渐近了，迎亲的队伍来到了。只见达瓦背插吉祥幡，带着新郎的父亲、母亲、哥哥来到了接亲队伍前，新娘一家人热情上前握手问好，献上洁白的哈达，洒上吉祥的圣水，为他们洗尘除邪。

新郎的母亲带来了哈达、酥油、白酒、牛羊肉和五谷杂粮组成的一个礼品盘（意思

是我们把穿的、吃的、用的都陪嫁给儿子了）交给了"阿古"（总管），敬放在神龛上。新娘家摆上早已准备好的黄酒、虾答汤等美食热情地款待新郎家人。

太阳落山了，远近的乡亲都赶来参加婚礼。来宾们带着酒、现金、粮食等作为贺礼，祝福新郎、新娘夫妻和睦，白头到老。

新娘家摆上酒宴招待宾客。婚宴前，阿古把一瓶酒缓慢倒入火塘里，火苗腾起一两尺高，熊熊火焰象征以后日子过得红红火火，然后抓起五谷杂粮撒向四方，以示吃穿不完。

根据喇嘛的卜算，举行婚礼的时间定在夜里十二点。喇嘛念祝福经，给新郎和新娘拴赠哈达，祝愿夫妻三人平平安安，生活幸福，早生贵子。

婚礼最热闹的一项内容是说"当谐"，请一位德高望重、能说会道的人在婚礼上说起了开场的祝福词。

> 索拉索拉纳和索拉，
> 决拉决拉纳和决拉，
> 索拉是婚礼的开始，
> 决拉是佛家的教诲，
> 赞美新娘和新郎，
> 现在不说何时说。
> 给新人献上洁白的哈达，
> 给骏马配上崭新的鞍鞯。
> 吃饭前要先敬神，
> 进寺庙要先拜佛。

> 要说哈达的来历，
> 让我来告诉你：
> 龙布绒布到汉地经商，
> 发现文成公主贤惠美丽，
> 她来传授世间千般技艺，
> 她来织造万样吉祥锦缎。
> 修瓦舍种粮制造银锭，
> 划第一线为十八省汉区；
> 搭帐篷放牧牛羊，
> 划第二线为三大藏区；
> 建立寺庙晨夕诵经，

共事一夫的旭米姐妹

为三线佛的吉祥圣地。
要说哈达比雪山还要白,
要说哈达比长江还要长,
哈达——
献给佛家代表虔诚,
献给领导头人代表尊敬,
献给父母不忘养育深恩。
献给朋友客人友谊长存,
献给新娘、新郎那就是长长久久,
吉祥如意幸福一生。
献给神龛上的藏巴拉,
全家人就会和睦团结,
吉祥幸福财源广进。

他说完开场白说正文,旁征博引,滔滔不绝:说天文地理,人类起源;说五谷丰登,六畜兴旺;说孝敬父母,家人团结;说新郎杜基英俊潇洒,聪明能干;说新娘央宗和曲珍美丽大方,贤德持家。他最后祝愿新郎、新娘相亲相爱,美满幸福。他感谢亲朋好友、乡里乡亲前来参加婚礼,给新人家增添了光彩。

六对男女端着美酒唱起了婚礼祝福歌。新娘母亲端着吉祥幡带着新郎和新娘在屋内转了三圈,将客人的礼物送进了仓库。人们齐声高喊:"卡叶卡叶永卡叶,卡叶卡叶永卡叶(财富到了,财富到了),吉祥如意,幸福永远。"

杜基的父母象征性地向参加婚礼的人赠送哈达和布片,感谢他们来参加杜基的婚礼。

婚礼结束,跳起了欢乐的锅庄舞,直至通宵达旦。

第二天是杜基和央宗回门的日子。新娘的父母对杜基的父母说:感谢你们生了杜基这个好儿子,现在我们是一家人了,我们会像对待自己的亲人一样关心他、爱护他,请你们放心。新娘家把猪膘、酥油、茶、牛肉、粮食等回门礼物装了好几驮。妹妹曲珍不能一起回门到杜基家,而是出发时给姐姐牵马,并将两人送到村口。杜基和央宗在家住了三天,然后回到新娘家,开始了幸福的三人婚姻生活。

旭米人还有一个隆重的"巴典"(怀孕)仪式。

有的男家娶了新娘后,女的不落夫家,婚礼一完就随同送亲人回到娘家住一段时间,然后男家派人接回,在男家住一段时间,又回到娘家,如此往返多次(有的达数年之久),直到女方怀孕,再由丈夫接回长住。当第一胎怀了五六个月,男家请喇嘛打卦择定吉祥日子（多以农历月份下旬双日为宜），这时就要举行"巴典"了。男方母亲带上黄酒、白酒到女方家报喜，告知孕礼的时间，这时女方就回娘家等候。孕礼这天，同结婚时一样，十分隆重，仍有接送亲仪式和村人相送，到男家时仍以结婚时的礼仪对待。同时请喇嘛念经，请人说"当谐"，村人参加典礼，送礼钱，跳锅庄等。男方同村人都要宴请怀孕妇女，向送亲人赠送礼物。不同的是，这时娘家陪奁的礼物比结婚时更丰厚，要送孕妇春、夏、秋、冬四季藏袍和银首饰一套，还要送腰带、邦典、藏靴和生产工具、一对大小碗，以及一头牛和两只羊，划一块土地给男家（限于同村）。若是招赘女婿，男家同样送衣物、划土地并送一匹马和一套加邕鲁卡垫的马鞍鞯。此后，夫妻就固定住在女方家了。

旭米藏人有两个热闹的节日，约布泼水节和聪纳嘎翁敬神节。

约布泼水节在农历六月十五日举行，地点是每个村自己的神山上。届时一个村请一个"东布"（经师）念经。东布头戴神帽，身穿神衣，脚蹬虎皮靴，手持皮鼓铜铃，念诵祈祷经，祈求风调雨顺，五谷丰登，六畜兴旺，村人平安。同时咒念驱邪经文，要邪魔不得入村作祟。

参加节日的男女老幼，都穿着盛装华服，佩戴各种名贵饰物。会场上金银闪光，珠串溢彩，环佩作响，笑语喧哗，是一次难得的文化娱乐活动。

东布念经完毕，宰一只大羊（村子每家人轮流出一只羊），各家自带一些黄酒、烤馍、水果等食品，中午时大家一起会餐共食。吃过午饭，大家回到出羊这家人的土掌房顶，置一大铜缸，内装山间清洁之水，村民一人手持一柳枝，一木碗，各舀一碗净水，

敬山神节　耍山归来　温珠 摄

欢歌笑语庆佳节　　温珠 摄

水洛旭米姑娘

东布念诵经文，大伙围着水缸（水缸代表水菩萨）转15圈敬水菩萨。东布念完经，各人将水泼上天空（表示敬天），后舀水用柳枝洒地（敬山神、地菩萨），再舀水自泼自洒（洗去污秽），最后大家相互洒水，互致祝福。大人小孩你追我逐，欢声笑语，快乐无比。

泼水节完成，在土掌房上唱歌跳舞，甚至欢乐通宵。

聪纳嘎翁（敬山神节）于农历八月十五日在每个村子的菩萨山上举行。东布神衣神帽全套披挂上阵念经。全体村民身着节日华服，手持香烟（松枝、柏枝、子柚枝，都是洁净的桑烟）敬拜山神。人们围坐东布四周，静听经文。吃过午饭，就在宽广的场坝比赛斗鸡。斗鸡时，手抱脚，一只脚跳着用另一只脚的膝盖去撞击对手，谁先双脚落地，谁就是输家了。在斗鸡赛场上，准备一条独凳或板凳，上放糌粑坨，插上核桃仁，在抱脚与同伴斗鸡时，谁要是能弯腰咬得一坨糌粑，又不被同伴斗倒，那就是英雄无比了，会受到所有在场者热烈的欢呼声和掌声。

有的两三家在屋顶跳，要是在斗鸡跳跃时能咬起糌粑坨，脚又没落地，那就预示着今年运气好，庄稼会丰收，出门容易挣到钱。

水洛旭米姑娘

第十三节
千古贡巴拉　奇特男始祖

小康之乡话东朗

东朗乡是木里最边远的藏族聚居乡。与甘孜藏族自治州的稻城县和理塘县接壤。距木里县城250公里，距稻城县城86公里。笔者有幸几次造访东朗，留下深刻印象，至今难忘。一是游鱼成群的东朗河；二是古老藏寨，巍峨民居；三是鬼斧神工，男根"石祖"；四是神山贡巴拉，翠湖珍珠海；五是肃穆库绒寺，浓郁佛教情，以及动人的木天王传说等。

一到东朗河，只见流水淙淙，绿波层层，水质清澈明净，在清流碧水中只见鱼儿成群，击水游弋，遇人不惊，真可谓奇观奇景也！随便放一条线，撒上一网，都会有大小几条鱼儿上钩入网。不过请注意，在东朗管辖的这条河段是不准随意撒网捕鱼的，更不准炸鱼、电鱼。有客人到来，需要招待，获得乡领导或村负责人批准后，方可打上几网，捞上几斤。东朗河的鱼也不允许作为赢利为目的商业贸易。我们叹服，东朗乡的生态环境保护实在是好。河两岸村子，有专人负责，河边悬挂护鱼牌，轮流值班，五天一换。发现违规捕鱼者，重则罚款，没收渔具，轻者批评教育，写认错保证书。

东朗是木里松茸（又称山鸡棕、青菌）主要产区，年产量在五十吨左右。产品以其肥厚、鲜美、色泽好、品质高，深受日本客商的青睐。据《中国国防报》在《二战中日本秘研原子弹》一文中透露："8月6日，广岛在核弹'小男孩'降临后成为一片废墟。日本原子能研究专家仁青科芳雄马上带人进行实地检测，随后向军方确认正是原子弹所为。"在日本广岛、长崎地区由于受辐射的危害，使动植物慢性衰亡，山林中的菌类也几乎消失了，唯独松茸年复一年生长，经科学测定，原来松茸中含有

贡巴拉千佛峰　　牟光学　摄

山珍——木里松茸

天降神鹰　张治壮　提供

抗放射性沾染称为剩余杀伤因素之物质，之后，松茸在日本身价百倍，成了国际市场的抢手货。行情最好的时节，商家租用直升机直接到木里东朗等松茸产区运货，快速售往昆明、成都等地。那热闹场面，成了山区一景。

松茸每年给东朗带来数百万元的经济回报。东朗富了，生活水平提高了。他们集资不但修通了直达稻城的公路，还成为木里县第一个公路通村通户的乡，并建起了电站、文化站。全乡340多户，2400多

1994年东朗乡通乡公路直达稻城，省委常委刘绍先（右二）、州人大常委会副主任穆文富（左二）、州人大常委会副主任八一仁青（左一）、县长鲁绒日丁到场祝贺

人，就拥有手扶拖拉机350辆，小汽车7辆，农用车2辆，摩托车480辆，磨面机、粉碎机400多台。家家有了电视，喝上自来水，过上了小康生活。这得归功于东朗乡的护林防火和生态资源保护。东浪乡有巡山员，松茸实行采三天休息两天的轮采制度。禁止采摘童菇。采集季节结束后，要恢复松茸的环境植被。不准放狗撵山捕猎野生动物。乡规民约，明明白白，领导带头，全民遵守。东朗是山清水秀，人与自然和谐相处的世外桃源。

如今，东郎成为木里县第一个公路通乡通村通户、环境优美、生活富裕的小康村。

藏寨宏伟民居美观

东朗的藏寨民居一式的三层石雕房，藏语称"棒康"。规模宏大，大者一家七八百平方米，小者三四百平方米，形成大集中、小分散的藏族村落，屋前屋后树木掩映，翠黛可人。随着经济收入的提高，民居建筑更加追求美观漂亮，好多人家把过去用不规则杂色石块建成的碉房推倒重建，专门请石匠打造长约二尺，宽厚七八寸，规格统一的花岗石条修建外墙，黑线勾缝，加大梯形窗户，安装玻璃，增强屋内采光，改独木梯为宽大板梯供人进出，改变以往人和牲畜同一门进出的不卫生习惯。设置私人寝室，安放床铺，改变睡火塘的习惯。有的人家，两根主要木柱上还镂空雕成盘龙柱，横檩上雕刻绘

春到东朗　刘仁勇　摄

东朗藏寨

东朗藏族服饰　苗杰　摄

东朗美观的民居石碉房

有各种云藻、莲花、飞禽、兽头的纹饰，给人以富丽堂皇之感。大门门框雕刻有藏式图案花纹。窗子向外，呈上小下大的梯形，窗框上间放置三层小方木，上盖木板，依次延伸成遮雨板，遮雨板绘有图案，最简单者也在方木端部绘一白色实心圆圈。花岗石碉房式样新颖，造价高昂，一家一城堡，一户一别墅，远远望去，一幢幢乳白色石雕房矗立在青山绿水、碧波翠微之中，更显高大雄伟，气势恢宏。在赏心悦目之时，我叹服东朗人的豪气、胆识，更欣赏他们对新生活的无比热爱和对时尚的追求。不少藏寨山头常见高大的木天王残碉点缀其间，使人感到古韵悠长，沧海桑田，吊起一丝人间如梦，世事如烟的怀古柔情。

"棒康"雄伟美观，宽敞漂亮。每家都能开设一个家庭旅馆，每家都能办家庭舞场，篝火熊熊，与客同乐。到东朗观景，饱览大自然的美景，沐浴仙韵佛气；在藏家作客，品味牦牛肉、藏香猪、土鸡、红香米、松茸、马鹿菌等绿色食品，享受藏家独特的美味佳肴。

人间奇物东朗石祖

在东朗河边脚木村头的一个山丘上，有一天造地设，鬼斧神工的人间奇物——一根状如男性生殖器的石柱，藏语称龚龙杜基（石祖）。石祖高71厘米，直径31厘米，勃指东朗河对面一座形似女性阴户的山谷。龚龙杜基在民间的传说很多，远近闻名。

传说在很早以前，一个电闪雷鸣、大雨滂沱之夜，一个动地惊雷把脚木村对面的山峰劈去半边，赤裸的岩石上出现了一个形似女性阴户玉门的岩洞。从此天灾不断降临东朗河流域，不是洪灾就是干旱，庄稼绝收；瘟疫流行，民不聊生。奇怪的是，这一带的人家也只生女孩不生男孩，成了阴盛阳衰的地方了。人们四处打卦，烧香拜佛。后来东朗头人请来一位高僧，打卦占卜，又经他仔细观察和掐算，说一切天灾人祸都是对面山坡的岩洞作怪。那岩洞就是魔女的阴门，由于阴气太重，造成了阴阳失调，灾害频繁，只生女孩不生男孩的现象。这个高僧带着东朗村民沿着东朗河搜寻查找，经过七七四十九天，终于在脚木村下面的河里打捞上来一座极具阳刚之气的石头阳具，把它安放在脚木村前的山坡上，勃指对面山头岩洞，对抗魔女阴气。从此这里阴阳调和，四时和谐，灾害不再降临，男女生育也逐渐平衡了。东朗河流域成为山清水秀的人间乐土。

石祖的美名越传越神，越传越远，甚至达到神化的地步。说有的多年不生育的妇女，只要把裙子拿在上面挨一下，许下愿望，就会如愿生育；生女不生男孩的妇女自己许下愿望，到石祖上摸一摸，挨一挨，蹭一蹭就会如愿以偿。

在"文化大革命"的特殊年代，石祖也难逃破四旧的噩运，被造反派推进了东朗河里，幸喜没有被砸烂。后来脚木村几个村民在夜里悄悄把石祖打捞上来，埋藏在河边地里，躲过一劫。直至改革开放，党的民族宗教政策得以贯彻落实，这个天上神物、人间奇观才又重新矗立在脚木村头。

东朗石祖，如今已成为川、滇、藏大香格里拉生态旅游大环线上的一道亮丽的文化景观，只要猎奇者、探险者和到木里、稻城寻梦香巴拉的游客们到此一游，定会大饱眼福，观之，爱之，抚之，为之心动、为之神悦。

东朗石祖

贡巴拉仙人峰　牟光学　摄

晨曦中的贡巴拉　牟光学　摄

礼拜贡巴拉

贡巴拉神山是木里三大神山（另两座为贡嘎山、木里大寺背倚之木子耶山）之一，最高峰4908米，传说山顶有333个湖泊，似耀眼明珠镶嵌于万绿丛中，湖湖相连，又称珍珠海，是藏传佛教的神圣之地。

贡巴拉神山脚下的打窝洞（骑马坪子），是登山的大本营。坪子中央伫立着一座高大洁白的吉祥塔，经幡飘展，与远处高耸入云的贡巴拉神山遥相呼应。当地人说，每一个转山之人都要在这里先敬祀神山后，才能开始转山。

碧绒溪水边，一块巨石突兀，状如一只石犬横卧在地，身上缠绕着两条花石纹，像是套锁神犬的铁链，称为喷狗石，是神山的护门神犬。

半山腰，两座巨大的石峰横亘眼前，似一道半掩的"扎恩"（山门）。传说这是一对恩爱夫妻，留恋贡巴拉神仙美景，不愿离去，后受仙人点化，变成石山门神，守护在山腰。走进山门，山谷中传来浑厚雄壮的瀑布声。这是碧绒瀑布。一道银瀑似脱缰的野马，从60多米高的悬崖上飞泻而下，腾起漫天水雾和霓虹紫岚，似一幅气势磅礴的山水宏图。

瀑布下有一石潭，似玉女金盆，承接着从天而降的一道清泓冲落玉潭，翻卷出一朵巨大白色莲花，透亮耀眼，仙气灵动，佛意氤氲。转山人到此，都要转水，洗去污秽，恭敬上山。

杜鹃花海是贡巴拉又一美丽景观。海拔4000米的山坡上、山谷中挤满虬枝劲节的杜鹃花树，摇曳多姿，万紫千红，让人目不暇接。花期浓香扑鼻，艳枝拽袖，沁人五脏六腑。

传说，在很久以前，有一个美丽的藏族姑娘贡巴拉，父母带着她去转山。不幸父母都生了病不能下山，她们找了一个山洞住了下来，生火打茶，精心照料父母。第二天，父母病情有所好转，可她们刚上路，父母的病又发作了，无奈又回到山洞住了下来。姑娘每天出洞给父母弄吃的，摘野果，捡蘑菇，或遇转山之人乞讨一点糌粑茶盐。只要住在山洞里，父母的身体便好一点，一出门下山，病又重了，如此往复多次，一年两年……十年，时间慢慢的流逝，贡巴拉因为父母的病一直陪伴着父母，吃苦受累，没有

远眺库绒寺　温珠　摄　　　　　　　　　　　　　　　　　金碧辉煌库绒寺　刘仁勇　摄

一点怨言，长期的艰苦生活，使她美丽的黑发变成了和山顶岩石一样的灰褐色。在照顾父母的同时，还不忘帮助其他转山生病的人。

有一天，一位山神在梦里对贡巴拉说，明天不能外出，有事只能在今天夜里出去做，但在太阳出来之前必须赶回山洞。贡巴拉听后马上出洞打水找柴禾。途中遇到一位老阿布（爷爷）病了，她扶着老阿布艰难地往回赶，走走停停，刚到山顶，太阳出来了。贡巴拉忽然全身热血沸腾，眼冒金光，瞬间化作一座金灿灿的山峰。背上的水打倒了，随着山峰往下流，有的结成了冰墙雪瀑，有的积水成潭，变成乳白色的冰湖。

贡巴拉扶持的老人转眼也化为一座金色山峰，在旭日的照耀下，金灿灿的山峰越来越多，金光环绕，每座山峰就是一座佛像，贡巴拉仔细辨认后，发现那些山峰都是自己曾经帮助过的人。

据说，贡巴拉群山上那113座山峰中，有万千自然形成的佛像，333个大小不一的圣湖紧紧依偎在贡巴拉的身旁。这就是贡巴拉神山的来历。

登顶看日出是转山者一生的企望和莫大的享受。站在山巅，极目远望，眼前的空寂大山，横亘脚下，莽莽苍苍，山涛逶迤，连绵不断，一直涌到天际。人在其中，有一种置身于另一个星球的异样感觉。

霞光慢慢向苍穹扩散，太阳先似一豆烛光，后似一个火球，从天际缓缓挤出。

第一缕阳光投射到灰岩裸露的山峰，山峰瞬间变得金光耀眼，一座、两座、一排、两排……金色的山峰越来越多，像成千上万的鎏金大佛、镀铜罗汉，黄澄澄，金灿灿，波澜壮阔，震撼心灵。

金色阳光暖照山顶游人，瞬间，一个个都变成了佛体金身，与天空大地融为一体，意淡身轻，神飘魄缈，凡心皆无，如梦如幻。

佛韵浓郁库绒寺

东朗库绒寺是木里十八个小寺中历史较为悠久、规模较大的一个寺庙。2008年重新修缮装饰后，更是金碧辉煌。木里香根活佛边玛仁青亲自参加了盛大的开光仪式，附近稻城县巨龙、木里麦日几个牧场数千人盛装前来参加佛家盛会。远眺库绒寺，只见金瓦黄墙，琉璃金顶，旌旗飘扬，肃穆庄严。既有藏式平顶碉房，又有高阁耸立其间，高低

 在库绒寺开光典礼上，边玛仁青活佛为信教群众摩顶赐福　温珠　摄
 库绒寺内珍藏众多的金佛、铜佛
 开光典礼上举行了跳神舞　温珠　摄

对应，错落有致。颜色鲜艳，佛韵浓郁。

寺院建筑规模十余亩，有大殿、护法殿、大茶房、转经堂、僧舍等，大殿供有释迦牟尼、宗喀巴三师徒及众多佛、菩萨、罗汉、护法等精美神像。还有一尊三层楼高的泥塑甲瓦强巴泥塑巨像。寺内还保存有金书《甘珠尔》和佛经文物。有400年历史的壁画至今保存完好。库绒寺是东朗、麦日、稻城县巨龙等地佛教信仰者的宗教活动场所，也是转游贡巴拉神山的必经之地，信徒众多，香火旺盛。

木天王传说留东朗

据说，东朗是木天王在木里的大本营，木天王的传说，在冲天河流域流传甚广。在东朗乡政府对面一锥形山头上，木天王所造的抵御敌人的碉堡遗迹尚存。

传说义军包围了木天王在绒左山头的大本营，久攻不下。大本营建立在孤立的山头，四面没有水源。义军们想，围着你，没有水，看你能坚持多长时间。谁知过了一个月，木天王的守兵还是活蹦乱跳，有吃有喝，甚至还狂妄地甩下几条鲜鱼来示威。义军

木天王修建的古碉与民居相映生辉

首领想不通了，山顶怎么会有水呢，水是怎么送上山的呢？这时，一个老马脚子说，我有办法。他牵来一头骒骡，拴了三天，只给它吃苞谷、青稞等干马料，一滴水都不给它饮。在骒骡干渴难忍时，老马脚子牵着它围着山头转，在一个垭口处，骒骡打着喷嚏，前脚使劲地刨着地面。老马脚子一声高喊："挖！"大家挖到地下一丈时，发现地里埋藏着一根铜管，原来，是用虹吸法的原理把几里远的泉水送到了木天王的碉堡里。骒骡听到了地下水流声，找到了水源。所以藏区的骒骡要比叫骡值钱。义军切断水源，没有了水，木天王军心大乱，只有趁夜逃回丽江了。溃败时，来不及运走的十八驮金银珠宝装在皮拉瘩里（皮口袋）滚进了东朗河里。当地老乡说，如你运气好的话，说不定能看到河里金银珠宝放光或捡到一块金锭、一颗珍珠呢！

藏乡奇观胜景　旅人流连忘返

木里对外开放的十四座小寺也都坐落在风景美丽的青山绿水间，各具灵气，各有特点，都是木里重要的旅游名胜之地，只要旅客亲临，一定会让你得到不同的感受，引起强烈的心灵震撼。各种奇峰奇石美不胜收，数不胜数。

麦日乡"公母岩"并排坐落村口，高峻雄伟。"母岩"上半部似人头，顶部有圆孔，逼肖人的鼻孔。"公岩"半腰有个大溶洞，洞内有一潭"圣水"，人们常在此烧香、洗脸、祈福。

唐央乡里多村，现在被旅游者称为雄鹰寨。这里植被完整，风景优美，是木里一个独特的著名风景区。寨北面有海拔4550米的达波扎哈神山，西面有乔窝热尼神山，南面有巴厮扎哈神山，雄鹰谷就在这群山之间，木里河就在山下蜿蜒曲折，有如银色哈达飘逝于奇峰翠岭之中。传说，这里是山妖和天神交战厮杀的古战场，在巴厮扎哈神山上有一自然天成的莲花生大师石像耸立山顶。传说莲花生大师追捕妖魔到此，妖魔逃入河中隐藏不出，莲花生大师遂将自己之像幻刻于山顶镇妖伏魔。

雄鹰谷两边的悬崖峭壁上，有许多鹰巢，栖息着上千只被藏族人称为"神鸟"的秃鹫、苍鹰、金雕三种珍禽，神鹰排泄

美丽的麦日曲公

雄伟的水洛都鲁寺　　苗杰　摄

里多雄鹰寨　温珠　摄　　　　　　　　　　　雄鹰谷神山上有莲花生大师立像　温珠　摄

的粪便，把岩石都染成了灰白色，远远望去，让人误认为是挂在天空云间的壮观瀑布。早晨，雄鹰呼叫盘旋着，向西飞去，日落时，又成群结伴归巢，场面蔚为壮观。在雄鹰谷这个与世隔绝的环境里，如此众多的鹰与人和谐相处，实是世界罕见，真可谓是"鹰的世界与乐园"。

唐央乡牙根寺坐落在巴尔梦绒神山平台上，群山绵绵，放眼望去，四周是一望无际的原始森林，环境幽深。寺附近有一巨石，形似裸体罗汉盘腿坐于垒石之上，生动传神。寺中珍藏经书典籍丰富，位列三大寺之后，十八小寺之首，金汁、银汁书写的佛经至宝——《金刚经》《甘珠尔》《般若十万颂》更是该寺的镇寺之宝。因此，唐央牙根寺香火旺盛。

唐央的然里村是一座精美的宫堡式石头寨，山下的同窝村有一道十米宽、十多米高的温泉瀑布，白色的水流从红色的钙化岩石上飞流直下，这是世界罕见的红色瀑布，真是一处色彩丰富、曼妙无比的童话景观。

兀鹫　叶昌云　摄

丁央寺是木里全县唯一的萨迦派寺院，坐落在博窝乡境内气势磅礴、挺拔峻峭的宁萨扎嘎神山上。传说为木天王所造，至今已有500多年的历史。该寺与麦地龙境内的洼多寺相距不远，都处在苍翠林海之中，景色十分壮丽秀美，是难得一观的风景名胜之地。

上通坝电站旁的木天王时代的无数残堡古碉，朝辉夕照，风雨沧桑，将带给你一丝怀古的悠思和别样的联想。

里多的狮面石，长约四五十米，高十余米，遍体乳黄色，像一头黄色雄狮静卧草地，昂首蓝天，似在蓄积力量，有朝一日飞奔入林；又似在企盼等待离别的情侣或是幼年的儿女……大自然的杰作，惟妙惟肖，给人们心灵的震撼。

东朗、麦日、唐央三个藏族聚居区的藏文化浓郁，佛家文化底蕴深厚。生态保护完好的贡巴拉神山，以及众多奇石奇景，是大香格里拉生态旅游大环线蓝图上的核心区，极具旅游开发潜力。

鹰雕　叶昌云　摄

万绿丛中的麦地龙娃多寺　中央次尔　摄

金碧辉煌的丁央寺大殿

麦地贡嘎神仙池　刘仁勇　摄

丁央寺

康坞远眺　周朝东　摄

第十四节
胜景寸冬海　浓情康坞寺

寸冬海（又叫"长海"）是木里万绿丛中一颗高原明珠，是距离木里县城最近的名胜景区。湖面五千多亩，湖中有岛将湖泊一分为二。

有一半岛极似一个神龟伸着长长的脖颈在痛饮湖水，一个岛屿像昂首东方的雄狮仰望蓝天，大自然的杰作，真是惟妙惟肖。湖畔山坡碧草茵茵，野花灿烂，是放牧牛羊的优质牧场。山顶和背阴的山坡上长满密密麻麻的原始杉林，时有獐麂马鹿等出没，野雉飞舞。湖中散布着大大小小的浮动草滩，四季变换颜色，冬春草浅色黄，寥廓深远；夏

长海冬韵　牟光学　摄

则绿野碧毯，翠黛怡人；秋时五彩斑斓，如梦如幻。湖中常有野鸭成群，翱翔蓝天，嘎嘎欢叫。湖面波光潋滟，虾游鱼跳；渔人驾着小木船在湖中或撒网，或垂钓，优哉游哉。远处可见麦地贡嘎山皑皑雪峰，在蓝天白云下银光闪烁。

传说木天王占领木里一带以后，制铁器兴水利，造梯田，修沟渠，开矿山，使当地人民过上了较好的生活，玉皇大帝特别奖给木天王一面玉石宝镜，木天王兴奋异常，一路把玩，爱不释手，乘风驾云而返。赤脚大仙、巨灵神等天将不服，心生忌妒，追出南天门前来抢夺，争抢时不小心宝镜碰在巨灵神的大斧上，万千碎片顿时散落崇山峻岭之中，化为藏区大小不等的万千湖泊。寸冬海、丁冬海这两个康坞山上的姊妹湖就是那其中的两块。

寸冬海湖畔草地上有成片盛开的各色小花，赤橙黄绿青蓝紫，从五月开放到七八月，娇艳惹眼，素馨袭人。

康坞山从五月起便是杜鹃花的世界，是各色鲜花的海洋。木里杜鹃有二十多个品种，从海拔2000米的二半山到海拔4000米的高原峻岭，都可以看到一丛丛，一簇簇，一片片的杜鹃花，或含苞待放，或蓓蕾初展，或恣意盛开。你看那悬崖峭壁上怒放的杜鹃在微风中向你点头致意，拍手欢迎；那杉林深处的杜鹃，犹抱琵琶半遮面，像含羞的少女，悄然开放，隐藏不露，然而毕竟外面的世界太精彩，偶尔伸头偷窥外面精彩的世界时，不意间也显露了自己的青春芳华；那草原上盈盈展眉的丛丛杜鹃，不以人悲，不以物喜，悠然开

长海七月　刘仁勇　摄

神龟吸水

长海野鸭　周朝东　摄

寸冬花海　牟光学　摄

湖畔怡人的成片小花

形态优美的杜鹃花树　　王

怒放的杜鹃　　牟光学

长海夕照　　贾谟 摄

放，怡然自得，给大地增加一点色彩，给山川增加一抹生机。路两边的杜鹃，像迎来送往的仪仗队，从蓓蕾初开到繁花怒放，受尽路人的赞赏之词，也回报给路人一片温馨，一丝快慰！

　　木里的杜鹃有红，有粉，有紫，有黄，有白，更有红紫同树，粉紫同株的，令人感到大自然的神奇。红的开得热烈奔放；紫的开得高雅艳丽；粉的柔情温馨；白的洁净纯

湖畔怡人的成片小花

盛开的白杜鹃　王强　摄

长海之夏

五月杜鹃　中央次尔　摄

百年杜鹃树　牟光学　摄

情……大的花径尺许，小的花瓣寸许。五月的树林中，山冈头，草原上笼罩着一股馥郁的花馨醉人的甜蜜……

在康坞山中捡蘑拾菌，收获山珍的喜悦；在长海湖畔骑牦牛悠然前行，抒发旅途豪情；在林中小木屋消闲避暑，品味清凉幽趣；在湖畔仰卧花丛，看蓝天云卷云舒。到了这高原胜地，你会忘却诸般红尘烦恼，亲近自然，返璞归真。

康坞秋色　　周朝东　摄

　　从长海再前行五公里，便是历史悠久的康坞大寺了。康坞大寺如今是感受佛教文化、展示木里旅游胜景之门面。

　　康坞大寺位于康坞山顶莲花山梁上，山丘隆起，状似一个吉祥的海螺，两旁流水潺潺，如同法鼓轰鸣。群山环绕，树木苍郁。建于300多年前的土司衙门，在民主改革、土匪叛乱时，被土匪纵火烧毁，大寺经堂在"文化大革命"中圮毁。

　　在十世香根活佛白玛仁青的倡导下，集资600多万元建成了气势宏伟的措钦大殿。

　　2008年11月25日，在一年一度藏传佛教格鲁派盛大节日"甘丹安曲"（燃灯节，黄教始祖宗喀巴忌辰纪念日）这个吉祥的日子，迎来了康坞大寺措钦大殿的竣工庆典。

　　法喜充盈，因缘殊胜。四川省政协常委、州政协副主席、凉山藏学会顾问、木里第十世香根活佛白玛仁青及各级领导、信众3000多人共庆竣工庆典。仁波切（活佛的尊

金碧辉煌康坞寺　　牟光学　摄

法国藏族研究所马兰教授（中）采访康坞大寺住持

称）佛音高扬：

> 措钦大殿的落成，凝聚了党和政府对宗教工作的关心和支持，是党的宗教信仰自由政策光辉照耀的结果，体现了木里县委、县政府对做好宗教工作、发掘传统文化的关心与支持。
>
> 寺院的建成完美地体现了藏传佛教深厚的文化内涵，凝聚着藏族人民的意识和价值观念，包含着人类与自然、历史与文化、宗教与传统等深层含义。康坞大寺再次梵音高唱，香烟缭绕。
>
> 为大力发展木里旅游事业和构建和谐社会，寺院恢复重建会起到不可替代的作用。康坞大寺地处高原，周围有茂密的原始森林和美丽的湖泊，将会成为木里旅游景点中的一颗璀璨明珠。
>
> 朝阳映照着远处的雪山，流金溢彩，与措钦大殿铜制鎏金的法轮宝顶交相辉映。措钦大殿高31米，建筑面积3280平方米。大殿巍峨，宝相庄严，梵天香海，铃飘佛音，真是如诗如画，美妙动人。

殿内雕梁画栋，色彩斑斓，流光溢彩，富丽堂皇。殿中释迦牟尼、宗喀巴等塑像法像庄严，工艺精美。四壁挂有名贵的"唐卡"和精美的壁画，更显庄严。

康坞大寺措钦殿为木里民间藏族建筑大师、木里九世活佛甲央旨古的亲弟弟、原木里县政协副主席、木里第二届佛教协会会长，现今唯一见过美籍奥地利探险家约瑟夫·洛克的甲央巴丁老人设计建造。甲央巴丁老人今年86岁了，身体硬朗，精神矍铄，耳聪目明。老人说，我的养生秘诀是：脑子不闲，身子不停，山里空气好，吃的都是绿色食品……

1982年，重建木里大寺，甲央巴丁去西藏学习考察，看布达拉宫那些大寺庙是怎样修建的。他学习得很仔细，墙怎么垒，梁怎么放，顶怎么安，装饰图案怎样布局……

他凭着过去干过几天木匠活的基本功，把寺庙建筑一一记在心里。甲央巴丁是个建筑天才，他过去不懂建筑设计，又没有文化，然而凭着他的聪明才智和惊人的记忆，主持修建了精美壮观的木里大寺年降空大殿和康坞大寺措钦大殿，受到僧俗大众的赞扬和钦佩。

86岁的藏族建筑大师甲央巴丁仍精神矍铄　刘仁勇　摄

第十五节
巍峨丁冬山　美丽丁冬海

丁冬海是木里众多的高原湖泊之一，海拔3500米，面积约500亩，距县城50公里。与相距不远的寸冬海，似两颗璀璨明珠闪耀在康坞山顶，又似感情深厚的两姊妹相互眺望于翠林绿荫之中。

丁冬海四面环山，古木参天，浓荫蔽日，湖水清澈透明，碧波荡漾，山水倒映，相映成趣。

湖周山坡湿地上有碧草茵茵的大片草场。木楞房上，炊烟袅袅；彩林层层，五彩斑斓。牦牛闲食，羊群涌动，山静鸢飞，生机盎然。再看湖上野鸭翻飞，"嘎嘎"悠鸣，渔舟轻摇，网起鱼跃。远山，翠树，碧湖，绿原，牧群，这人、景、物，构成一幅雄浑的山水画。走进丁冬海仿佛进入了童话世界。

美丽的丁冬海是待客和木里人民节假旅游的首选场所。

丁冬湖畔

丁冬海秋色　　王强　摄

山花烂漫的丁冬湖畔

高原明珠——丁冬海

夕阳下的丁冬海

丁冬湖畔牛肥马壮

第十六节
两山握手成坦途　桥梁奇观伸臂桥

在木里的大江小河上，你常会看见一座座建筑奇特、工艺精美的桥梁奇观——伸臂桥。

伸臂桥在木里还有一个民间传说呢！

在很久以前，木里无量河两边，一边有一个藏族村子，另一边有一个纳西族村子，两村头人每年都要向百姓摊派大量的修桥费，少量的钱财用来修桥了，大部分钱物进了头人的腰包。由于修桥不得法，既矮又不结实，冬春刚修好，没过几月，夏季洪水一来又被冲走了，两岸又断绝了交通，第二年头人又向百姓摊款修桥，百姓苦不堪言。有一年，藏族村子出了一个优秀的摔跤手，一个藏族百姓提了个建议：由藏族村和纳西族村各派一个摔跤手进行比赛，哪边的人输了就由哪边的人负担全部的修桥费用。纳西人说，比就比，未必怕了你们藏族人。一个藏族摔跤手和一个纳西族大力士在无量河边展开了生死角触，为了村子的荣誉，为了藏族人和纳西人各自的利益，两人紧紧抓住对方的手臂，头抵着头，各不相让。双方脚陷进了河沙里，汗水浸透了衣衫，从太阳升起到日落西山，双方对峙着，都无法把对方摔倒在地，真是将遇良才，棋逢对手，两天了彼此不分胜负。

第三天，太阳刚刚升起，摔跤手和大力士又在河边开始了比赛，藏族人威风凛凛，纳西人沉着应对；藏族人是力拔千斤，纳西人如坠地铁砣。你来我往，你拉我拽，万千回合，还是无法分出胜负。两个村子的百姓齐集河岸，为自己村的摔跤手呐喊助威。日到中午，骄阳似火，

桃坝伸臂桥　　洛克1924年摄

依吉伸臂桥　　张治壮　摄

麦日伸臂桥　温珠　摄

两人汗流浃背，拼死苦撑着。这时藏族家的聪明人阿口登巴来到了这里，他看见两人摔跤时头抵头，手臂相撑，就是一座桥的样子。他高喊："停，我有修桥的办法了！"他对两个村子的头人说："两个村各修一个桥墩，我修桥面。"说完画出了图纸。按阿口登巴的吩咐，两岸村民上山砍来无数直径尺许的松杉原木，藏族人和纳西人在阿口登巴的指导下，各在自己的岸边修一个井字形桥墩，中压石块，层层向河中递进，在只有二十余米时，用几根又粗又长的大圆木剖成大木板连接两岸，桥面再铺上横木板，桥边立上木条，拉上竹索野藤为栏，一座高耸美观、经济实用的伸臂桥（又叫撑臂桥）架成了。人、马行走，十分平稳。因桥梁高峙，河面空旷，不易被洪水冲毁，一桥能管数十年，维修时更换腐朽圆木即可。一时间，在木里河、无量河、雅砻江流域修起大大小小无数座伸臂桥来，后慢慢地流传到康巴和整个藏区。

伸臂桥无铁件，无铆钉，不需打眼逗榫，使用材料又是本地丰富的木材石块，便于维修。伸臂桥运用了正确的力学原理，体现了藏族人民高超的建筑艺术和无穷的聪明智慧。

木里尚存十余座伸臂桥。伸臂桥是木里又一名胜景观。

东朗伸臂桥

人间净土利家嘴　　周朝东　摄

第十七节
神秘女儿国，浪漫摩梭人

  吴承恩的神话小说《西游记》，向世人描述了一个神秘国度——女儿国。
  那么美丽神秘的女儿国今在何处？世人只知住在泸沽湖周边的摩梭人聚落，被称之为东方女儿国，而不知道木里藏族自治县屋脚乡的利家嘴村才是目前我国保存最完整的母系村落。我国台湾学者在屋脚乡利家嘴村经数月考察认为，其母系特点比泸沽湖周边的摩梭人聚落更为浓郁原始，家庭规模更大。利家嘴村的阿扎家人口最多时达到43人，四代同堂，和睦温馨，真正是"人类母系社会最后一块领地""母系氏族部落的活化石"，典型的东方女儿国。屋脚乡的摩梭人均从盐源、云南的宁蒗等地迁入，已居住了八到十代人。

这里至今还保留着"男不娶,女不嫁"的"夜合晨离"式的走婚习俗。这里没有暴力,没有盗窃,人们互敬互爱,和睦相处,过着一种自给自足的自然生活。

摩梭人的祖先是谁,最早生活在什么地方?有专家、学者说,摩梭人的祖先是最早生活在今青海省东部的黄河流域的古西羌人,秦时南迁至雅砻江、金沙江流域一带,迁徙中曾留下"摩梭沟""摩梭营"等地名;今木里县摩梭人为元世祖忽必烈南征大理时遗留兵丁的后裔,屋脚乡的阿窝家还保存着武士铠甲和长刀。

屋脚乡的摩梭人自称"纳日"。纳日,传说最早有六个"尔",即六支人。六支人一路打猎为生,在扎拉康地方打到一只大马鹿,六支人抢鹿肉吃,胡尔得鹿头,俄尔得前腿,西尔得后腿,牙尔得脊背,布尔得心脏……各支人得了肉便分道扬镳,各奔东西。

摩梭达拔与法衣法器　温珠　摄

屋脚乡村民达瓦(1996年时67岁),称其祖先从云南宁蒗县永宁迁入,至今已有九代;一同迁来的还有嘎洛家、阿古家及从左所搬来的阿窝家。

利家嘴村民何偏初(1996年时70岁)说,其祖先未来该地时,利家嘴是无人居住的地方,后来木帕家、嘎帕家、底比家、阿扎家、歪舍家、若嘎家从盐源左所迁来,在此开荒种地,距今已有八代;俄扎家从永宁、杨嘎绒家从盐源迁入,亦有七代历史。木里屋脚乡的摩梭人和泸沽湖周围的摩梭人有密切的渊源。

达拔的法衣法帽　温珠　摄

达拔　神秘的巫师

摩梭人没有文字,只有自己的语言。在古老的民间传说里,摩梭人是有文字的,文字经书全抄写在猪皮革上。

有一年,一个摩梭"达拔"和一个藏族喇嘛去西方求经,回程途中在一个荒无人烟的地方遇到了大洪水,两人被困好几天,饥饿难忍,为了活命,就把记载摩梭人文字的猪皮革煮来吃掉了,当时,这个"达拔"想,这些经书和文字已经烂熟于心,不会忘记的。

洪水退去,两人艰难来到一个村子里化斋,一个女人请他们到家中念经消灾。藏族喇嘛的经书是写在厚皮纸上的,他一到女人家就翻开经书念起来。摩梭达拔的"经书"已经被吃下肚里了,此时怎么也想不来经书的内容来,不知从何念起。正在为难之际,女主人家的狗"汪汪"地叫了几声，狗的叫声惊醒了"达拔"，使他恢复了记忆，想起了经文，他便学着狗的叫声开始念经。女主人听见后，觉得很奇怪，不禁笑了起来。从此以后这部分经文就流传下来了，可是摩梭文字怎么写，这个"达拔"忘记得一干二净，怎么也写不出来。令人奇怪的是，从此以后，"达拔"念经，开始时总要先发出像狗叫的声音，然后才念诵经文。传说藏族有文字，摩梭人没有文字就是这么来的。

达拔教是摩梭人原始的多神教，因教祖叫达拔而得名。达拔就是摩梭人的巫师。达拔师徒传承，口耳传授，世袭相传。达拔经是一种口诵经，据说，它有160部，我国研究摩梭文化的学者杨政搜集整理了90多部。它生动地记述了摩梭人关于宇宙万物起源、始祖创世、先民采集、渔业、部族战争、游牧迁徙等，还记录了天文、历法、医药、美术、舞蹈、民间故事等，同时还有对天、地、日、月等自然神灵的颂歌，对疾病、灾害、恶神的诅咒及祈祷人丁繁荣旺盛、健康长寿的祝词，等等。达拔口颂经是摩梭人的百科全书，也是女儿国的一部史记。

摩梭人保留着多种鬼神崇拜的原始宗教习俗。生老病痛都要请喇嘛或达拔问卜打卦，敬神驱鬼。摩梭人认为有天神木戛拉，地神地戛拉，山神俄戛拉，风神旱戛拉，河神、水神基戛拉，雷神"木吉"（龙王），房神詹巴拉，火塘神刮戛拉，锅庄神司克等。

在摩梭人的生活中，是离不开达拔的，因为摩梭人逢年过节、新房生火、疾病占卜、预测吉凶、敬神驱鬼、丧礼、为年满13岁的男女举行较为隆重的成丁礼等，都要达拔到场主持。达拔是最忙碌的，也是最受人敬重的。

摩梭人信奉达拔教的同时，还信奉藏传佛教，两教并存，凡举行祭祀礼仪等活动，都要请达拔和喇嘛念经作法。摩梭人家中有两个儿子就要送一个到寺庙当喇嘛，有的还到我国西藏和邻国印度深造过。

摩梭人的房屋建筑是原始的，也是奇特的。其原始性在于整个房屋是用原木和木板建成的；其独特性表现在整个房屋建筑形态别致，分正房、花房、经堂和畜厩四个部分，是典型的四合院式建筑，摩梭人称他们的房屋为"木楞子"房。木楞子房工艺复杂，宽大精美，结实牢固，具有冬暖夏凉、防震抗灾的优点。它体现了摩梭人独有的建筑风格和魅力，也体现了摩梭人的勤劳和智慧。

摩梭称正房为"依米"，一般坐东向西，是全家人的活动中心，既是煮茶、做饭、用餐、议事、举行重大仪式和接待客人的场所，又是老年妇女和未成年人睡觉的地方。正房也是"母屋"，里面有神圣的火塘、女柱和男柱。

摩梭人称左边男柱为"瓦杜梅"，称右边女柱为"尤杜梅"。男柱和女柱都用红、黄、绿、蓝等色绘上图案，十分美观。

主室正东为上室（依该），两侧为下室（依昌），后侧为后室（依古都），后室挖有"阴房"。这三室分别为食品加工地和保管室。主室的一壁开一个小门,为"逃生门",相传是元代灭亡时,前门被明军围困,蒙古人在此打开一个洞逃走,后人为纪念重生而开此门。

厢房和门楼底层为畜圈,上层为转角楼建筑,从外面走廊进入用木板隔成的若干小屋(尼扎意),这是本家青年妇女接待"阿肖"的花房。各幢房楼之间,形成天井。最高层的厢房建有家庭经堂,有唐卡佛像、供桌、香炉、水碗、酥油灯等祭祀用品,也可作喇嘛的住宿之地。

摩梭人家的火塘是家中最神圣的地方。火塘建成,要举行庄重的"升火"仪式。"升火"仪式必须请达拔打卦,选定"升火"吉日。

达拔选定"升火"的四人中,属相必须"龙、猴、鼠"各一人,而且要从本家庭成员中选出,实在选不出时,才能选其他家的人。

"升火"日,天不亮,达拔就在火塘边念经,鸡叫时,属龙的人手持火把走在前面,属猴的人手端一口锅随后,属鼠的人背一桶水跟着,另一人牵着一头猪走在最后。四人依次进屋,持火把者将火把分为两个,点燃两个火塘,锅和水放于室内,猪走一圈拉出屋外。"升火"仪式完成,便可生火、架柴,煮茶做饭,祭祀灶神和女祖先了。

这天,全村的人及乡邻亲戚都要前来庆贺,主人家杀猪宰羊招待乡邻亲朋。在火塘右边设有神龛,神龛上头设有泥制的"让巴拉"(藏巴拉)灶神。

进门对面和右面有宽一米左右的高炕铺,火塘左边是客位,右边是主位。家庭成员在火塘周围都有固定的位置,女子坐右侧,男子坐左侧,未成年儿童坐下方。

摩梭人的规矩和禁忌

一是入座时,长辈在上,年幼者在下,不能乱坐。二是落座时不能脱鞋、吐痰。三是离座时,绝对不能用脚跨过火塘,也不允许随意从长辈面前走过。四是无论谁都不能在火塘边说脏话、粗话,更不能谈论男女相爱及走婚之事。因为,摩梭家庭中没有夫妻,都是兄弟姐妹,否则会令全家人感到难堪和不安。五是不准随意拨动火塘里的火,更不能把水或其他东西倒进火塘里。六是绝对不能在

摩梭武士

摩梭木楞房

火塘边吵骂，更不能用脚踢火塘里的火。七是进门或出门时，不能一脚在内一脚在外和门外人说话。

神秘的花楼

这里的夜晚是匆忙的，神秘的花楼内外都有一颗急切跳动而渴望的心。男人在山路上急匆匆地走着，渴望早点与花楼里的心爱女人相见相依。花楼里的女人呢，也在焦急等待着与男人相见。花楼是极为神秘的，这是摩梭女子接待心上人的地方，外人是绝对不能走入的。

花房内设有床铺被褥，还有女子的茶具等物，室内有一个温暖的小火塘，花房内整洁、明亮、温馨神秘，这是相爱的男女两人快乐的伊甸园。

成年男子服饰

摩梭成年男子头顶留长发，用青线扎成很多小辫吊于脑后或盘于头顶，青色布帕，长者一二丈，短者七八尺。也有戴瓜皮帽、毡帽、布帽的。上穿偏襟衫，衣领和偏襟边镶金色花边；下穿直筒裤，外着吊边长衫。拴用羊毛织成的紫色腰带，小腿裹绑腿，脚穿土制皮履或胶鞋。喜在腰间佩短刀为饰。

走婚归来

摩梭女性服饰

成年妇女服饰

摩梭成年妇女头上留长发，梳成两根辫子拖于脑后。婚后，用青线扎辫盘于头上，也有的用牦牛毛和蓝、黑、红、黄、绿等丝线和头发混编成粗大的发辫盘于头顶者，戴青色布质包头，长者一二丈，以大包头为美，包头上外饰珠串花朵。上穿金边偏襟短衫，下着黑、白、天蓝色百褶裙，裙子的腰、裙摆及膝盖处绣有美丽的图案。裙裾五寸处着一环线，腰系白、红丝布腰带。摩梭妇女服饰或色彩鲜艳明亮，或素雅大方。脚穿绣花鞋或布鞋、皮靴。摩梭妇女喜爱披一张白色山羊皮或白色小牦牛皮，毛向外，斜挂于身后，既有防寒、挡尘的作用，也有装饰作用。银质大耳环、项链、胸饰、花纹纽扣及银手镯、戒指等都是摩梭妇女的必备装饰品。

摩梭女子

摩梭男性麻布服饰

摩梭人的节日

摩梭人最重要、最热闹的节日是春节。节前，从家庭成员的属相中选择一个日子彻底打扫室内外清洁，清扫房前屋后，包括所有角落，然后请喇嘛念经送鬼，同时把垃圾堆放在喇嘛指定的方位，这就意味着把家中的邪气鬼怪清扫出去了。采来松针铺在正房的地面上，两束松枝插在"香火"台上，大门两侧竖松树，上挂哈达。

大年三十晚，饭前要请达拔念经，要把去世的祖先请回家中共度春节。向老人献饭，向祖先烧香、磕头，还要敬灶神、门神、土地菩萨等。然后，泼水饭给无儿无女的孤魂野鬼。

以上仪式结束后，全家人围坐在铺着松针的地上吃团年饭，家人中如果有谁因特殊原因不在场，要为他们摆上碗筷，象征与家人团聚。这顿饭要吃得慢，吃得好，吃得饱。传说，这天晚上，有神仙降临，为每一个人称体重，身体越重越好。饭后，把火烧得很大很旺，表示红红火火，一家人围着火塘品茶、吃糖、水果等，唱"送岁歌"。

正房和经堂都同时点灯，藏巴拉前放一盆水，传说，因为这晚火烧得太旺，灶神菩萨很渴，所以摆盆水供其饮用。

大年初一，天刚亮就放鞭炮，鸣枪。家有年满十三岁的少男少女，要举行成丁礼。

成丁礼又称成人仪式或穿裙、穿裤子仪式。各家的男女小孩，年满十三岁时都要举行"成丁礼"，而各户每一代人中的第一个男孩，在九岁时就要举行成丁礼。仪式前，根据少男、少女的属相，达拔或喇嘛选定与其属相相配的男女分别作为他们换裙、换裤的主持人。

天未亮，达拔或喇嘛就在家中念经，全家人围坐在火塘周围，火烧得很旺，照得满屋通亮，锅庄石上摆上糖果、点心等祭品，祈求菩萨保佑孩子健康成长。太阳升上东山的时刻，举行成丁礼的男、女洗净全身，分别踩在男柱（左）和女柱（右）旁的猪膘肉和粮食口袋上，男（女）主持脱去他们的长衫，男的先从左脚穿

屋脚一景——神猴望日

裤，女的先从右脚穿裙。若是各代中的第一个男孩举行成丁礼时，就在两根柱头之间搭起一块木板，上放一条猪膘肉，下搁九袋粮食，少男坐在猪膘上，手持长矛。

换上成人服饰后，少男或少女跪在达拔或喇嘛面前，达拔颂祷告经，并呼唤家中已故祖先的名字；同时，家庭主妇双手高举祭品向祖先、灶神敬献，祈求保佑孩子健康成长。然后，把祭品撒在房顶上，让乌鸦取食。

随后，由主持人领着举行过成丁礼的孩子，依次向经堂、灶神、达拔或喇嘛及长者磕头。每个受拜者，都要向孩子念颂祝词，送礼物，表示祝贺。

室内仪式结束，由喇嘛或达拔领着成丁者到各自房后的神山烧香敬神。

举行成丁礼的当天，要宴请村邻、亲戚、朋友到家作客，举行成丁礼的男女要向来

恢复扩建的仁江寺　　刘仁勇　摄　　　　仁江寺保存300年的古老壁画　　刘仁勇　摄

客逐一施礼，受礼人要赠礼。第二天，举行过成丁礼的孩子要带上粑粑、猪膘肉、酒和新鲜猪、羊"四大骨"，前往亲戚家拜年。到亲戚家后，均必须向经堂、灶神、长者叩头。主妇要把他们带去的食品各取一点祭祀祖先和灶神，并热情款待，回赠丰厚礼品。

少男少女，凡举行了成丁礼后，就算是长大成人了，就可以参加各种社交活动和参加家庭议事了。

年初八，屋脚利家嘴的摩梭人穿着节日盛装，带上食品到西宁山脉的腊嘴山腰"屋脚尼可"（仙人洞）祭奠女神巴丁拉姆（也是云南永宁、四川盐源左所相邻各村庄摩梭人和藏族人共同崇拜的神祇）。祭拜时，各村达拔携女神像——一位身穿白衣、披白羊皮、骑白骡子，似摩梭妇女打扮的女神像，杀猪、羊、鸡三牲，祈求风调雨顺，五谷丰登，六畜兴旺，多生子女。

菩萨洞内五彩斑斓，千姿百态。石乳钟、石笋、石花、石像，比比皆是；洞壁上各种怪石形态各异，被浪漫的人们想象为菩萨的头、手或飞天女神等。菩萨洞的后殿，高

女神巴丁拉姆住锡神山　　刘仁勇　摄

牧歌

大宽敞，最高处达50多米，且洞中有洞，大洞套小洞，形态各异，深不可测。整个溶洞流光溢彩，宛若童话世界。菩萨洞不但形状奇特壮观，洞内还有众多瀑布，又有凝固不动的石瀑。洞满水溢，顺着洞外石壁飞泻而下，形成"洞门千尺飞银瀑，水晶帘挂彩云间"的胜景奇观。远远望去，群山笼翠，流泉如练；近观气势磅礴，涛声如雷；水流飞溅，雾霭蒸腾，水雨紫岚飘洒数十米，在阳光的照耀下，更是五彩斑斓。

到菩萨洞前，先在烧香梁子烧香，人人在洞外用柏香树枝烟熏全身，脱去鞋袜，洗脚洗脸，然后赤脚进洞走一遍，喻为消灾去邪。出洞后，在草坪上进午餐，餐毕唱歌跳舞。这也是年轻人谈情说爱的一次难得的时机。

登临腊嘴山顶，极目远眺，锦绣河山，尽收眼底。雾罩黛林，云飞碧海；奇峰林立，怪石嶙峋；溪瀑叠流，高歌低吟；这里四季常绿，保护完好的原始森林和美丽清幽的自然环境是众多珍禽异兽的乐园。"菩萨洞"是摩梭人和藏族同胞转山崇拜"女神"的圣地，也成了泸亚路上大香格里拉生态旅游的一处绝佳胜景。

太阳偏西，年轻人骑着打扮一新的骏马在山间岩路上进行赛马比赛，养精蓄锐的骏马在主人鞭笞下，风驰电掣，飞奔下山，只见这青山绿水间马铃欢响，吆喝阵阵，你追我赶，时隐时现，煞是壮观！

打靶节

正月十五,屋脚和利家嘴这两个村子要举行一年一度的"打靶节",打靶节很热闹。活动由村民各户轮流主办,一年一户。事前,各家将粮食送到主办户家,由该户酿制黄酒(酥里玛),供活动时饮用。

打靶场设在村外地势较为平坦的山坡上,是日,大人小孩带着熟食品、水果等齐集现场。首先由达拔念"打靶经",祭拜天地神灵。参加打靶的队伍分成两队,一队代表主队,是保家卫国的队伍,一队代表入侵的敌人。比赛的内容分射箭、明火枪射击、快枪射击三项依次进行。射箭的靶标用竹筛做成,上面蒙有靶纸,明火枪和快枪射击比赛的靶标是元根、鸡蛋。比赛往往是主队胜利,敌人失败,这样预示村子吉利,人畜平安。两队中有射击特别出众者,也可说是冠亚军,会受到村人特别推崇,年轻人将他高高抬起,抛上抛下。达拔或喇嘛亲手把哈达拴在他们的脖颈上,再由全村公认的最漂亮女子跪着向他敬献美酒三杯,敬酒时,女

捻毛线

舅甥乐

子直接端着酒杯把酒喂进得胜者的嘴里。得胜者感到无比的自豪和荣幸,这时整个场地会响起"呵,呵"的阵阵吼叫声、欢笑声。

打靶结束,便在山坡上摔跤、跳高、跳远、跳舞等,欢乐异常。入夜,在主办打靶节的人家饮酒作乐,唱歌跳舞,深夜方散。

神秘的婚俗

屋脚、利家嘴和泸沽湖周边的摩梭人"以母为贵,以女为尊",女人是这里的主人,她们主宰着这个原始的家园,在这个家园里有母系、母系父系并存和父系三种家庭形式,这就使其更加神秘。"暮合晨离"的"阿肖"走婚更是谜中之谜。

"外面的人想走进去,里面的人想走出来。"

爱情是人类一个永恒的主题。世界之大,民族众多,婚恋文明更是丰富多彩。"女儿国"摩梭人的婚恋文明却是人类最奇特、最神秘的那种"男不娶,女不嫁"的暮合晨

离式的原始走婚习俗，令世人倍感好奇，想探寻它的究竟。

虽说十三岁成丁礼之后就算大人了，但谈情说爱、结交"阿肖"（各自选择走婚的心上人）、走婚还是在十五六岁才开始。

在劳动、节日交往中，篝火晚会舞蹈中，男女双方彼此有了好感，就约会见面，在山野湖畔里对歌，进行心与心的交流，通过一段时间的"观察"和"磨合"就可以结交阿肖，开始秘密走婚。

又如，某男子看中一漂亮女子，就托人带着诸如裙子、腰带之类的礼物到女方家向其母亲说明来意，母亲征得女儿同意，将礼物收下，就算同意了。然后，女方向男方回赠礼物。相反，女子看中某一男子，就要求男子履行这一仪式，男方就得照办。男女也有先秘密交往，随着感情的升华，而后举行这一仪式的。

经过一段时间秘密走婚后，双方情投意合，就开始了公开走婚阶段。美丽的女子大方地向家人和村人公开男阿肖，这时的男子就可以大大方方、堂堂正正地走进心爱女人的花房，告别偷偷走婚的日子。从此，男女两家便成了亲戚，就相当于汉族的"亲家"，遇有修房、种地、喜事、丧事等都要互帮忙，逢年过节都要互送礼物拜访。

女子生小孩时，女方家人带上礼物到男方家报信道喜，男方母亲要带上礼物去看望女阿肖，表示慰问和关怀。孩子满月，男方要到女家举办颇具规模的"满月酒"仪式，招待女方家人和村人。村里每家都由一女人带着礼物钱帛前去祝贺。所生孩子一律随母姓，由女家供养。过去"只知其母，不知其父"，随着现代文明的发展，已是"既知其母，也知其父"了。生父也有一定的抚养义务了。

摩梭女人的花楼是爱情的摇篮。这里有说不尽的浓情蜜意，也有道不完的悲欢离合。

合也自由，离也自由，爱时痛快淋漓，离时友好分手。不须法律审批，没有财产纠割，没有孩子抚养问题。

"适者生存，劣者淘汰"这是不可抗拒的自然规律，走婚也是要靠能力和魅力的。有能力和魅力的男阿肖，可同时拥有几个甚至十余个女阿肖；美丽漂亮又有能力的女阿肖也是同样会拥有几个男阿肖的。

迷人的歌舞王国

走进"女儿国"，仿佛置身于歌舞的梦境，这里的人们，能歌善舞，热情浪漫。

摩梭人会唱多种歌曲，会跳多种舞蹈。这里的歌有五言一句，有七言一句，有不等句，有自由式等。风格有的粗犷豪放，有的低沉忧伤，有的含蓄婉转，有的托物言志，有的直抒胸怀。

摩梭族的歌谣有古老民歌、情歌、颂母歌、劳动歌、祝福歌、迎宾歌、送别歌、祝

摩梭甲搓体舞（左右图）　　周朝东　摄

酒歌，等等。

有歌就有舞，歌舞不分家。摩梭有七十二种舞蹈。内容丰富，多姿多彩，具有鲜明的民族特色。最擅长跳的是锅庄舞（也叫甲搓体舞），还有罕摆舞、纺麻舞和战争舞等。

篝火燃起来，笛子、芦笙吹起来。舞伴们面向火堆，紧挽手臂，五指交叉，无论数十人还是成百上千人翩翩起舞，舞步整齐划一。随着音乐节奏和速度的变化，舞者和着舞步发出"阿若若"的呼喊声，使气氛更是激越奔放。领舞人放声高歌，参舞者尽情附和。年轻女子身着盛装，佩戴花饰珠玉，激情起舞，更显出无限风情和矜持风韵。小伙子如果看中了其中某一姑娘，就插进舞圈，挨着姑娘，紧握其手传递爱情的信息。

摩梭人是能歌善舞的。

"女儿国"的歌舞是迷人的。

夜幕下的摩梭甲搓体舞

第十八节
一江三河电力开发如火如荼
世界罕见水电之都又添新景观

木里三大山脉纵贯全境,宁朗山脉最长,贡嘎山脉最宽,喇嘛山脉最大。4000米以上的奇峰峻岭就达900多座。雅砻江、冲天河、木里河三大河像三条银色的巨龙,自西、北向南,蜿蜒曲折,浩浩汤汤,奔驰千里;支流众多,河网交错,把绿色大地切割出万千峡谷沟壑,山高谷深,水流急湍,落差大,水量足。雄伟的大山,茫茫的林海,完好的绿色植被,造就了丰富的水利资源,这里的水利资源全国第一,世界罕见。中国水电之都实至名归。

凉山彝族自治州响亮提出:"水电资源是凉山第一大资源,水电产业是凉山第一大产业,水电经济是凉山第一大支柱,水电企业是凉山第一企业。"而木里则是凉山彝族自治州水电的排头兵。

木里"一江三河"(雅砻江、水洛河、木里河、鸭嘴河)水电开发真可用如火如荼来形容。2012—2016年木里"一江三河"获得批准上马建设的电站达

壮观的雅砻江大峡谷　温珠　摄

雅砻江峡谷　贾谟　摄

47个之多，设计总装机1618.04万千瓦，计划总投资1353.8亿元。二滩公司、中国华电、国家电网、香港华润、西昌电力、水洛河开发公司、民和集团、乐能电力、亚洲电力、郎酒集团等数十家知名企业、水电巨头蜂拥而至，投资木里的水电开发。

鸭嘴电站、宁朗电站2012年已经开始发电，2011年财政收入达到2.5亿元，2013年预计达3.6亿元。预计五年以后，木里财政将达到十亿元左右。这是一个振奋人心的数字。水电开发突飞猛进，如同春风给木里带来了日新月异的变化。水电开发不仅是财政收入的增加，巨大的辐射效应首先体现在了积极服务大小电站的乡镇人民头上。再用十年时间，木里将拥有300万千瓦以上地方装机容量（雅砻江国家开发的除外），届时，将建成全省乃至全国水电工业大县。

木里河沙湾电站开发现场

繁忙的卡基瓦电站工地　　牟光学　摄

水电开发高歌猛进，如春风化雨给木里带来了日新月异的变化。财政收入增加了，人民生活水平提高了。乘着水电开发东风，木里建筑了多条高质量的走向世界的黄金路，这将会极大地促进木里的旅游开发和经济建设。

雄伟的小金河大桥　　周朝东　摄

雄伟的项脚关门山

明清遗韵的项脚汉族服饰　温珠　摄

明清遗韵的项脚汉族服饰　温珠　摄

关门山——一线天

"木里优势在水，后劲也在水""木里的希望在这些淌金流银的河流上"，水电春风拂木里，依托水电奔小康。

大山是木里的脊梁，雄伟壮美，震撼人心。奇峰林立，岫绕危岩，日照青山，霞笼绿野，千姿百态，数不胜数。如今，在大山中奔涌滔滔的大江大河上又增添了新的色彩，那就是造福木里人民的座座宏伟电站和由此而营造出的无数新奇景观。

灿烂的苗族服饰　　温珠　摄

众多大电站的建成，使上游水位上升形成许多壮观的高峡平湖景观，碧波如镜，山水相映，乘舟坐船可观赏到过去因无路可攀而无法看到的巉岩奇峰、危崖怪石、山锁清流、水破山岩的美妙奇景。木里是沟谷纷繁、切实深刻的高原地貌，山高谷深是一大特点。一江绿水，两岸苍峰，山映清波，峰插碧野，山水回环，常有"山重水复疑无路，柳暗花明又一村"的诗情画意。

锦屏电站建成后，正常蓄水位1881米，雅砻江、小金河水位上升至木里的后所、西秋境内。经西木路到木里，一到列瓦的小金河边，只见锦屏电站库区淹没复建工程的小金河特大桥"一桥飞架南北，天堑变通途"。大桥长516米，主跨为预应力钢筋砼箱型连续钢构桥，主梁为单箱单室薄壁结构，主墩最大高度达110米，桩基最深达62.5米，具有"高墩、大跨、深桩基"三大特点，施工规模和技术难度在全国高难度桥梁中名列前茅。

气势宏伟的大桥，碧波荡漾的高峡平湖，天险老虎口隧道，迎宾吉祥塔，以及迎风招展的风马旗，构成了木里县城大门前的一道亮丽景观。

从锦屏乘船沿小金河而上，在项脚曲径通幽的二十余公里，不但可看到由三座悬崖绝壁构成的关门山峡谷风光，奇峰峥嵘，猿猴出没，体验"两岸猿声啼不住，青山已过万重山"诗情画意，还可看到项脚明清遗韵的汉族风情、芽租能歌善舞的苗族风情。

木里河上立州电站两山对峙，相距四五十米，危岩高耸，壁立千仞，一河清泓破门而出，形成了一道名副其实的关门山雄姿。

距县城50多公里的鸭嘴河电站明珠闪烁，光耀深山。蓄水库区在海拔3500米的鸭嘴高原上形成一个数万亩碧波如镜的湖泊，周围有翡翠青山、茵绿草原，还有错落有致的牧民新房栖息湖畔。

蓄水库区，一看到迎风招展的三面旗帜，就知道鸭嘴河总水电指挥部所在地；这里佛塔矗立，经幡猎猎，壁画精美，牦牛成群，它告诉人们这里还是古朴的藏家居所。白

木里河大峡谷

鸭嘴湖光荡漾　贾谟　摄

色蘑菇开放门前（电视接收器），电信铁塔耸立山头，又给这空寂深山增添了一丝现代气息。

雅砻江水量丰沛，水流急湍，驱车沿江边公路行驶或乘船溯流而上，可观赏到雄伟壮观的大峡谷风姿，还可以看到终年积雪的麦地贡嘎山巍巍雪峰、粗犷的原始森林，以及众多镶嵌山间的高原明珠。

卡拉乡境内，雅砻江西岸有八座海拔4000米以上的高峰丛集排列，威武壮观，犹如八位勇士率领着千山万岭屹立于木里高原，守护着藏乡。登顶一观，使人豪情顿生。

在雅砻江支流、三桷桠境内的茶地沟，有削壁如屏的花岗石"城墙岩"，壁立千仞，光滑似斧劈刀削，实为大自然鬼斧神工的杰作。

在装机150万千瓦的羊房沟大型电站下游十公里处，是木里县麦地龙乡政府所在地。该地有上、中、下铺子，是用石头修建而成的奇特村落。墙是石块，瓦是石片，墙体平整，四楞四线，藏式门窗，人字屋顶，规整美观，技艺高超。这种房子不但具有较高的美学价值，为一道美景奇观，而且还具有较大的实用价值，冬暖夏凉，是一种难得的享受。

2004年国庆期间，项培初扎巴办理了退休手续，开始颐养天年。他满面笑容地对笔者说："我

木里河上的立州电站工地

昔日的鸭嘴高原变成了碧波荡漾的高原水乡

麦地龙石板房　温珠　摄

曾是木里末代土司，共产党没有处罚、抛弃我，让我担任了木里县第一任县长，后来担任了县政协副主席、副县长，州政协副主席，州人大常委会副主任，省人大代表等职务。给了我这么多高官厚禄，享受正厅级政治经济待遇，我健康活到现在，已经78岁了，我太幸运了。如果木里不解放，我的职位就是一个木里土司，那时木里未建县，连个县太爷都不算。共产党让我当上厅级干部，这在木里十九任大喇嘛中是绝无仅有的，我是十分幸运的。"

项培初扎巴如今以80岁的高龄，积极参加县里组织的各种活动，参加政协、老干局组织的老领导、老干部视察水电工程，退耕还林，核桃、花椒富民工程，等等。他在参观电站时高兴地说：

"看到木里仍然是山清水秀，各种资源得到充分利用，现在又建设了这么多的大电站，造福木里人民，支援国家建设，真得感谢国家的好政策，我是太高兴了。我要争取多活几年，享受这太平盛世的好日子。作为曾经的木里末代大喇嘛，名有了，利有了，身体健康，过着平安幸福的生活，我知足了！"

末代土司项培初扎巴简历：

项培初扎巴，藏族，1934年出生，属狗，其父次称巴丁，母亲朗降拉初系木里世袭贵族八尔家的嫡生女儿，是第十七代大喇嘛项扎巴松典和八尔老爷林甲央的亲妹妹。

1934年至1941年，随父母在八尔地家中生活。

1942年至1945年到木里大寺剃度为僧，学习藏文。

在核桃湾参加视察花椒、核桃富民项目。项培初扎巴（右二）、政协原主席杜天云（右三）、原县长扎拉（左一）、原副县长马依母（左二）、老干局局长毛小珍（左三）、舒元海（右一）

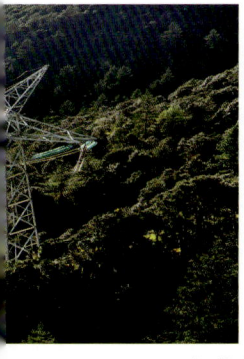  

银线连千山　　　　　　　　　　　　　　万顷鸭嘴湖　杨克若　摄

项培初扎巴与妻子泽仁祝玛
项培初扎巴 提供

笔者与项培初扎巴合影

1946年至1947年，被御任大喇嘛项扎巴松典接到苦巴店别墅一起生活，教他交际礼仪和为官之道，同时延请藏族学者鲁绒格丁（土司衙门和项扎巴松典的藏文秘书）教他藏文。

1948年至1950年，被八尔家送到瓦尔寨大寺拜木里九世活佛甲央旨古为师，学习藏文经典，继续深造。

1950年1月，在康坞大寺就任第十九代木里大喇嘛（土司）。

1951年5月，当选盐源县副县长。

1951年6月，被选为木里藏族自治区筹备委员会主任。

1951年9月，到北京、上海等地参观，长达9个月，于1952年7月3日返回木里康坞大寺。

1953年至1958年，任木里藏族自治县首任县长。

1959年至1961年，任木里藏族自治县政协副主席。

1962年至1964年，被选送到西南民族学院学习，1964年与泽仁祝玛结婚。

1965年至1967年，任木里藏族自治县副县长。

1968年至1981年，在"文化大革命"中受到冲击，接受群众批判，其间在"五·七"干校集中学习和劳动锻炼。

1982年至1983年，任木里藏族自治县副县长。

1984年至1985年，任木里藏族自治县人大常委会副主任。

1986年至2003年，任凉山彝族自治州政协副主席。1981年至1990年兼任凉山彝族自治州人大常委会委员。四川省第四、五、六届人大代表，四川省第六、七届政协委员。

2004年办理退休手续，享受正局级政治经济待遇。

八十岁的项培初扎巴近影

后 记

我接受木里县文广局罗永忠局长委托编写《喇嘛山风云——木里末代土司项培初扎巴传奇人生》一书，经过近两年的写作，终于在2013年国庆前夜完稿了。古稀之年，能为我的第二故乡、我挚爱的木里做一点添砖加瓦的事，我感到由衷的欣慰。

一踏进木里地界，随处可见山头路口有众多的玛尼堆、吉祥塔，随风翻飞的风马旗，白墙黄瓦的雄伟寺庙，信众手中的转经筒，以及每家设置的豪华经堂，等等，浓郁的佛教氛围无处不在，我深深地浸入当地藏族、蒙古族、纳西族家家户户的生活中。第一个进入木里的外国人为美籍奥地利科学家、探险家约瑟夫·洛克，他曾三进木里探险考察，为木里神秘的佛教风情、美丽的山水风光，原始古朴的民族风情所折服，称木里是上帝的后花园，曾写出《中国黄教喇嘛木里王国》奇文在美国发表，引起世界关注。初进木里时曾听马脚子唱一首歌谣：喇嘛山是个好地方，酥油糌粑辣子汤，金银铜铁到处有，骑着马儿走四方。马脚子又对我们说，穿上草鞋走一天，都能抖出几颗金子来。这些都真实反映了木里的生活习俗、风土人情和物产。喇嘛山成了木里的代名词。这便是"喇嘛山风云"书名的由来。

从1961年进木里到现在，50多年的时光里，木里的壮丽山川，浓郁的民族风情，时时在我的脑海中萦回。木里一山一石，一树一草，都是美景，哪儿都有奇观妙景：赏大山之雄峻，品险峰之奇姿；望无边的林海，叹满目的苍翠；爱高原的宽旷，喜野花的馨香；观峡谷的幽深，悦千曲的深邃；临清澈的湖海，想璀璨的明珠；仰望佛寺的辉煌，静听佛音的梵唱；那飘飞的风马旗，那高峙的吉祥塔，把人们带进苍茫旷野之中；那自然的天籁，融入你的思绪，清洗你的凡心，让人物我两忘，返璞归真。

那古朴苍劲的钢珠舞，欢快灵动的锅庄步；那奇妙的东巴文，原始的祭天舞；那摩梭人激情的"甲搓舞"，神秘的花房；那苗家悠扬的芦笙，动听的情歌；那"山间铃响马帮来"的诗意，乘溜索飞越天堑的惊险，无不令人心醉神迷。

那多姿多彩、流光溢彩的各民族服饰令人眼花缭乱，心动神驰。

凡此种种，说不完，道不尽。

木里的历史是波澜壮阔的：和平解放时的风起云涌，民主改革平息叛乱的腥风血雨，解放军、基干连、国家工作人员、民工及所有各族人民的艰苦奋斗，甚至流血牺牲，才凝聚成今天木里这片新天地。为了人民的翻身解放，王门公、张文奎、李兆绪、陈世杰、康荣贵及叫不出名、长眠木里青山的130名革命烈士，他们深情注大地，血润喇嘛山，他们英名永存，我们应该记住他们。

作为木里民族宗教上层进步人士的林甲央、项扎巴松典、活佛甲央旨古等人听从共产党的召唤，坚定地站到木里人民一边，在和平解放木里、民主改革、平息叛乱等特殊时期，起到了不可替代的作用，减少了木里的流血牺牲，促进了木里历史发展进程，功不可没。同样，我们也不应该忘记他们。

作为曾任木里最后一代大喇嘛、木里第一任县长的项培初扎巴，他的传奇人生，折射出木里从"政教合一"的封建农奴制走向社会主义金光大道的风云历史，谁听从党的话、为人民做了好事，党和人民是不会忘记他的。从项培初扎巴的人生轨迹，可以看出中国共产党民族政策的光辉伟大。没有共产党，就没有今天的新木里，没有共产党，就没有末代土司的绚丽人生。

经过多年的准备、多年的采访，我记录了很多木里和平解放、民改平叛等历史人物的亲身经历和感人事迹，只可惜，有些为我提供材料、为木里做出贡献的一些老革命已经作古，看不见本书的出版。我们也应记住他们。

出于对文化工作的责任感，出于对文化事业的挚爱，出于对神秘木里的向往，我走遍了木里三十二个乡镇，深入木里的山水林间，踏进村寨民居中，拍摄采风，用心来感受，用笔来记录，不怕眼高手低，想把木里的奇，木里的美展现出来与世人共享。

读者在看了此书后，如能勾起你一丝心灵颤动，能使你对木里香巴拉有一丝向往，我愿足矣！

这里特别要感谢《木里文史》《凉山藏学研究》、木里档案馆给我提供了许多翔实的历史资料；更要感谢为木里的和平解放做出过重大贡献的穆文富先生，他不但几次接受采访，还把亲自撰写的资料提供给我。

要感谢中国作协会员，凉山文联、作协领导伍耀辉、蔡应律、徐文龙等先生对本书提出的宝贵建议。

感谢四川民族出版社何志华老先生对本书提出的诸多修改意见。

感谢各位摄影家为本书提供了优秀的摄影作品，这些作品成为本书的重要组成部分，使本书大为增色。（本书照片除署名者外，其余为作者所摄。）

由于本书完稿仓促，修改、润色时间短，最重要的是笔者水平有限，必然会存在许多不足之处，恳请读者、专家同仁不吝赐教，我定会铭记于心。

笔　者

2012年8月29日初稿，2012年10月10日第二稿，2013年国庆第三稿

2014年（定稿）于西昌大石板

参考资料

1. 木里档案馆资料。
2. 潘志仁口述、王心和整理：《天尔遭遇战》，《木里文史》，政协木里藏族自治县委员会文史资料委员会编印，1987年。
3. 卢维筱口述、王心和整理：《虎口脱险》，《木里文史》，政协木里藏族自治县委员会文史资料委员会编印，1987年。
4. 杜锦田：《忆木里平叛中的点滴情况》，《木里文史》，政协木里藏族自治县委员会文史资料委员会编印，1987年。
5. 何照富：《忆唐央乡的民改与平叛》，《木里文史》，政协木里藏族自治县委员会文史资料委员会编印，1987年。
6. 杜锦田：《忆木里的"四反"斗争》，《木里文史》，政协木里藏族自治县委员会文史资料委员会编印，1987年。
7. 王心和：《简介木里县政协》，《木里文史》第三辑（上），政协木里藏族自治县委员会文史资料委员会编印，1992年。
8. 周立志、张西峰：《统战政策放光芒，各族人民得解放》，《木里文史》第三辑（上），政协木里藏族自治县委员会文史资料委员会编印，1992年。
9. 木里县委办公室：《木里县民改概略》，《木里文史》第三辑（上），政协木里藏族自治县委员会文史资料委员会编印，1992年。
10. 木里县委办公室：《木里平叛始末》，《木里文史》第三辑（上），政协木里藏族自治县委员会文史资料委员会编印，1992年。
11. 张茂林口述、刘先进整理：《忆木里基干五连》，《木里文史》第三辑（上），政协木里藏族自治县委员会文史资料委员会编印，1992年。
12. 杜锦田：《董布嘎同志牺牲经过》，《木里文史》第三辑（上），政协木里藏族自治县委员会文史资料委员会编印，1992年。
13. 王心和搜集、整理：《胡阿鲁子匪部始末》，《木里文史》第三辑（上），政协木里藏族自治县委员会文史资料委员会编印，1992年。
14. 钱正炳：《木里公安机关在平叛中的贡献》，《木里文史》第三辑（上），政协木里藏族自治县委员会文史资料委员会编印。
15. 杨国发口述、刘先进整理：《东朗民改亲历记》，《木里文史》第三辑（上），政协木里藏族自治县委员会文史资料委员会编印，1992年。
16. 偏初次尔口述、刘先进整理：《我所知道的细班情况》，载《木里文史》第三辑（上），政协木里藏族自治县委员会文史资料委员会编印。

17. 何照富：《末代大喇嘛项培初扎巴一行到成都参观纪实》，《木里文史》第四集（下），政协木里藏族自治县委员会文史资料委员会编印，1993年。
18. 何照富：《活佛和项司令官前往北京参观》，《木里文史》第四集（下），政协木里藏族自治县委员会文史资料委员会编印，1993年。
19. 何照富：《八尔老爷林甲央当选全国人大代表》，《木里文史》第四集（下），政协木里藏族自治县委员会文史资料委员会编印，1993年。
20. 张西峰：《怀念战友张文奎烈士》，《木里文史》第四集（下），政协木里藏族自治县委员会文史资料委员会编印，1993年。
21. 张西峰：《活捉匪首米阿达子》，《木里文史》第四集（下），政协木里藏族自治县委员会文史资料委员会编印，1993年。
22. 杜锦田：《康坞叛乱的前前后后》，《木里文史》第四集（下），政协木里藏族自治县委员会文史资料委员会编印，1993年。
23. 杨桂余口述、周命藻整理：《解放初期进木里放电影的回忆》，《木里文史》第四辑（下），政协木里藏族自治县委员会文史资料委员会编印，1993年。
24. 王心和：《木里蒙古族浅记》，《木里文史》第五辑（上），政协木里藏族自治县委员会文史资料委员会编印，编印时间不详。
25. 高土（纳西族）：《木里纳西族史略》，《木里文史》第五辑（上），政协木里藏族自治县委员会文史资料委员会编印，编印时间不详。
26. 穆文富：《穆文富五进木里》，《凉山藏学研究》2003年总第4期．
27. 何耀华：《川西南藏族历史初探》，《凉山藏学研究》2004年总第5期。
28. 马光德：《胡宗南委任项扎巴松典为木里保安分区司令》，《凉山藏学研究》2005年总第6期。
29. 旺扎多吉：《女神巴丁娜姆的故乡——木里》，《凉山藏学研究》2005年总第6期。
30. 《木里恢复重建世界最大的鎏金甲娃强巴佛铜像》，《凉山藏学研究》2006年总第7期。
31. 呷绒翁丁、牟光学：《生命在高处——登顶5600米贡巴拉神山》，《凉山藏学研究》2008年总第9期。
32. 刘先进：《米吉活佛被害纪实》，《凉山藏学研究》2010年总第11期。
33. 李霖灿：《乱世桃源的旧"木里王国"》，《凉山藏学研究》2010年总第11期。
34. 东嘎珠扎、牟光学：《甲央巴丁与康坞大寺》，《凉山藏学研究》2010年总第11期。
35. 毛幼熙：《凉山藏族的文房四宝》，《凉山藏学研究》2010年总第11期。
36. 木里藏族自治县志编纂委员会：《木里县志》，四川人民出版社，1995年。
37. 边玛仁青、翁依偏初、扎西顿珠：《木里藏传佛教》，中国文史出版社，2013年。
38. 阿旺钦饶著，鲁绒格丁、刘鸿升、嘎绒拉姆译：《木里政教史》，四川民族出版社，1992年。
39. 丁凤来：《神秘的女儿国》，中国社会出版社，2002年。
40. 陆文熙：《木里藏族服饰文化旅游资源浅谈》，《西南民族学院学报》（人文社会科学版），2001年第9期。
41. 李述唐：《木里藏族婚礼祝福歌》，载《格桑花》，四川民族出版社，1989年。
42. 《仓央嘉措——最富个性的活佛》，西藏旅游网。